成長する教師のための
日本語教育ガイドブック

川口義一 & 横溝紳一郎　著

ひつじ書房

はじめに

　日本語教育の世界では、21世紀になってから、学習者の多様性が再考されるようになり、それに合わせる形での「日本語教育のあるべき姿」が模索されています。その中で、日本語教師に求められる知識や能力も拡大の一途をたどっていて、より高い教育実践能力を獲得するためには、より広く、より深い知識の保有が必要となってきています。

　本書『成長する教師のための日本語教育ガイドブック』は、このような状況下で日本語を教えるために必要な知識を、広く詳しく取り扱ったものです。そのため、読者として、以下のような方々を想定しています。

・日本語教育実習を受ける／受けている人
・日本語教育について、より多くの知識を吸収したい人
・自分の教え方を向上させるヒントが欲しい人
・自分の教え方を見つめなおしてみたい人
・日本語教育の新たなトレンドについて学んでみたい人

　本文をご覧になるとお分かりになりますが、本書は、JohnとPaulの対話形式という、日本語教育の分野ではこれまであまりなかったユニークな形式を採用しています。本書の執筆をしようということになったのは、2000年の秋、ハンガリーのブダペストでした。John（横溝）が国際交流基金の海外巡回セミナーの講師として、ハンガリー・ポーランド・エジプトを回っていた時、ちょうどヨーロッパにいたPaul（川口）が、ハンガリーとポーランドのセミナーに参加しました。その時にJohnから「こんな本を書きたいと思っているんですけど、いっしょに書きませんか？」という申し出があり、「やりましょう、やりましょう」と即答したのが、プロジェクトの始まりでした。それからすぐに執筆にかかればよかったのですが、二人とも色々なプロジェクトに足を突っ込んでいるうちに、少しずつ遅れ気味になって、刊行に至るまでに、結局4年半近くもかかってしまいました。

　読者の皆様は、「でも、何でPaulとJohnなんだろう？」という疑問をお持ちのことだと思います。実は、著者は二人ともThe Beatlesの大ファンなのです。せっかく本をいっしょに書くのなら、このプロジェクトを「日本語教育J. Lennon & P. McCartneyプロジェクト」という位置づけにして、二人共同で、いい作品を創りあげようという話になったというわけです。

　「なぜPaulは川口で、Johnは横溝なのか」についてですが、機会を見つけてはさいた

ま新都心のジョンレノン・ミュージアムに足を運んだり、ジョンレノン・モデルのエレキギターを所有していたりするくらいジョンレノン・フリークの横溝が、「自分をJohnにさせてもらえないだろうか」と恐る恐る申し出て、それに対して川口が「いいよ。僕は早死にしたくないし…。」と回答した時点で決まりました。その後、「Dear Paul」「Dear John」という出だしで始まるメールを、お互いに送信しあいながら、共同でプロジェクトを進めてきました。

　The Beatlesは、バンドとしてのオリジナル曲を作るとき、PaulまたはJohnのどちらかがベースとなる詞やメロディーを叩き台のような形でまず作成し、それを基にもう一人が詞やメロディーを加えたりアレンジしたりすることで、曲を完成させていったといわれています。本書の本文も、そのような過程を経て出来上がったものです。ですから、本文中で、Paulが言っていること＝川口が考えていること、Johnが言っていること＝横溝が考えていること、という単純な構図にはなっていません。

　PaulとJohnの対話形式を採用したことにより、取り上げられたトピックについての理論や実践例などについての様々な意見・主張を紹介することが可能になりました。「これはこういうものなのだ」という一方向の情報提供ではなく、「本当にそうなのかなぁ」「こういう考えもあるんじゃないのか」という形で、より多角的に各トピックを理解していただく一助になればと思っています。

　本書は元々、一冊の本としての刊行を予定していました。ところが、JohnとPaulの対話形式を採ったことと、執筆しているうちに中に入れたい項目がどんどん増えてきたことが主な原因で、上巻・下巻の二冊で世の中に出ることになりました。それが理由で、上巻の前半が「序章：教えるって何だろう？」「第1章：日本語教師について考えよう」「第2章：日本語の授業に臨む前に」で、下巻の後半が「第4章：日本語の授業の後で」「第5章：日本語教師についてもう一度考えよう」で構成されています。間に挟まれた上巻の「第3章：日本語の授業の実際（4技能の指導：理論と実践）」と、下巻の「第1章：日本語の授業の実際（発音指導、導入と文法説明）」「第2章：日本語を教えるための教材／教具／教育機器」「第3章：教室内のインターアクション」はどれも、日本語を教えるにあたって重要な項目を網羅的に取り扱っています。このような構成になっていますので、上巻・下巻あわせてお読みいただければと思います。また、それぞれの巻末に、取り上げたトピックについての参考文献をできるだけたくさん挙げています。「このトピックについてもっと詳しく知りたい」「このトピックについて研究してみたい」という方のお役に立てれば幸いです。

　本書は、多くの方々のサポートによってはじめて可能になったものです。本書の執筆に際して、様々なご意見をくださった、青木直子様（大阪大学）、小林ミナ様（北海道大学）、坂本正様（南山大学）、當作靖彦様（University of California at San Diego）、松崎寛様（広島大学大学院）、柳瀬陽介様（広島大学大学院）に、心よりお礼申し上げます。

はじめに

　また、本書への掲載を快く許可してくださった多くの出版社の皆様にも、心から感謝の意を表したいと思います。加えて、表紙の似顔絵を作成・提供してくださった松崎寛様（広島大学、Paul担当）・横井和子様（名古屋YWCA、John担当）に、また、キュートでシャープなイラストを描いてくださった、濱田明子様（広島大学）に、心より御礼申し上げます。そして、北川幸子様（早稲田大学大学院）には、Paulの関西方言のネイティブチェックをしていただきました。ありがとうございました。

　最後になりましたが、本書の刊行に際し、惜しみなくご尽力くださったひつじ書房の松本功社長、編集という大変な作業をしてくださった松原梓様に心から感謝いたします。

平成17年5月吉日

川口　義一（Paul）

目　次

はじめに ────────────────────────────── i

序章　「教える」って何だろう？ ───────────────── 1

第1章　日本語教師について考えよう ──────────────── 5
A. ビリーフスと教育哲学 ──────────────────── 6
1. いい先生ってどんな先生だろう？　　6

B. 日本語教師の資質について ──────────────── 14
1. どんな資質が必要だと、これまで言われてきたのだろう？　　14
   1.1. 教育学での主張　　14
   1.2. 英語教育学での主張　　18
   1.3. 日本語教育での主張　　22
2. 私が持っている資質は変えられるのだろうか？　　26

C. 教師の自己成長の方法 ────────────────── 28
1. 「教師の成長」と「自己研修型教師」　　28
2. 教師の自己成長を可能にする方法　　30
3. ティーチング・ポートフォリオ　　31
4. アクション・リサーチ　　34
   4.1. アクション・リサーチの実践報告1　　37
   4.2. アクション・リサーチの実践報告2　　40
5. ティーチング・ポートフォリオとアクション・リサーチの併用　　44

第2章　日本語の授業に臨む前に ─────────────── 49
A. 教科書分析 ────────────────────── 50
1. 教科書分析の観点　　50
2. 教科書分析の例　　53
3. 教科書を分析してみよう！　　62

B. 教案作成 ────────────────────── 64
1. 教案作成のポイント　　65
2. 教案と実際の授業のズレ　　70
3. 教案の例　　71

C. 授業観察 ──────────────────────── 84

第3章　日本語の授業の実際（4技能の指導：理論と実践）─── 97
A. スピーキングの指導 ─────────────────── 98
1. 教室活動の流れ　　98
2. 機械的ドリル　　99
3. コンテクストの中の練習　　103

  4. ペアワーク　116
  5. ロールプレイ　119
  6. 各教室活動とコミュニカティブ・アプローチの三つの伝達過程　128
  7.「文脈化」と「個人化」　130
  8. 自己表現活動　134
  9. タスク活動　141

B. リスニングの指導　144
  1. リスニングは難しいのだろうか？　144
  2. リスニング活動の種類　145
  3. リスニング教材について　146
  4. リスニング教材の具体例　149
  5. リスニングの具体的指導法　160

C. ライティングの指導　166
  1. ライティングの指導とは？　166
  2. 文字の指導　166
  3. 作文の指導　182
  4. 文章の指導　185
  5. 中・上級レベルの日本語学習者の文章に見られる問題の傾向と対策　191

D. リーディングの指導　194
  1. リーディングの指導法の種類　194
  2. 音読を伴う指導　194
  3. 母語への翻訳を伴う指導　200
  4. フレーズ・リーディングを利用した指導　202
  5. スキーマを利用した指導　209
  6. 速読練習を伴う指導　218
  7. 多読指導　222
  8. 学習者のレベルに合わせたリーディング　227
  9. 読解ストラテジー　227
  10. リーディング・チュウ太　228

E. 4技能の統合　230

参考文献　237

おわりに　295

索引　297

序章

「教える」って何だろう？

Ⓙ さてと、これから「日本語教育」っていう広くて奥深い世界に第一歩を踏み入れるわけだけど、一体どこから手をつけていこうかなぁ。
Ⓟ 「**教える**」て、そもそも何やろ、てゆうのはどうやろ？
Ⓙ おっ、いきなり核心に来たねえ。
Ⓟ で、「教える」て何なん？
Ⓙ いきなり質問かい！　仕方がないなぁ、ったくー。その点について、青木(2001：186-189)が、こんなことを言ってるよ。

・教師が偉そうなふりをしただけでは、学習者は学ばない。
・教師が、自分が持っている知識を口で説明したり、自分のできることをやってみせたりするだけでは、学習者に身につけさせることはできない。

Ⓟ あはは、こらええわ。威張って「これはこうや」て言うだけやったり、「こうしたらええんや」て見せたりするだけやったら、アカンてゆうことやな。
Ⓙ うん、そうだね。
Ⓟ これがホンマやったら、ワシが習うたセンセの何人かは、「教師失格」てゆうことになるわな。
Ⓙ うん、ボクのセンセーにもそんな人がけっこういた気がする。
Ⓟ メッセージとしては、「学ぶ主役は、学習者である」ゆうことを、忘れたらアカンゆうことやろな。
Ⓙ そうだね。で、なんで、口による説明や、やり方の提示だけでは身につかないかについて、青木はこんなふうに説明しているよ。

「教えたのにできない」とか「教わったけど忘れた」とか言っている人たちは、「教える」という言葉を、おそらく「言う」とか「見せる」とかいう意味で使っているのだと思われます。(中略) ここには、学習が成立するための認知のプロセスへの視点が欠如しています。学習を引き起こすためには、まず自分が言ったりやったりしようとしていることが、ある人の学習にとって今ここで必要か、という判断をする必要もありますし、言ったりやったりした後では、相手が聞いたか見たかを見届ける必要もあります。さらに、聞いたり見たりしたことを、相手はどのように理解したのかを知ることも必要です。そして、安心して考えたり練習したりする時間を作ってあげることも大切です。

序章―「教える」って何だろう？

Ⓟ 言うてること、よう分かるなぁ。でも、こんなことにまで相手に気ぃ配るとは、なんか、教育ゆうのんは、サービス業みたいやなぁ。

Ⓙ うん、そうだね。それについて、どう思う？

Ⓟ うん、そやなあ、「教職イコール聖職」みたいなイメージもあるしなぁ。

Ⓙ ボクは、「教育とはサービス業である（岩井1999：128）」という主張に大賛成！「学習者に最適の学習環境を提供する」という点から考えてみても、教師の仕事って、学習者に学びの機会を提供する、まさにサービス業でしょ。

Ⓟ 確かにそやなあ。でも、どんなサービスが必要なんやろな。いや、いろんなサービスをせんとアカンで。「お客様は神様です」て、三波春夫も言うてるし。

Ⓙ その例え、古すぎて、わかる読者いないと思うよ。でも、とにかく、学びの機会の提供は、学習者のことを常に頭に入れてやらないといけないのも事実だろうね。そういうふうに考えていくと、教師としてやるべきことも見えてきそうだ。

Ⓟ 「学習者に学びの機会を提供する」かぁ。そう言われたら、「無形の商品」の提供やから、確かにサービス業やなあ。そこは、賛同できるわ。

Ⓙ さすが、経済学部出身。「学習者が学ぶ人」で「顧客」、そして「教師はその機会の提供者」で「サービス業者」という大切な点で意見が一致して、とってもうれしいよ。じゃあ、これから、教師が「どんな提供者であるべきか」「どんな提供の方法があるのか」などについて、日本語教育を話題にして、この本でゆ〜っくり考えていこう！

Ⓟ なんや、またオマエのウンチク聞かされる、長〜い道のりになりそうな予感が…。あ、ワシきょうは遅くなるて、おかんに言うて来るわ。

Ⓙ ダメ！そうやって、いつも逃げるんだから。きょうは、逃がさないからね。覚悟を決めなさい。

Ⓟ はー、ヤレ、ヤレ。厄日やわ。

第1章

日本語教師について考えよう

JOHN AND PAUL'S
LIVE STAGE FOR
SELF-DIRECTED
TEACHERS OF THE
JAPANESE LANGUAGE

第1章 日本語教師について考えよう

A. ビリーフスと教育哲学

1. いい先生ってどんな先生だろう？

Ⓙ さて、日本語教育っていってもすっごく広いんでね、とりあえず、日本語を教える「日本語教師」について、考えてみない？

Ⓟ あ、それ、ええなあ。先生にもええのとあかんのがおるしな。

Ⓙ じゃ、こんなタスクがあるんだけど、ちょっとやってみてよ。

[タスク1]

　これまで皆さんは、学校などの場で様々な言語を習ってきたことと思います。それを教える先生にも数多く出会ってきたことでしょう。皆さんが今まで習った言語の先生（語学教師）の中で、「**嫌な先生**」とはどんな先生でしたか？　どこがどう嫌だったのでしょうか。具体的に思いだして、下のスペースに書き込んでみてください。

嫌だった先生の名前（仮名でいいです）：

嫌だった点：

　では逆に、皆さんが今まで習った言語の先生（語学教師）の中で、「**いい先生**」とはどんな先生でしたか？　どこがどうよかったのでしょうか。具体的に思いだして、下のスペースに書き込んでみてください。

A. ビリーフスと教育哲学

いい先生の名前（仮名でいいです）：

よかった点：

　記入したものを他の人と共有して、共通点や相違点を見つけてください。その上で、「**いい先生**」の要素をリストアップしてください。

-
-
-
-
-
-

🅙 やってみると分かるけど、「**いい先生**」の条件って、人によってけっこう違うでしょ？

🅟 まぁ、「人の好みはそれぞれ」てゆうことやな。

🅙 「どんな先生をいいと思うか」は個人によっていろいろ差があるんだけど、何でそうだと思う？

🅟 そやから、「好み」やろ。

🅙 あんたももう少し専門用語の勉強しなさい。そういうのを、「**ビリーフス**」って言うの。人間なら誰しももっている「何をいい／好きだと思い、何をよくない／嫌いだと思うか」なんかの、人が抱いている信条・確信のこと。「好み」じゃないでしょ、「好み」じゃ。

🅟 ああ、聞いたことあるで、それ。BELIEVE の名詞形「ビリーフ（BELIEF）」の複数形やろ？

🅙 ふん、受験英語は覚えてるみたいだね。ともかく、「どんな先生／授業をいいと思うか」「どんな先生／授業を嫌だと思うか」について、それぞれの人が持っている考えは、その人がい

Ⓟ ざ教師になったときに影響してくるってわけで…。

Ⓟ まぁ、そら、「自分が学習者だったときにいいなあって思ったことは、先生になったら自分が教える学習者にしてあげたい」て思うわな、人情として。

Ⓙ そう、そう。「指導の内容や過程等に関して教師が抱いている信条」は「**教師のビリーフス（Teachers' Beliefs）**」って呼ばれるんだけど、日本語を教えるときにも、自分のビリーフスをしっかりと認識しておくことは、とっても重要なんだ。

Ⓟ へー、それはまたなんで？

Ⓙ だって、教師が「いい」って思っていることは、必ずしも全ての学習者にとって「いい」とは限らないでしょ？

Ⓟ なるほど、「大きな親切、余計なお世話」みたいな。

Ⓙ だから、教師自身は、自分が「いい」と思っていることをまずはっきりと把握して、なぜ「それがいいと思っているのか」という原因も認識した上で、それが目の前にいる学習者にとって、本当に「いい」ことなのか常に考え続けなくちゃいけないってわけよ。

Ⓟ そら大変やな。

Ⓙ じゃ、自分がどんな「教師のビリーフス」を持っているのか、調べてみようか？　まずは、「日本語学習について、どのようなビリーフス」を持っているかから始めてみよう！　タスク2をやってみて！

[タスク2] 日本語学習に関するビリーフスのチェックリスト[1]

以下の日本語学習に関する文を全て読んでください。それぞれの文の内容に賛成か反対かを5段階で書いてください（1＝全くそのとおりである、2＝そう思う、3＝賛成でも反対でもない、4＝そうは思わない、5＝全く違うと思う）。文22と23に関しては、あてはまるもの一つに丸をしてください。

---

1. 大人よりも子供の方が、日本語を容易に身に付けられる　（　　　）

2. 日本語を身に付ける特別な能力を持っている人がいる　（　　　）

3. 日本語は他の言語よりも難しい　（　　　）

4. 私の国の人々は外国語を身に付けるのが上手である　（　　　）

5. 日本語をきれいな発音で話すことは、学習者にとって大切なことである　（　　　）

A. ビリーフスと教育哲学

6. 日本語を正しく話すためには、日本文化についての知識が必要である （　　　）

7. 正しく言えるようにならないうちに、学習者は教室の外で日本語を使うべきではない
  （　　　）

8. 既に他の外国語（母語以外）を話せるようになっている学習者は、日本語学習が容易である　（　　　）

9. 数学や科学が得意な学習者は、日本語学習が得意ではない　（　　　）

10. 日本語を学習するには、日本に住むのが一番である　（　　　）

11. 日本語学習で一番大切なのは、語彙を身に付けることである　（　　　）

12. 何度も繰り返し練習するのが大切である　（　　　）

13. 日本語学習に関しては、男性よりも女性の方が上回っている　（　　　）

14. 日本語学習者は、初級のうちの誤りを容認されていると、後々正しく話すのが難しくなる
  （　　　）

15. 日本語学習で一番大切なのは、文法の学習である　（　　　）

16. 学習者にとって、日本語を聞いて理解することよりも、話すことの方が易しい
  （　　　）

17. カセットテープで練習することは大切である　（　　　）

18. 日本語の学習は、他の教科の学習とは異なっている　（　　　）

19. 言語を二つ以上話すことの出来る人はとても頭がよい　（　　　）

20. 日本語は誰にでも話せるようになる　（　　　）

21. 日本語は、「聴き話し」よりも「読み書き」の方が易しい　（　　　）

22. 日本語は（ア＝とても難しい言語である、イ＝難しい言語である、ウ＝普通の難しさの言語である、エ＝易しい言語である、オ＝とても易しい言語である）

23. 学習者が（自分の国で）毎日１時間ずつ日本語を勉強するとすると、大変上手に日本語を話せるようになるまでかかる時間は（ア＝１年以内、イ＝１～２年、ウ＝３～５年、

エ＝5～10年、オ＝1日1時間の勉強では上手に話せるようにはならない）。

チェックリストの最初から最後まで答えた後は、
①ペアを作り、回答結果を交換してください。
②ペアの相手の「大切にしているもの」「こだわり」を指摘してください。
③ペアの相手が指摘した点について、賛成するのであれば「なぜそれを大切にしているのか」「なぜそれにこだわっているのか」について、ペアの相手に話してください。
④ペアの相手に指摘された点について、反対するのであれば、どこがどう違うのかを説明してください。
⑤お互いのビリーフスについて話し合いが終わったら、以下の空欄に記入してください。

日本語学習に関する私のビリーフス

その理由

🅙 やってみてどう？

🅟 なんか、何聞いてるんかよう分からんのもあったけど、けっこう自分が出るな。

🅙 おもしろいだろ？　人間、こうでもしないと自分のことは客観視できないからね。じゃあ、次は「日本語の教え方に関する**ビリーフス**」についてもタスクをしてみようか。タスク3もやってみよう！

[タスク3] 日本語の教え方に関するビリーフス[2]

自分が日本語を教える場（大学の教室・ボランティアクラスなど）を想定して、それを記入してください。

A. ビリーフスと教育哲学

教える場：＿＿＿＿＿＿＿＿＿＿＿＿＿＿＿＿＿＿＿＿＿

　以下の15の文を全て読んで、上記の「教える場」で、日本語がどう学習されるのか、及び日本語がどう教えられるべきかに関する自分の考え・信念を、最も良く表している文を五つ選んで丸をしてください。

1. 言語は文法・構文のまとまりであり、学習者はそれを意識的に学習する

2. 教師が日本語で言っていることを学習者自身が分かっている場合は、その学習者は日本語を実際に身に付けている

3. 学習者の発話に誤りがあった場合は、それを直し、その後なぜその誤りを犯したのかについて簡潔に説明するのが、学習者にとってプラスになる

4. 日本人が話している日本語を聴いたり練習したり覚えたりしていれば、その学習者は日本語を実際に身に付けている

5. 一般的に言って、日本語がペラペラになるためには、日本語の文法を理解しておくことが必要である

6. 学習者の発話に誤りがあった場合は、問題を生じさせるパターンの口頭練習（機械的ドリル）をたくさん行なうことが、学習者にとってプラスになる

7. 言語は意味のあるコミュニケーションであり、学校での意識的な勉強ではなく、社会のなかで半ば無意識に身に付けるものである

8. 学習者は基本的な日本語の文法規則をある程度理解していれば、自分達で多くの新しい文を作れるものである

9. 学習者にとって大切なのは、何を言うのかであって、どう言うのかではない

10. 日本語のパターン練習をすれば、その練習したパターンに基づいて、多くの新しい文を作れるものである

11. 日本語の授業では、文法・構文をはっきりと、何度も、正確に提示することが大切である

12. 日本語は、パターン練習（ドリル）を多く行なうことによって、習得できる

13. 学習者の発話に誤りがあった場合でも、言おうとしていることが理解できるかぎりは、そ

の誤りを無視したほうがよい

14. 学習者は日本語の「読み書き」の勉強を始める前に、「聴き話し」をある程度マスターしておく必要がある

15. 日本語の話し方を教える必要はない。自然と自分達で話し始めるからである

　五つを選んだ後は、
① ペアを作り、回答結果を交換してください。
② ペアの相手の「大切にしているもの」「こだわり」を指摘してください。
③ ペアの相手が指摘した点について、賛成するのであれば「なぜそれを大切にしているのか」「それにこだわっているのか」について、ペアの相手に話してください。
④ ペアの相手に指摘された点について、反対するのであれば、どこがどう違うのかを説明してください。
⑤ お互いのビリーフスについて話し合いが終わったら、以下の空欄に記入してください。

日本語の教え方に関する私のビリーフス

その理由

Ⓟ これもおもろかったわ。こら、はまるで。

Ⓙ それはけっこう。じゃあ、結果を忘れないうちに、タスクをもうひとつ！

[タスク4]

　タスク2とタスク3に基づいて、「私の日本語教育哲学」というタイトルで、レポートを書いてください（A4一枚に入るくらいの分量）。難しい表現などを使う必要はありません。自分の言葉で、エッセイ調で、読みやすい文を心掛けてください。

A. ビリーフスと教育哲学

- 🅙 ところで、さっき言った「日本語教師としての**ビリーフス**」が、授業をしようと思ったときに様々な形で影響を与えることについてだけど、Scrivener (1994:11) が、それをこんな図で説明しているんだよ。

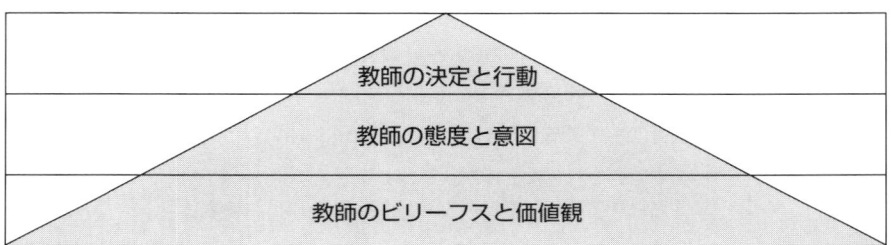

- 🅟 なるほど。これは、つまり「教師のビリーフスや価値観は、教師の態度や意図の土台となっている」ゆうことやな。
- 🅙 ほ、タスクを四つこなすと少しはお利口になるね。でもさ、そのまた上に、教師の決定と行動があるだろ？ つまり、これらの要素に基づいて教師は決定し行動する、と。
- 🅟 ほー、ほー。「思い込んだら命がけ」ゆうヤツか。
- 🅙 そりゃ、ちょっと例えが違うんじゃないかと思うけど。ま、タスク4で書いた「私の日本語**教育哲学**」がこの本を読み進めていく途中で、そして日本語を教えたりするときに、いたるところで顔を出してくるってことは予想できるね。
- 🅟 なるほどね。あー、そやけど、**教師のビリーフス**ゆうのは、本読んだり、授業を見学したり、自分で授業をしたりすることで、変わったりはせえへんのやろか。
- 🅙 あ、もう、そりゃ、変わる、変わる。いろんな体験をすることでね。だからこそ、時々自分の**教師ビリーフス**を見直してみることも必要になってくるんだ。
- 🅟 よっしゃ、じゃさっそく見直しを…。
- 🅙 おい、もうかよ！

---

1) リチャーズ・ロックハート (2000:53-54) を基に、言語を日本語にして作成したものである。
2) リチャーズ・ロックハート (2000:51-52) を基に、言語を日本語にして作成したものである。

第1章　日本語教師について考えよう

B. 日本語教師の資質について

🅙 さっきタスク1で「いい言語の先生（語学教師）って、どんな先生だろう？」について考えてみたけど、「いい先生」であるための要素を、「**資質**」とか「**力量**」とか言うよね。

🅟 これは、「ビリーフス」みたいに英語やないから、ワシにもすぐ分かるわ。

🅙 じゃ、次に「教師にはこんな資質が必要だ」ということについて、たくさんの人がいろいろと主張してきているんで、それをまとめてみてみよう。

1. どんな資質が必要だと、これまで言われてきたのだろう？
1.1. 教育学での主張

🅙 まずは、教育一般を取り扱う教育学の分野での主張を見てみると、教育学の分野で取り上げられるのは、小学生とか中学生とかの児童・生徒、そしてそれを教える教師が多いよね。だから、主張の中に「子ども」という用語がよく出てくる。教育学の中でも特に、児童教育の分野では、教師の**資質**・**力量**を「**人間性**」と「**専門性**」という二本の柱で捉えようとする意見が多く見られるんだよ。ちょっと見てみようか。

🅟 はい、はい。日本語教育では「専門性」の話はよう出るけど、「人間性」の話はあまり出てこうへんから、ちょっと注目やね。

> 教師の資質向上が問題とされるとき、教師としての人間的資質を基本に踏まえつつ、教育上の専門的・技術的側面も含めて論じられるのが普通である。実際の教育場面では、教師の人間性と専門性は分かち難く結び付いて生きて働く力となっているからである。　（吉本1989：13）

> 優れた専門的な指導技術を駆使しながら、学習効果が上がらないことがある。それは、子供との信頼関係に問題があったり、児童・生徒理解に欠けている場合が多い。また、逆に信頼関係、児童・生徒理解に欠けるところがあっても、優れた指導技術によって、それをカバーしている例も見られる。もともと、人間が人間を育てる教育という仕事は、他の職業と異なり、最も「人間性」と「専門性」を区別しがたい仕事である。児童・生徒理解一つとっても、それは教師の「人間性」とも「専門性」とも深くかかわっているからである。　（波多野1988：31）

🅙 **資質**を「**人間性**」と「**専門性**」に分けて捉えるっていうのは、この他にも拓殖（1984：258-

B. 日本語教師の資質について

260)や津布楽(1989：32-45)にも見られるんだけど、具体的にはどんな「人間性」そして「専門性」が求められるというんだろうね。

Ⓟ はい、じゃ、まずは「人間性」から見ていきましょ。「人間性」、「人間性」！！

Ⓙ はい、はい。興奮しないで。えー、例えば、波多野(1988：33)は、「子供を思うこと」「情緒を安定し、豊かな感性を持つこと」「自らを高めようとすること」を、「教師の望まれる人間性」として、次のように紹介している。

1．子どもを思うこと

常に子どもを思っている教師、むしろ思わないではいられない性(さが)を持った教師には、例外なく人間性を感じることは事実である。(中略)子どもが帰った後でも、職員室で子どものことを話題にしている教師、夜、子どもの作文を読むのが楽しみであるといって、それを抱えて帰宅する教師、授業の中で、欠席している子どもへの配慮を常に忘れない教師などなど—それは、子ども理解の専門家である前に、人間としての教師が身に付けていなければならない資質であろうと思われる。(中略)教育は、まず「子どもを思う」ことから始まる。(中略)それがやがて、教師の専門性としての児童・生徒理解につながり、子どもと教師の信頼関係につながり、評価や指導につながっていく。

2．情緒を安定し、豊かな感性を持つこと

「子どもを思う」ことが、独り善がりでなく、純粋であるためには、教師の情緒の安定が必須条件である。(中略)教育においては、教師の情緒の安定が、子どもの情緒の安定にも、教育内容の理解にも、個性の伸長にも大きな作用を及ぼす。(中略)情緒が安定することによって、人間は豊かな感性を持つことができる。

3．自らを高めようとすること

教師もまた、人間として自ら成長しようとする意欲や態度を持たなければ、子どもの成長に寄与すること、子どもの自己変革を援助することはできないはずである。(中略)教師の生き方と毎日接している子どもにとって、学習や日常生活の中で、向上心を持ち続け、自己実現に努める教師から受ける影響は大きいものがある。

Ⓟ 「子供を思うこと」「情緒を安定し、豊かな感性を持つこと」「自らを高めようとすること」の三つねぇ。これは「**人間性**」って感じするわな。

Ⓙ 國分(1982：59-79)はちょっと違っていてね、「教師のパーソナリティとしてぜひとも必要なこと」として、次の五つを挙げているんだ。

1. 自分を受け入れること
自分を受け入れるとは、自己嫌悪をもつなということである。自己嫌悪の強い人ほど他者嫌悪も強いのである。教師は人に接する職業であるから、「人好き」でなくては勤まらない。

2. きさくであること
教師はきさくでなければならない。生徒が気楽に「先生！」と寄ってきやすい人柄でなければならない。（中略）どういう教師がきさくな教師か。人にたいして構えが少ない教師である。

3. 打てば響くこと
打てば響く教師とは、学生の感情がもろに伝わってくる教師である。…生徒と同じような感情体験を持っている教師である。

4. 人生をエンジョイする
教師は前提として人生に肯定的であってほしいと言ったのは、言い換えれば、まず人生に憎悪をもたない教師であって欲しいとの意である。（中略）人生の瞬間瞬間を味わって生きている姿勢、これが教師にとって大切な資質ではないか。

5. 覇気のあること
人間はやさしさや受容、愛だけでは生きていけない。そういう母性原理のほかに粉砕精神（父性原理）を必要とする。今日の教師にはこれが欠けているように思う。

Ⓟ ワシは、こっちのほうがええわ。「人生をエンジョイする」ゆうのが気に入った。

Ⓙ あんた、それ以上エンジョイして、どうするつもり？

Ⓟ ほっときなさい。じゃ、次、教師の「専門性」についても見てみましょー。

Ⓙ ツッコまれると、すぐ話題を変えるんだから。じゃね、**専門性**については、まず、同じ波多野（1988：49-60）を見てみようか。波多野は、「基礎的・基本的知識や技術を身に付けること」「子供を理解すること」「よい授業を創造すること」の三つを、「教師の望まれる**専門性**」として挙げている。

1.（例えば以下のような）基礎的・基本的知識や技術を身に付けること
ある小学校で使用されている「指導における基本的な配慮」

話し方
    a. 速さ・声量・位置・姿勢に気を付けて、明るく話す。
    b. 適切に間を取って話す。
    c. 正確な意図をもって話し、繰り返しやつけ足しは避ける。

d. 子どもの心を受けとめ、心の通い合うように話す。

発問

a. 指導のねらいに沿った発問に心掛ける。

b. 多面的な見方、考え方をさせるような発問をする。

c. 発問したら待つ。

d. 子どもの思考を大切にし、教師の意図にそうような無理な誘導はしない。

e. 指示、助言、示唆などと発問をはっきり区別する。

反応の受けとめ方

a. 誤った反応、教師の意図に合わない反応も切り捨てないで、思考を深める手掛かりとする。

b. 子どもの反応は最後まで聞き取る。

c. 独り言、つぶやきなどを大切にする。

d. 考えを深めたり、転換させたり、発展させる手がかりとなる反応を大切にする。

e. 子どもの反応を勝手に言い換えたり、無理に結論づけたりしない。

板書

a. 子どもが見る位置（黒板の反射、高さなど）を意識して書く。

b. 文字の大きさ、筆順、送り仮名などに注意し、はっきりと丁寧に書く。

c. 子どもの板書や子どもの作成した資料などを生かす。

d. チョーク、カード、小黒板などの活用を工夫する。

e. 板書の構成を工夫し、考えを深めたり整理したりする学習展開に心がける。

2. 子どもを理解すること

子どもを理解するためには、「自分の経験のみに頼らないこと」と「自己理解を深めること」という具体的な視点が必要である。（中略）子どもを理解するには様々な技術がある。しかし、子どもを人間として理解するには、教師自身が人間としての自分を見つめ、人間としての自己理解を深めなければ、子どもを理解することは不可能ではないだろうか。

3. よい授業を創造すること

教師にとって授業は生命である。教師の専門性は、よい授業を創造できるかどうかにかかっている。…よい授業を創造するには、教師が基礎的・基本的知識や技術を身に付けるとともに、子どもをよく理解し、そのうえにたって、授業の本質を認識し、教材を分析・構成・開発する力を持ち、学習過程や学習活動、学習形態など、創意をもって授業を組み立てていかねばならない。

Ⓟ さっきの「人間性」と違うて、ずいぶん細かいとこまで挙げてあるんやなぁ。

Ⓙ そうだね。あ、ところで、さっき「人間性」について考えたときに、ちょっといい忘れたんだけど…。

Ⓟ はい、はい。

Ⓙ 例えば、波多野（1988）には「自らを高めようとすること」という、教師の向上心とも呼べそうな要素が含まれていただろ？　実は、この要素を「**自己教育力**」と呼び、「**人間性**」とは違うカテゴリーに入れる主張も少なくないんだよ。

Ⓟ ほー、ほー。

Ⓙ ほかに、新堀・斎藤（1986：129-130）は、「**自己教育力**」の重要性について、次のように述べている。

> 教育の出発は、子どもをどう理解するかということである。成長し続けている子どもたち、学びたい、伸びたいと思っている子どもたちの喜びや苦しみを理解することができるのは、自らも成長し続けている教師ではあるまいか。（中略）学ぶことの意義は子どもを理解することができるためばかりではない。学ぶことによって、授業を魅力あるものにし、生き生きとした教育活動を展開することができる。さらに、子どもたちにとって「重要な他者」である教師の学ぶ姿は、しらずしらずのうちに子どもを感化する。学ぶことの喜びや楽しさがにじみ出る教師に学ぶときは、学び手もいつかそうなっていることが多いのである。教師の体全体から溢れるものは子どもたちを大きく動かす。ほんものの教師は背中で人を教える力がある。教師は学ぶことによって、本当の教師となることができる。

Ⓟ つまり、なんや、「教師にとって必要な**資質**」には、「**自己教育力**」も独立して入れられるゆうわけやな？

Ⓙ うん。教育学の場合、「教師にとって必要な**資質**」は、「**人間性**」「**専門性**」「**自己教育力**」の主要3要素で構成されていると考えてよさそうだね。

1.2. 英語教育学での主張

Ⓟ ところで、教育学て、教育一般を取り扱う分野なんやから、教える科目によって、必要とされる**資質**は変わってくるんとちゃうん？

Ⓙ そんな気がするね。「日本語教育だからこれが必要」っていうのもありそうだね。「外国語教育」っていう、日本語教育との共通点がある英語教育の分野での主張を見てみようか。

Ⓟ お願い、お願い。

Ⓙ 例えば、Brown(1994：430)は「いい英語教師であるかどうかのチェックリスト」として、以下の29項目を挙げているよ。

1. **技術面での知識**
   a. 英語の音声、文法、談話などの言語学的システムの理解
   b. 言語学習と教授の基本原理の包括的把握
   c. 英語を流暢に「話し」「書き」「聴き」「読む」能力
   d. 外国語学習についての体験知
   e. 文献購読や定期的な会議・ワークショップ参加を通した、その分野の現状への精通

2. **教授上の能力**
   a. 言語教授に関する、しっかりしたアプローチの保持
   b. 広いバラエティに渡るテクニックの理解と、それを使った経験
   c. 授業計画の効果的なデザインと実施
   d. 授業中に効果的な決定をするための、授業の把握
   e. 学習者にとって必要な言語要素の適正な把握
   f. 学習者への最適なフィードバックの授与
   g. 教室内でのインターアクション・協力・チームワークの奨励
   h. クラスルーム運営における原則の適用
   i. 効果的で明確なプレゼンテーション技能の使用
   j. 教材や、他の聴覚的・視覚的・機械的機材の創造的な採用
   k. 必要に応じた、新たな教材の革新的創造
   l. インターアクティブで本来的な動機づけを促すテクニックを使用した、効果的なテストの創造

3. **インターパーソナルな技能**
   a. 異文化間の違いへの気づき、そして学習者の文化的伝統に対する敏感さ
   b. 人間を楽しむ、熱意や暖かさ、人との調和、適切なユーモアを大切にする
   c. 学習者の意見と能力を大切にする
   d. 能力的に劣る学習者に対処する際の忍耐強さ
   e. 特別に高い能力を持った学習者への、チャレンジの機会の提供
   f. 同僚との、調和的で率直な協力
   g. 考え・アイデア・テクニックを同僚と共有する機会の追求

4. 人間としての個人的な資質
   a. 段取りがよく、やるべきことを誠実にこなし、頼りになる
   b. 物事がうまくいかないときにも柔軟である
   c. 新しい教え方を試みる際に、新しい発見をしようとする気持ちを維持する
   d. 継続的に教師として成長するための、短期的・長期的ゴールを設定できる
   e. 倫理面・モラル面の高い水準を維持し、それを実践する

🅙 Brownの「技術面での知識」「教授上の能力」は、前述の「**専門性**」に、「人間としての個人的な質」は「**人間性**」に当たるような気がするね。それから、「インターパーソナルな技能」は、「人間性をベースに発揮される専門的技能」とでも、解釈できるかなぁ。

🅟 はい、はい。よろしいんじゃないですか。

🅙 うん。「英語」という、ある特定の教科が与えられると、教師の資質である「**人間性**」や「**専門性**」の議論が具体的になるようだね。

🅟 ワシ、ここん中で、ちょっと気に食わんとこがあんねん。

🅙 え、どこ、どこ？

🅟 1のcの「英語を流暢に『話し』『書き』『聴き』『読む』能力」なんやけど、なんか、英語**ノンネイティブ**の先生のことは、考えてへんのちゃうか。「英語が**ネイティブ**みたいやないとアカン」て言うてるような気がしてな、それが気に食わん。

🅙 それはちょっとBrown本人に聞いてみないと分かんないんだけど、ネイティブ並みの**目標言語運用能力**を持っている**ノンネイティブ**の先生って、そんなに多くないと思う。この点について、Allen and Valette(1977：4)は、**目標言語運用能力**がそんなに高くなくっても、次のような資質があれば大丈夫って言ってるよ。

・生涯勉強中という態度（すべて知っているっていう感じで鼻にかけているよりも、自分も勉強中という方が共感がもたれるので）
・運用能力をカバーするような教授技術（必ずしも目標言語能力が高い方が教授効果が高いとは限らないので）

🅟 「生涯勉強中という態度」ゆうのんが、「**自己教育力**」やな。

🅙 そうだね。Brownでも「文献購読や会議・ワークショップ参加を通した、その分野の現状への精通」「新しい教え方を試みる際に、新しい発見をしようとする気持ちを維持する」「継続的に教師として成長するための、短期的・長期的ゴールを設定する」という形で「**自己教**

育力」が必要な資質として入っているよね。
- Ⓟ フム、フム。
- Ⓙ でも、「**自己教育力**」が独立した一つのカテゴリーとしては捉えられることは、英語教育の分野では少ないようなんだ。その例として、金谷（1995：17-25）による「英語教師に必要な**資質**」を見てみよう。**自己教育力**についての言及が特には見られないから。

1. 英語運用能力
2. 知識
    a. 英語について
    b. 指導技術について
    c. 指導にかかわる関連諸科学について
    d. 雑学について
    e. 英語学習のためのリソースについて
    f. AV機器やLL等の教育機器の活用について
3. 指導力
    a. 活動のレパートリーの豊富さ
    b. 学習者の状況の理解とそれに合わせた指導
    c. 整理された簡潔な説明（文法など）
    d. レベルに合わせた適切な例文提示
    e. 他の学習項目との類似点・相違点の指摘
    f. 学習者の躓きの原因とその対処法の理解
4. 人格・性格
    a. 教育に対する情熱
    b. 公正さ
    c. 価値観・態度（異文化に対する柔軟性など）

- Ⓟ あ、ほんまや。特にないわな。
- Ⓙ もちろん、自己教育力を入れている人もいるんだけどね。例えば、安原（2001：14-15）の「これからの教師に欠かせない**資質**」の最後の要素「4」はまさに、**自己教育力**だよね。

1. 学習者が好き、教えるのが好き（これが基本）
2. 常にcreativeな授業を作りだそうとする創造的な資質

3. 授業を通して学習者が成長していくプロセスに気づく感受性
4. 教材集め、授業の改善など、自分の授業づくりにこだわる自立的な姿勢

🅙 こんな風に、英語教育の分野でも「**人間性**」「**専門性**」そして「**自己教育力**」が、教師の**資質**として挙げられていると解釈できるんだけど、教育学の分野での主張に比べると、「**専門性**」への注目度が高いようだね。

🅟 そら、ま、「英語」ゆう特定の教科が与えられれば、実際の授業場面とかで具体的に何が必要かゆうのが先に気になるしなぁ。

🅙 ま、そういうことだろうね。もっとも、英語教育の分野でも、最近になって「人間性」や「自己教育力」の重要性が特に注目されるようになってきたんだけどね。

1.3. 日本語教育での主張

🅙 さぁて、そろそろ日本語教育の分野に目を向けようか。

🅟 やっと、本命やな。お待たせしました。

🅙 ずいぶん前になるんだけど、1976年に、文化庁の委嘱を受けた日本語教育推進対策調査会が「日本語教員に必要な**資質・能力**とその向上策について」という調査報告書の中で、「日本語教員に期待される**能力**の具体的内容」を、以下のようにリストアップしているんだ。

1. 日本語能力
   1. 基礎能力
   2. 表現・理解能力
2. 言語に関する知識・能力
   I 日本語の構造に関する体系的、具体的な知識
      1. 音声
      2. 文字・表記
      3. 語彙・意味
      4. 文法・文体
   II 日本人の言語生活・言語行動の特色に関する知識
      1. 現代言語生活の特色と問題点
      2. 日本人の言語意識

Ⅲ　その他日本語に関する知識
　　　1．日本語の歴史
　　　2．日本語の方言
　　　3．古典と文芸
　　　4．国語問題と国語施策
　　Ⅳ　言語学的知識・能力
　　Ⅴ　外国語に関する知識・能力
3．日本語の教授に関する知識・能力
　　1．日本語教授法に関する知識
　　2．日本語教育の歴史と現状に関する知識
　　3．指導計画の立案に関する能力
　　4．指導に当たっての個別的、具体的指導技術に関する知識・能力
　　5．教材・教具に関する知識とその利用及び作成の能力
　　6．評価法に関する知識と評価の能力
4．その他日本語教育の背景をなす事項についての知識・理解
　　1．日本に関する知識・理解
　　2．世界の諸地域に関する知識・理解
　　3．その他の一般的な知識

Ⓟ なんや、これ。「**専門性**」のオンパレードやんか。「**人間性**」とか「**自己教育力**」とかは要らんのかい、日本語教育では！！

Ⓙ どう、どう。そう興奮しない。日本語教育でも教師の**資質**について、最近いろいろと議論が進んではいるんだよ。例えばね、「今後の日本語教育施策の推進に関する調査研究協力者会議」の報告書（1999）では、「日本語を専門的に教授すること」を「個々の学習者の学習過程を理解し、学習者に応じてどのような教育内容・方法が適切であるかを判断し、それに応じた効果的な教育を行なうこと」と定義した上で、日本語教師には以下の三つの**能力**が「**専門性**」として必要であるとしているんだ。

1．言語に関する知識能力
　外国語や学習者の母語（第一言語）に関する知識や理解があり、対照言語学的視点からの日本語の構造や言語の習得過程に関する知識を有すること。

2. 日本語の教授に関する知識能力
　過去の研究成果や経験などを踏まえた上で、カリキュラムを作成したり、授業や教材などを分析する能力があり、それらの総合的知識と経験を教育現場で実際に活用・伝達できる能力を有すること。
3. その他日本語教育の背景をなす事項についての知識理解
　日本と諸外国の教育制度や文化事情に関する理解や、学習者のニーズに関する的確な把握・分析能力を有すること。

Ⓟ コラ、おまえ、ウソこきよって‼　コイツも「**専門性**」のオンパレードやんか、え？
Ⓙ ちょっと、待ちなさいってば。実は、「今後の日本語教育施策の推進に関する調査研究協力者会議」を引き継ぐ形で発足した「日本語教員の養成に関する調査研究協力者会議」が2000年に出した報告書『日本語教育のための教員養成について』ではね、上記の「**専門性**」に加えて、以下のような**資質・能力**が日本語教師に求められるとしているんだよ。

1. 日本語を正確に理解し的確に運用できる能力を持っていること。
2. 言語教育者として必要とされる学習者に対する実践的なコミュニケーション能力を有していること。
3. 日本語ばかりでなく広く言語に対して深い関心と鋭い言語感覚を有していること。
4. 国際的な活動を行う教育者として、豊かな国際的感覚と人間性を備えていること。
5. 日本語教育の専門家として、自らの職業の専門性とその意義についての自覚と情熱を有すること。

Ⓟ なんか、やっと4番目に「**人間性**」てことばが出てきたな。5番目の「自覚と情熱」も「**人間性**」に入るんかな。あ、それから、コレ気に食わん。
Ⓙ またかい。どれ、どれ？
Ⓟ ホレ、この、1番目の「日本語を正確に理解し的確に運用できる能力を持っていること」てヤツ。英語教育のBrownと同じで、主に海外で日本語を教えている日本語**ノンネイティブ**の先生のことを、ちゃんと考えに入れてへんのちゃうんかぁ？
Ⓙ Brownでは「流暢に」ということばが使ってあって、いかにも「**ネイティブ並み**」じゃないといけない、という感じを受けたんだけど、『日本語教育のための教員養成について』では「正確に」「的確に」ということばが使われているからね。Brownと違うニュアンスなんじゃないかな。

Ⓟ ウーン、ま、じゃそれは許したるわ。でもな、「自己教育力」はどこに入ってるんや。
Ⓙ 『日本語教育のための教員養成について』には、「日本語教師養成において必要とされる教育内容」という、3領域・5区分になった一覧表が含まれているんだけど、その表の下のほうの「言語と教育」区分の「言語教育法・実習」のキーワードとして、「**アクション・リサーチ**」や「教師の**自己研修**」という用語が出ているよ。このあたりが「**自己教育力**」についての記述だろうね。
Ⓟ やっぱり、英語教育と同様、「専門性」偏重やな。でも、語学教育も「教育」なんやから、もっと「人間性」と「自己教育力」に注目せんとマズいんと違うか。
Ⓙ うん。これからどうなっていくかは分からないけどね、「日本語教師の**資質**として、**人間性**が重要だ」という主張もあることはあるんだよ。例えば、縫部（2001a：24）は、日本語学習者が日本語教師に求めているものについての調査をした結果、学習者が日本語教師に望んでいるものは、四つに大別でき、その順序は次のとおりだと言っている。

1位：学習者への心配り
2位：教職意識（教師としての自覚や職業意識）
3位：教授法の知識と能力
4位：日本語の専門知識

Ⓟ お、「学習者への心配り」が1位かぁ。これはエエな。
Ⓙ うん。この結果を受けて、縫部は次のようにまとめているんだ。

第二言語としての日本語の教師は、日本語の専門家以上の存在であり、その「以上」ということの中身は、教師である前に一人の教育者であり、教育者である前に一人の人間であるということである。一人の人間として学習者個人と人間的な触れ合い・相互交流を基本として教育は成り立つということであり、その上に教育者として学習者が学習するのを援助する存在であるということである。

Ⓟ コレ、コレ。これですよ。「教師と学習者が人間として触れ合うこと、そして相互に交流することこそが大切」ゆう考えね。こうゆうのを忘れたらあかんでしょ？
Ⓙ それは、同感。日本語教師の**資質**というと、つい「**専門性**」の方に目が向きがちだけど、「**人間性**も忘れちゃダメだ」って、この調査結果は物語っているんだろうね。

2. 私が持っている資質は変えられるのだろうか？

Ⓙ ところで、国際日本語普及協会の「日本語教師適性チェック作成グループ」(2000：8-11)が、「日本語教師に必要な基本的**資質**」として挙げてる五つの項目を知ってる？

Ⓟ さぁ、知らんなぁ。じゃ、キミ、その五つを挙げてみなさい。

Ⓙ はい、かしこまりました。て、おい、知らんヤツが、威張るなよ。

> 1. 言葉についての興味
> 2. 外国語学習についての興味
> 3. 日本語で表現することについての興味
> 4. 人と一緒に何かをすることが好き
> 5. 忍耐力

Ⓙ この主張には面白い特徴があるんだけど、気づいた？

Ⓟ ははぁ、5項目のうちの三つが、「興味」やってことやな。

Ⓙ ご明察！ 「興味があるところからスタートして、**資質**を伸ばすことは可能である」という前提に、この主張は立っているわけだ。このことは、次の文章からも分かるよ。

> このように幅広い能力が求められる日本語教師ですが、だれにでも得手不得手があるものです。あまり努力しなくてもできることもあれば、逆に、頑張っても難しいこともあります。まず、自分の個性を知るところからはじめましょう。自分の長所を生かして、教師としての自信をつけましょう。それから、不得手なところを克服する努力をして、魅力あふれる教師になってください。

Ⓟ お、これは、努力次第で「**いい先生**」になれるゆうことやな。これなら希望が持てるで。

Ⓙ うん。個人が持っている「資質」は変えることができると思うんだ。もし変えることができないなら、ある一定の要素を持った人しか「いい先生」にはなれないということになっちゃうからね。ボクは、「『**資質**』は変えることが可能である」という、以下の吉本(1989)や津布楽(1989)の主張に賛成だな。

> 一般的には資質は素質に近くとらえられ、生まれながら身に付けたものと考えられやすい。しかし、資質は固定不変のものではなく、素質に根ざすところが大であるとはいえ、本人の研

鑽・努力によって磨かれるもので、その磨かれた結果の人格的特性を指すものと考えてよい。

(吉本 1989：13)

(人間的な資質と専門的な力量によって構成される）資質とは努力と研鑽によって磨かれた素質とでも表現しうるものである。

(津布楽 1989：32)

- Ⓙ 吉本は「**資質**」を「**人間性**」に限定使用していて、津布楽は「**資質**」の中に「**人間性**」と「**専門性**」を含んでいるみたいだけど、どっちも「資質を磨き上げて、よりよいものにしていくことは可能である」という立場を取っているよね。
- Ⓟ なるほど。
- Ⓙ ボクも「**人間性**」と「**専門性**」を教師自身の努力で高めていくことは可能だと思っている。そして、「資質」を磨き上げていくエネルギーとなるのが、「**資質**」のもう一つの要素「**自己教育力**」であると理解しているんだ。
- Ⓟ お、なるほど。これで、三つの資質、「**人間性**」「**専門性**」「**自己教育力**」の関係がはっきりしたで。キミ、よくできました。
- Ⓙ だから、おまえが威張るなって！！
- Ⓟ そやけど、待てよ、「人間性」「専門性」を向上させるのが「自己教育力」やとしてもやな、その「自己教育力」って、どうやったら伸ばすことができるんや。
- Ⓙ それは、「次回に続く」。
- Ⓟ なんや、連続ドラマみたいやな。

第1章　日本語教師について考えよう

C. 教師の自己成長の方法

Ⓙ「**自己教育力**」が「**人間性**」と「**専門性**」を高めるのに必要なエネルギーだってのは、分かってもらえたと思うけど、一体「**自己教育力**」を伸ばすっていうのは、どうすればいいのか。次に、それについて考えてみよう。

Ⓟお待たせしました。前回の続きです。

1.「教師の成長」と「自己研修型教師」

Ⓙまず、「**教師トレーニング（Teacher Training）**」ってことば、知ってるかな？

Ⓟへっ、人をなめたらアカンで。ワシが教育実習を受けたとき、ちゃんと教わったで。「教師として備えるべきだと考えられている諸技術を、指導者が訓練によって教え込みマスターさせようとする（岡崎・岡崎 1997：8）」方法のことや。どうや、まいったか。えっへん！

Ⓙふんぞりかえらんでもいいよ。それは、そうなんだけど、実は、時代の流れによって、教師の育成方法の見直しが必要だと、この頃言われるようになってきたんだ。

Ⓟへ？

Ⓙだって、教師が教室の中で実際に直面する問題って、本当にいろいろでしょ？ そういう多種多様な問題に直面するとなると、それへの対応もいろいろと工夫しないといけないっていうことになるよね。

Ⓟあ、ま、そら、そやな。

Ⓙそうなると、**教師トレーニング**によって叩き込まれた「一つの教え方」を忠実に実行するだけでは、対応出来ない場合も出てくると。

Ⓟなるほど、ワンパターンは「バカのひとつ覚え」、ゆうわけやな。

Ⓙそうそう。そんな中「**教師トレーニング**」に代わって登場してきたのが、「**教師の成長（Teacher Development）**」という考え方なんだ。これについては、岡崎・岡崎（1997：9-10）が、次のように説明しているよ。

教師養成や研修にあたって、これまで良いとされてきた教え方のモデルを出発点としながらも、それを素材に〈いつ、つまりどのような学習者のタイプやレベル、ニーズに対して、またどんな問題がある場合に〉、〈なぜ、つまりどのような原則や理念に基づいて〉教えるかということを、自分なりに考えていく姿勢を養い、それらを実践し、その結果を観察し改善していくよう

C. 教師の自己成長の方法

な成長を作り出していくという考え方である。

- Ⓟ お、お、これ、なんか「**自己教育力**」とめっちゃ関係ありそやな。
- Ⓙ ご明察！　自分が持っている「どう教えるか」についての考えを、自分の教育現場の実際に応じて捉え直し、それを実践し、その結果を観察し内省して、より良き授業を目指すことができる能力が必要になったということだね。つまり、教師を育成していく段階で「**自己教育力**」を身に付けさせるのが「**教師の成長**」、という考え方だ、とも言えそうだね。
- Ⓟ ほんなら、この「教師の成長」ゆう考え方の中での「**いい先生**」ゆうのは、「自分で自分を教育できる教師」ゆうことになるなぁ？
- Ⓙ そういう教師のひとつのモデルを、「**自己研修型教師(Self-directed Teacher)**」って呼んでるんだけどね。岡崎・岡崎(1997：15)は、次のように説明しているよ。

(自己研修型教師とは、) 他の人が作成したシラバスや教授法をうのみにし、そのまま適用していくような受け身的な存在ではなく、自分自身で自分の学習者に合った教材や教室活動を創造していく能動的な存在である。

- Ⓟ 「受け身的でなく能動的に」ゆうのは、自分で考えろゆうことか？
- Ⓙ そうそう。本や論文なんかで言われていたり、他の人が実践していたりすることに飛びついて、それをそのまま「いただき！」と使うんじゃなくて、それを元に自分に合った教え方を創り出していく、ってことだと思うね、ボクも。
- Ⓟ つまり、マニュアルは絶対あかん、と。
- Ⓙ いや、そこまでは言ってないと思う。だって、教えるために必要な基本的な知識や技術がまったくないと、教える第一歩を踏み出すのも大変でしょ？
- Ⓟ はい、先生、はい！！　じゃ、「初めのうちはある程度いいけど、いつまでもマニュアルに頼るな」ゆうのはどうですかぁ？
- Ⓙ はい、よくできました。でも、そのバランスが難しいんだけどね。マニュアルに頼らないためには、これまで無意識に作り上げてきた自分の考え方・教え方をクリティカルに捉え直して、学習者との関わりの中で見直していくという作業を、教師はずっと自分自身に課していかないといけないことになる。
- Ⓟ 「言うは易く、行うは難し」と。
- Ⓙ いや、そうじゃなくて「習うより慣れろ」じゃないかな？　チャレンジして慣れてしまえば、そう難しくもない。だから、最近になって、教育実習なんかで教師を育成していく際に、

「**自己研修型教師**の心構えを身につけることを目指した教師の育成」が、盛んに行われるようになってきたわけ。これを教師の「**資質**」という面から考えてみると、「**自己教育力**」の重要性が強く認識されるようになったために、それが「**教師の成長**」や「**自己研修型教師**」という概念を産み出したとも言えそうだね。

2. 教師の自己成長を可能にする方法

Ⓟ よーし、もうこれで、教師養成の目標は「自己研修型教師」と決まったな。

Ⓙ まぁ、ちょっと、落ち着いて。一口に「**自己研修型教師**」を育成する、と言っても、その方法にはいろんなものがある。例えば谷口・石井・田中(1994：1-2)は、日本語教師の自己成長を可能にする方法として、こんなものを挙げているんだ。[1]

自分の授業の具体的事例に基づく評価・改善のための活動
- ビデオ・音声テープに記録して授業観察を行なう
- 他教師に授業観察とコメントをしてもらう
- 教案作成及び授業後の反省
- チェックリストによる自己評価
- 学習者からの評価を得る（アンケート、評価票、直接聞くなど）

自分の授業を直接検討はしないが、間接的に授業に役立てる活動
- 他の教師の授業を見学する
- 教材（自分のもの・他教師のもの）を検討する
- 同僚等との相談・意見交換をする
- 学習者の希望やニーズを調査する
- 父母の希望を聞く
- 学習者によるコース評価

その他全般的な向上を目指した活動
- 研究会・勉強会への参加
- 文献等を読む
- 外国語学習（学習者の立場を経験する、学習者とのコミュニケーションに必要な媒介語を習得する）
- 自分の国についての知識を深める
- 健康管理／体力増進

・目標言語教育関係以外の人との交流

Ⓟ ふん、なんやみんな当ったり前のことやんか。でも、まあ、こういう常識的なことに積極的にどんどん参加したら、「自己研修型教師」になれる、と。
Ⓙ そうだと思う。でも、方法はこれだけじゃなくて他にもあるんだ。その中でも、最近注目されているのが、「**ティーチング・ポートフォリオ(Teaching Portfolio)**」と「**アクション・リサーチ(Action Research)**」。これ、知ってる？
Ⓟ ソーリー。アイ・ドント・アンダスタンド・イングリッシュ。

3. ティーチング・ポートフォリオ

Ⓙ 素直に、教えてくださいと言いなさいよ、まったく。じゃ、教えてあげるから、よく聞いてね。まず、この「**ポートフォリオ**」ってのは、自分の学びを入れていくファイルのようなものと考えると分かりやすいかな。
Ⓟ オー、イェー、アイ・ノウ・ファイル。
Ⓙ これは、義務教育の現場、特に小学校で始まった「総合的な学習」を評価する方法として、取り上げられるようになった用語で、最近はあちこちで聞かれるようになったと思うけど。
Ⓟ OK. But, how can a teaching portfolio be related to teacher development, my dear Watson?
Ⓙ コラ、いきなり、シャーロック・ホームズになるなよ。つまりだね、学習者用の**ポートフォリオ評価**のやり方を教師用に応用して、教師の成長のためにつなげようというわけだ。それを「**ティーチング・ポートフォリオ**」または「**教師用ポートフォリオ**」って言うんだよ。**ティーチング・ポートフォリオ**についての定義には、次のようなものがあるから、見ておこう。

現職教師として、あるいは教育実習生として活躍している自己の教育活動に関する記録を、生徒の活動の過程や成果に関する記録とともにファイルしたもの　　　　　（高浦 2000：23）

ある一定期間行なった教授活動に関するあらゆるものを、参加する教師自らが積極的に保管・整理することによって、教師としての自己成長の過程と結果を記録するシステム

（横溝 1997：166）

Ⓟ んー、なんや、分かったような分からんような…。

J じゃ、保管・整理するものを具体的に挙げてみるよ。[2]

教師自身によるもの

a. 自分が担当するコース及びクラスの詳しい説明

　　コースの構成、学習者、教科書、補助教材、授業形態、評価基準、教師のローテーション等についての詳しい説明。

b. コースシラバス

　　学期中にカバーされる学習項目とスケジュール。

c. 自分が持っている教育哲学

　　外国語の教え方に対して無意識に持っている教育哲学を、各教師が明らかにしまとめたもの。

d. レッスンプラン

　　学期中の実際の授業で使用した教案を、他の人にも分かりやすく書き直したもの。毎日作る教案を学期を通してためとっておいて、後で選んでいく形をとればよい（最低２～３回分）。教案の書き方は、各自決める。

e. 録画した授業

　　学期中の授業を録画したもの。授業の全体を通して録画したものが望ましい（学期中最低２～３回）。録画は、TP 参加者、他のコースの教師、見学希望者等にお願いするか、自分で行なうかする。

f. 学期中つけていた内省記録に基づく、学期の反省

　　毎日の教案に、その日の反省を書く欄を設けておき、毎日忘れずに記入しておく。全体的な内省と共に、自分が興味を持っているテーマに絞った内省も記入しておく。学期末に一学期分の内省に目を通し、まとめる。

g. 学期中使用した教材

　　学期中使用した教材は全て捨てずに整理しファイルしておき、その中で記録として残しておきたいものを取り出す。

他の人によるもの

h. 授業観察者の評価・コメント

　　学期中に授業を最低２～３回見学（観察）してもらい、授業に対するフィードバックを観察記録として残しておく。観察者がフィードバックしやすいように、授業観察のチェックリストをあらかじめ観察者に配付しておく事も可能。チェックリストは、自分で見てほしい点を強調したものを作成してもよいし、既成のものを応用または一部変えて使用して

もかまわない。
i. 学習者によるコースの評価

　　学期の終わりにコースに対する学習者の評価を集める。TP参加者が知りたいことに合わせて評価表を作成することも可能で、できれば全ての学習者からのフィードバックをもらう。学期の終わりだけでなく、学期途中に評価を行なうことも可能である。答えの選択肢は与えず自由に書かせる形式を採用し、学習者からの幅広いフィードバックを受け取る。

j. 学習者による教師の評価

　　学期の終わりに、各TP参加者（すなわち教師）に対する学習者の評価を集める。後は学習者によるコースの評価と同じ。

k. 学期中に学習者が作成したもの

　　学期中に学習者が行なったスピーチ／インタビューを録画したものや、書いた作文／エッセイ／論文など。学期を通して教えたことの成果を表すためのものである。

Ⓟ なーんや。こんなん、大部分が、谷口・石井・田中（1994）が挙げた「日本語教師の自己成長を可能にする方法」に含まれてることやん。これやと、わざわざポートフォリオにするメリットが見えへんで。

Ⓙ **ティーチング・ポートフォリオ**としてこれらを保管・整理する場合はね、ただファイルに入れるだけじゃないんだよ。例えば、教育実習生がティーチング・ポートフォリオを実施するときは、保管・整理したものに基づいて、各実習生が教育実習指導にあたる教員との深い、継続的な話し合いを続けていくんだよ。というのも、「**自己教育力**」を実習生が伸ばすためには、まずは自分の授業を自己評価する能力が必要でしょ。この**自己評価能力**の育成には、指導教員が大きな役割を果たさないといけないんだ。

Ⓟ ははぁ、指導教員との話し合いを通して、実習生の自己評価能力を伸ばそうゆうわけか。

Ⓙ そうそう。この背景には、ちょっと難しくなるけど「学習は、積極的な人と人とのかかわりの過程で行なわれるものである（寺西1999：97）」という考えがあるんだ。だから、実習生に対する**ティーチング・ポートフォリオ**では、コミュニケーションや対話が積極的に展開されるというわけで、このコミュニケーションや対話を通して、「自分の学習上の課題を自ら発見し、課題の解決のための適切な学習方法を選択し、実行して、その結果を当初の課題に照らして評価し、問題点があれば修正していく（鈴木1999：9）」能力を伸ばそうということなんだ。

Ⓟ へぇ。ややこしい話やなぁ。

Ⓙ この能力を「**メタ認知能力**」というんだけど、メタ認知能力が向上するというのは、**自己評**

価能力が向上することなんだ。

Ⓟ つまり、なんや、話し合いをきっかけに、自分の授業を脇から見る目を養って、自分の授業のグッドなところも、改めんとあかんところも把握できるようにさせようゆうことやな。

Ⓙ うん、まさにそう。実習生による**ティーチング・ポートフォリオ**は、教師としての**力量**をあげることに活用できるだけでなく、「教師としての雇用の機会に備える（高浦 2000：23）」ために使うこともできる。つまり、**ティーチング・ポートフォリオ**が教師採用の提出資料として要求される時代が来るかもしれない。だから、教育実習を受けるときは、授業で体験したもの全てを、ティーチング・ポートフォリオという形で保管・整理してみるのがいいと思うよ。

Ⓟ うわ、そら、難儀やな。

Ⓙ でもね、教育実習の授業では、今までしたことのないことをいろいろと体験すると思うんだ。その貴重な体験を、きちんと保管・整理しておけばいいのさ。保管・記録しておいたものは、教育実習の期間のみならず、それが終わった後も、そして実際に日本語教師になったときにも、「一生の宝物」として役立つと思うよ。

4. アクション・リサーチ

Ⓙ 次は「**アクション・リサーチ**」。

Ⓟ これ、知ってるで。すなわち、「素行調査」。

Ⓙ 違うって！　ま、ひと言で言うなら、「教師が自己成長を目指して行なう小規模な調査研究」ってとこかな。

Ⓟ はぁ。

Ⓙ 言い換えると、「教師が自己成長のために自ら行動を計画して実施し、その行動の結果を観察して、その結果に基づいて内省するリサーチ」とでも言えるかな。

Ⓟ でも、「教え方の向上を目指して日々反省」なんてゆうんは、自己成長を目指そうって意識があれば、教師なら誰でも普通にやってることちゃうんかなぁ。

Ⓙ それは、そうなんだけど、アクション・リサーチにはそれに枠組みを与え、やりやすくするという機能があるんだ。そういう意味では、**アクション・リサーチ**も「**自己教育力**」を育成する方法の一つだというわけ。[3]

Ⓟ ほー、ほー。で、その「ハクション・リサーチ」のメリットは？

Ⓙ 「アクション」だってば！　ま、実施のメリットとしてはだね、(1) 教師自身の成長、(2) 教師一人一人が、教え方についての既成の理論を受け入れるだけの「消費者」ではなく、

C. 教師の自己成長の方法

「教え方に関する情報の発信基地」になれる、(3) 教師同士のネットワーク作りに貢献する、(4) 周りの人々そして社会の、教師の仕事に対する理解が深まる、(5) 教授・学習環境が向上する、(6) 教師と学習者の間の信頼感・親密性が増すこと、などが挙げられるかな。これから日本語教師になろうと思っている人、例えば教育実習生なんかに直接関係があるのは、主に (1) だろうけどね。

Ⓟ 具体的には、どうしていったらいいんかな？

Ⓙ まずは、自分の授業の中での問題点や関心事をトピックとして、そのトピックの何が気になっているのかをできるだけ具体的に明らかにするところから始めるんだ。トピックは、教師が教えること・学習者が学ぶことに関するものであれば、何でも構わない。例えば、「指名のし方」「発音指導のし方」「クラスルーム運営」「成績不良の学生への対処」「ほめ方」「誤りの直し方」「教室活動の工夫」「質問の内容」「学習者の動機づけ」「自律学習の援助法」なんか。教師が関心・興味を持ったものなら何でも、**アクション・リサーチ**のトピックになるというわけ。

Ⓟ 何でもありやな。

Ⓙ 教えている中で出てくるさまざまなテーマは全て、アクション・リサーチのトピックになるんだよ。だから、この本の中でこれから出てくる様々な項目は全て、アクション・リサーチのトピックになりうるってわけ。で、トピックがはっきりしたら、そのトピックについてクラスの中で実際に何が起こっているのかを調べてみる。それとともに、そのトピックに関してどのような主張が既になされているのかについての情報をできるだけ集めるんだ。

Ⓟ はい、はい。

Ⓙ このような「クラス内の調査」と「先行研究の調査」によって得た知識を元に、問題や関心事の改善策を考え、その改善策を実行に移す計画を細かく立てて、実際に実施してみる。実施した行動の成果を観察・分析し、行動の成果が望ましいものであったかどうかを評価して、望ましいものでなかった場合は、その原因を考察する。ここでもう一度新たな改善策を考えてそれにトライすることも可能だね。で、リサーチが一段落ついたら、そのプロセスと結果を他の教師と共有する、というように進んでいくわけだ。

Ⓟ なるほど、なるほど。

Ⓙ **アクション・リサーチ**は、教育実習などの教師教育プログラムの中でも実施可能なんだ。「実習の指導者から与えられる基本的な枠組みの下に織り込まれた実習項目とは別に、実習生自身によって選ばれ目標設定された項目について、自分達で進め、試行錯誤を通して学び取っていく（岡崎・岡崎 1997：46）」過程が、教師の成長のためには必要というわけで、その実現のための一手段として、教育実習への**アクション・リサーチ**導入には大きな可能性が

ある。
- ⓟ メリットのあるもんは、なんでも取り入れたらええねん。
- Ⓙ うん。迫田(2000)はね、日本語教育実習プログラムへのアクション・リサーチの導入に関する報告をしているんだけど、その中ではね、アクション・リサーチの、「状況の改善・変革など、教育の質の向上を目標に行なう」点、「評価的であり、内省的である」点、「他の教師と協力して行なえる」点、「行動する本人だけでなく、他の人に影響を与える可能性がある」点が、教育実習の在り方を考えるうえで極めて有効ではないかと言っているんだ。そのうえで、大学院生対象の教育実習にアクション・リサーチを導入して、次のような点を、教育実習における**アクション・リサーチ**の可能性として、報告しているんだ(迫田 2000：26)。[4]

教師養成から教師成長へのパラダイムシフト

教育実習は「教師を養成する」という考えのもとで「指導者が指導技術や知識を実地の訓練によって教え示すこと」と考えられがちである。しかし、アクション・リサーチを取り入れることによって教師自身、つまり実習生自身が教える状況をより良いものにするための試みをさせ、「教師自身が自らの成長を促すこと」と捉えることができ、自己研修型の教師を育てることができる。

他の実習生の協力が可能

実習では、必ず他の実習生が教室で参観する。この参観者たちに、アンケートの形を採ることで、実施した行動の積極的な観察を依頼することが容易にできる。

他の実習生への影響

アンケート調査や結果報告などで他の実習生の様々なリサーチトピックを知ることによって、その成果を情報として取り入れたり、新しい観点として見方の広がりが得られる。

教育と研究に対する高い意識

これまでは教師は教育活動に、研究者は研究に、というように実践と研究は分離して考えられる傾向にあったが、アクション・リサーチを実習に取り入れることで、実習生は現場での取り組みがそのまま研究となり得ることを認識し、常に研究に対する意識を失わず、日々努力をする教師を目指すと考える。

- ⓟ こらぁ、ほんまにいろいろとご利益があるもんなんやな。ありがたや、ありがたや。
- Ⓙ 拝まんでも、よろしい。教育実習の場で実施される**アクション・リサーチ**は、「指導教員がいて、その指導教員の指導のもとで、一定期間実習生全員が、それぞれのトピックについてアクション・リサーチを実施し、それぞれの成長や発見を共有しあう」という「**協働的アク**

ション・リサーチ(Burns 1999)」の形式になるんだけど、この形式は、参加者全員がお互いから学び合うことが可能であるという点で、効果的で理想的なシステムなんだ。
- Ⓟ ますます、ありがたいな。
- Ⓙ じゃ、アクション・リサーチを教育実習生が実施するとどうなるのかを理解してもらうために、ここいらで日本語教育実習生による実践報告例を、二つほど紹介しておこう。

4.1. アクション・リサーチの実践報告1

アクション・リサーチ結果報告 「表情の研究」

橋詰さち子

トピックの決定

　私は大学2年生の後期から、○○大学内の△△で日本語を教えている。このクラスは日本語教育学科の学生が自主的に運営している日本語クラスで、授業後は必ず授業者・見学者で反省会を開き、良い点や「こうすれば良かった」という点を話し合う。

　私が授業をした後の反省会で、良い点としてよく言われてきたことは「笑顔が良かった」「雰囲気が良かった」ということである。私は最初のうち、それを良い事として素直に受け取っていた。明るく楽しく授業ができればいいと思ったからだ。私は普段から、特に意識をしているわけでもなく笑顔である。物心ついたときから、「いつも笑顔だね。」とよく言われてきた。そこで、私はなぜいつも笑顔でいるのか考えてみると、もっとも大きな理由は、誰からも好かれたいという気持ちがいつもあるということだ。相手に良く思われたいために笑っているのだ。それから私の性格として、楽観的で「楽しんでいない自分」というものに耐えられない、ということも笑顔の理由だと思う。自分と自分の周りを楽しく盛り上げていこうとして、いつも笑顔でいる。そして、何か少し困った事に出会ったときにも笑顔になる。それは「笑ってごまかす」心境なのかもしれない。

　このように考えてみると、私の笑顔は物事をうまく進めるために出てくるもので、悪く言うと、笑ってさえいればなんとかなるだろう、ということなのだろうかという思いに行き着く。楽しい授業にする事ももちろん大切な事だと思うが、私の目指す授業は「メリハリのある楽しい授業」である。それは、授業中どんな時も笑っているという意味での楽しい授業ではない。笑っているだけの授業では全体がぼんやりしていて、本当に面白い授業とはいえない。そこで私は、人に「良い」と言ってもらえる笑顔を、授業にメリハリをつけるためにもっと有効利用できないかと考えた。そして表情を使い分け

る事によって、教室の雰囲気がどのように変わってくるかも知りたいと思った。このようにして私のアクション・リサーチは「表情の研究」と決まった。

授業を担当したクラス

　2001年7月18日と8月8日の2回、△△の初級クラスで授業を行った。基本的には50分の授業を2人でティーム・ティーチング、という形であるが、私は7月18日のみ50分一人で通して授業を行った。学習者は△△で日本語を学習した後、○○県、○○県でそれぞれの専門分野に分かれて研修する研修生10名。彼らは中国からが5名、メキシコからが2名、インドネシア、タイ、ニジェールからがそれぞれ1名と、母語もばらばらである。

1回目の教室活動と私の観察・感想

　1回目の授業は、あまりアクション・リサーチのトピックについて意識せずに行った。意識せずにというよりは、最初の授業であるということと、一人で授業を行うということで緊張しており、表情について考える余裕が無かったといえる。学習項目は「『しんにほんごのきそ1』の第14課～ています」で、新出項目であった。

　まず自分で振り返ってみると、私自身が課題だと思っていたとおりに、授業のどの場面でも表情は笑顔だったと思う。しかも気づいたのは、緊張しているとさらに笑顔になるということである。それは余裕の無さをあらわしている。実際、ずっと笑顔であった。特に気になった場面は、「山本さんはどこですか？」というクイズをした時である。「クイズのやり方の指示もまずく、正解を出した学習者もいなかった」という、教案にはない事態が発生した時でも、私は笑顔で押し通していた。そうすることで、活動はうまくいっていないのに学習者に「まあいいか」という雰囲気を与え、活動自体が流されて意味のないものになってしまうと反省した。

　他の実習生や先生方のご指摘でもっとも多かったのは、「否定的フィードバックも笑顔で行われている」というものであった。これも問題だと思った。学習者の誤りを訂正するということは、学習者が日本語のレベルを上げていくうえで非常に大切な場面であるにもかかわらず、授業でゲームをしたり冗談に笑ったりするときと同じ笑顔で対処するのは、授業の雰囲気作りという点でも、学習の効果という点でも、よくない影響を与えると思う。そこで、否定的フィードバックは特に気をつけていかなければならないもので、訂正するときは真顔で、学習者が訂正できたときに笑顔になるのが良いだろうと考えた。さらに、どうしたらもっと笑顔を効果的に用いられるかという私の疑問に対し、

先生から、学習者に質問するときの表情についてアドバイスをいただいた。例えば「昨日どこに行きましたか。」と質問すると、「昨日どこに行きました」までは真顔で、「か。」のところで少し笑顔になる。それを鏡に向かって練習すること、というアドバイスをいただいた。確かに私は今まで、意識して表情作りの練習などしたことがなかった。しかし効果的に表情を出すために、実際に練習をしてみようという気持ちになった。それから、私自身も気づかなかった癖についての指摘があった。授業中、時々声を落とし、ささやくような声になることがあるというものだ。これは自分では癖と気づかなかったが、ささやき声になる理由は自分で説明できる。多分、声にも抑揚をつけることで、私の目標である「メリハリのある授業」に近づけようとしているのだ。よく先生が「教師は授業を演じる」というようなことをおっしゃるが、私の癖はそういう心理から来るものだと思う。しかしささやき声になる必要はなく、「気になった」という指摘を受けたので、これも改善していかなければならない。「メリハリのある授業」ということで、表情とは関係ないが気をつけようと思ったこととして、「手を使ったリピート指示のとき、前傾姿勢になり、動きがない」という指摘もある。このことも表情とともに意識して、次の授業を行おうと思った。

2回目の教室活動と私の観察・感想

　2回目は1回目と比べて気持ちに余裕もあり、パートナーとのティーム・ティーチングということもあり、かなり表情を意識しながら授業をすすめることができた。もっとも心がけたのは、学習者の発話中は笑顔をあまり出さないようにし、学習者がうまく言えたときや活動がうまくいったときに笑顔になるようにしたことである。これは観察していた実習生や先生方からも「意識的に笑顔を抑えているのが感じられた」「答えが出るまで待つ間の真顔がいい、よくなった」という意見があり、心がけたことが実際にできていたのでうれしかった。しかし、「指名のときに真顔すぎて威圧感があった」という意見もあり、表情の使い分けは難しいと思った。もっとこうすればいいのでは、という意見では、「否定的フィードバックのとき真顔に戻るだけでなく、とぼけてみるなどのバリエーションを入れてみてはどうか」というものと「少しうなずきが多いように感じる」というのがあった。どちらも納得できる意見なので、これからの授業にとりいれていこうと思う。

　もう一つの課題であった姿勢や動きについては、問題となるようなことは特になかったようだ。これも意識して、前傾姿勢にならないように胸を張ろうと心がけていた。

リサーチから得たもの

　今回のリサーチでは、今まで気がつかなかった改善すべき点もいろいろ見つかり、また自分でもビデオで振りかえることができた。その結果、より意識的に授業の中で改善する事ができ、良かったと思う。自分の授業を後で思い出して反省してみても、やはり限界がある。それをビデオによって確認し、しかも同じ立場の学生だけでなく、院生の先輩方・大学の先生方・（実習の時間以外のときにそのクラスを担当しておられる）△△の先生方にもご意見をいただいたのは、貴重な経験であった。

4.2. アクション・リサーチの実践報告 2

アクション・リサーチに初挑戦〜メリハリのある授業〜

倉品さやか

　この実習に実はちょっとわくわくしていた。実習が大変なのは知っていたし、以前に実習や教壇に立つことも経験済みだった。でも今回は「アクション・リサーチ付き」なのだ。2年前に同じ教科書で同じような背景の学生に教えたときに感じた「同じことの繰り返しになりそう…」から抜け出せそうな気がしたのだ。
　それではこれから私の初アクション・リサーチを、順を追って振り返っていきたい。

テーマ決定〜問題はいろいろ思い浮かぶけれど〜

　それでは、そんな私が選んだテーマとは何だったのか。実は意気込みばかりが先走って、テーマが絞りきれなかった。自分の今までの授業を振り返ると、あれもこれもと出てきた。誤用訂正、微笑みばかり続く表情、どうしたらいいかわからない手、ワンパターンになりかけのドリル。「まったくもうどうしよう」と歩きながら考えていたとき、一人の学生からの言葉を思い出した。
　以前私は海外で日本語を教えていた。授業後のおしゃべりで、ある学生が「先生はゆっくり話すからわかりますけど、他の日本人はもっと速く話しますね？　わかりますか？」と言ってきた。私がいた国スロベニアではほとんど日本人と話す機会はない。夏の観光シーズンに運がよければ日本人を見かけるくらいである。そんな環境の学生たちが、研修やホストファミリーとして教師以外の日本人と話すことを考えたとき、不安がるのも無理はない。しかし私の話し方は、「意識的にそうしている」というものでもなく、どうやら元々遅いらしいのだ。

そこで、その「話すスピード」をテーマにしてみようと思った。速くするのは難しいのかなと思ったけど、「遅いのが私」と開き直れるとは思えなかったし、他の人から私の話すスピードや私ののんびりした授業はどう見えるのかを知りたいと思った。ということで、私のテーマは「教師の発話速度」と（初めは）決定された。

情報収集〜他の人はどう考えているの？〜

　まず教師の話す速度について何が言われているのか、他の先生の授業はどうなのかどう考えているのか、情報収集することにした。「授業で教師が話すスピード」そのままズバリでは見つからない。教師の調整した発話を「ティーチャー・トーク」と呼ぶことを学び、それをキーワードに文献を探した。そこで、ティーチャー・トークで調整されるもののうち、スピードは「遅くなる」（岡崎1990、村岡1999）、また調整は「教室の雰囲気全体を変えることがありうる」（村岡1999）とある一方で、「語彙コントロールをしておけば、発声・発音やそのスピードなどには特別配慮はいらない」（丸山1990）ともあり、混乱してしまった。また元々「遅い」私は、遅くする必要はなく、「速い/遅い」の使い分けは、分からずじまいのままになった。

　またスピードと関連して、「ポーズ」という新しいキーワードが加わった。ティーチャー・トークでは「ポーズは長く頻繁に現れる」（岡崎1990、村岡1999）ということがわかり、さらに「ポーズが多いと聴解度がよい」「とくに句単位にポーズをおくのが最もよい」（河野1997）ことが英語教育の研究で言われていることがわかった。

　しかし、この時点ではまだ自分はどうすればいいのかわからず、他の先生の授業を見学することになった。授業見学では見る観点が定まらないままだったが、各先生の話し方に気をつけて見た。するとゆっくり話す先生、テキパキ進める先生、学生とワイワイやりあう先生と、それぞれの個性あふれる話し方、またそれによる学生との雰囲気作りがなされていた。これをみて、どれもこれも自分とは違うために全て取り入れたくなったりもしたが、自分の元々の話し方をまずは知りたいと思った。

1回目の授業〜人に授業を見てもらって〜

　いよいよ1回目の授業だ。しかし実際には教案や教材準備、模擬授業に時間をほとんど費やし、自分の担当する部分で「どう話すスピードを変えるか、ポーズを入れるか」などを検討する間もなく授業となってしまった。そのため、今回は「予備調査」と考えて普段どおりの授業をし、自分の話すスピードやポーズの実態を知り、他の人の意見を聞く機会にしようと思った。

授業は前半順調に進んでいたが、後半はツメが甘く対処がうまくできず、反省と悔しさが多く残る授業だった。そんな授業で私は話すスピードについて気をまわす余裕もなく、素のスピードが出たのかもしれない。

　まず他の人に行ったアンケートの結果、スピードは適切であろうということがわかった。5段階評価で遅いか速いかを評価してもらったが、「遅い」の5とする人はいなくて、評価の平均は 3.17 であった。自分の中で「遅すぎるのではないか」という不安・心配からは少し解放された。それよりも自分でビデオを見て、パニックに陥って早口になったり声が小さくなっていたりしたこと、またテンポがずっと一定のためにどこがポイントなのかわかりにくいという2点が気になった。他の見学者の意見でも、速さは問題がないが「メリハリがない」「もう少し強弱を」「指示を大きい声で」という点を指摘する声が多かった。

　ということで、速さが「遅い」のが問題なのではなく、一定であるために大事な点や指示がわかりにくいことが問題であることがわかった。そこで話し方に気をつけて「メリハリのある授業に！」をテーマにすることにした。

2回目の授業〜授業をきちんと進めることに気がいって…〜

　2回目に担当した部分は、前半の「〜ましょうか」「〜てください」に続き「〜ましょうか」「〜ましょう」の練習だった。特に新しい形ではないため、ドリルは少なく会話で練習をすることが中心となった。そこで強調と指示に工夫をしていこうと考えた。実習前に読んだものを参考に、強調したい部分はゆっくりと、そしてその前にポーズを置いてみようと頭に残して授業に望んだ。しかし実際の授業では、前回の後半崩れたという後悔が頭に残っていたため、「落ち着こう」「スムーズにやろう」ということに気がいき、おかげで授業はスムーズに進んだものの、アクション・リサーチはぱっとしなかった。

　そのため「声を大きくする」「ポーズをおく」「速さを変える」に対するアンケートでも、「声の大きさ」の変化はわかり効果的であったようだが、他の点は変化がわかりにくかったようだった。それよりも前回に引き続いて「落ち着いている」「単調」「声が小さい」「指示をはっきり」というコメントがあった。そこで「落ち着き」はいいとして、そのために起こる「メリハリの不足」を改善しようと思った。

3回目の授業〜やっとアクション・リサーチっぽくなってきた？〜

　今回の授業はドリル中心で単調になりやすい。そのため「メリハリ」をキーワードに

C. 教師の自己成長の方法

文献を探してみると「めりはりのあるクラスにするために」(高野1999)という実習報告が見つかった。そこで改善点の候補として「話す速さ」「文型練習のテンポとバリエーション」の二つがあり、文型練習の中でも「キュー」と「指示」というふたつのヒントが見つかった。

そこで自分の「指示」は「わかりにくい」ということから、もう一度自分の1回目と2回目の授業を見て内省することにした。すると、指示がわかりにくい原因は、言いながら作業しているからではないかと気づいた。テンポをよくしようという意識が先へ先へと急いでしまい、手が次の準備をしていて口と手が別々のことをしてしまっていたのだ。

そこで、今回は指示やキューの出し方に工夫をしようと考えた。まずは「ながら」指示・提示をやめ、それぞれをきちっとする方法を考えた。しかし、まだ具体的なイメージがつかめなかったため、他の人のビデオを参考にすることにした。参考にしたビデオの中の先生は、ドリルのときにキューと回答のモデルを3回繰り返し、そのあとキューをしっかり言った後、「はい」と手を学生に向けて指名していた。また手の動きもモデルとキューまではしっかり手元の小さい紙を持っていて、指名の際にぱっと手を動かしていて境界が明確だった。これらのヒントから、ドリルの際に絵教材や文字カードを使うときに、「見せる」「モデル」「指名」を、自分の心の中で一つずつうなずきながら区切りをつけて行おうと練習した。

実際の授業では、思ったよりもカード類の教材が多くなり、それをどう手際よく混乱せずに使うのかも問題になったが、「絵カードを示す」「文字カードを示す」「モデルを言う」「コーラスを指示する」という各段階を、今までよりはテキパキとできたように思えた。ちょっとカードの多さにとまどうことはあったものの、自分で「これがリズムをとるコツかな？」という実感を得ることができた。

反省会では「次の文字カードが見えてしまって残念だった」という指摘があり、自分でも時間がおして焦っているときは、つい「ながら」をしていて、まだまだ修行が必要だとわかった。しかし、今までだったら「いつも」だった「ながら」が減っていっているとわかり、これからも練習して常に区切りあるドリルにしていこうと思った。

また他の人からのアドバイスで、カードの使い方以外にも、指名順序を工夫して緊張感を高めたり肯定のフィードバックの「はい」と境界明示の「はい」の区別をしたりすることで、よりメリハリがでるのではないかという次の改善点も生まれた。

> これから〜スロースターターな私〜
> 　3回の実習授業を通して、授業をしながら反省点をあげてその改善を試みていくうちに、漠然としていたテーマが絞られてきた。今回改善されたカードの使い方をこのまま生かしながら、さらに境界明示の「はい」を工夫したら、きっとまた新たな点が出てくるだろうし、指名の仕方や指示をよりわかりやすくしていきたくなるだろう。そしてそれが少しトロい私の話し方を生かしつつも、テンポやメリハリがある授業につながっていけばいいなあと思っている。今回はこの3回の授業で一応終わりとしてまとめたが、何に対してもスロースターターな私としては、やっとアクション・リサーチのスタート地点に立った気がしている。

5. ティーチング・ポートフォリオとアクション・リサーチの併用

Ⓟ これは、おもろいわ。アクション・リサーチの具体的イメージができたわ。

Ⓙ それはなにより。見てきたように、**ティーチング・ポートフォリオ**と**アクション・リサーチ**にはそれぞれ、「**自己教育力**」を育成していく大きな可能性があるんだ。でも、この二つは、お互いに相反するものではなく、むしろオーバーラップしている部分がかなり多くって、うまくいっしょに利用できれば、相乗効果が期待できるんだよ。

Ⓟ 「鬼に金棒」。ますますもって、ありがたい。

Ⓙ その併用の方法としてはね、「**ティーチング・ポートフォリオ**の一部として**アクション・リサーチ**の報告書を記録・保存する方法」が考えられる。具体的には、前に見た「ティーチング・ポートフォリオで記録・保管していくもの」の中の「教師自身からのもの」に、アクション・リサーチを加えればいいのさ。

Ⓟ なるほど。

Ⓙ それ自体が自己成長の記録であるアクション・リサーチをティーチング・ポートフォリオに加えることになるから、ある一定期間行なった「自己成長のための色々な試み」が、より明らかな形で記録・保存されることになるんだ。例えば、津田・中村・横井・横溝（1998）では、次のものを、ティーチング・ポートフォリオとして記録・保存してるよ。[5]

教師自身によるもの
　a. 各教師の言語教育哲学
　b. 学期中つけていた内省記録に基づく、学期の反省
　c. 2回分のレッスンプラン

d. アクション・リサーチの実践報告
   e. コース及びクラスの詳しい説明
   f. コースシラバス
   g. 録音・録画した授業
   h. 学期中使用した教材

他の人によるもの

   i. 学習者による教師の評価
   j. 授業観察者の評価・コメント
   k. 学習者によるコースの評価
   l. 学期中に学習者が作成したもの

J 津田・中村・横井・横溝(1998)では、こんな形で4人の教師が初めてアクション・リサーチを実施したんだけど、4人の教師全員から「アクション・リサーチを行う価値があった」とのポジティブな感想が報告されているんだ。

教師A
今回、一つの問題点に着目し、授業の記録やアンケートを元に、自分の行動と学習者の反応を分析・考察することにより、教師としての勘に頼って行なってきた観察・分析・反省・改善が、より客観的に行なえるようになったと思う。拙い調査ではあったが、これまでの教師としての勘を見直すことも、裏付けることも出来たという意味において、一歩前進することが出来たであろう。

教師B
文字化して、授業のプロセスを見るという作業は、私に客観的に自分の授業を見る機会を与えただけでなく、わずかではあるが、肯定的に思えるようなやりとりを発見することにもなった。このことは、授業後、大抵悲観的になってしまう自分にとっての励みにもなった。また、アクション・リサーチを通して、自分の教え方に対する改善策を考えることが出来た。

教師C
毎日の授業で行なっている練習や教え方について改めて調査し見直す方法として、とても良かったと思う。リサーチの構成を考えたり調査結果やフィードバックを文書にしたりする過程で得ることも多く、とても勉強になった。

教師D
今回、このティーチング・ポートフォリオの中でアクション・リサーチを実践することで、

> アクション・リサーチそのものに対する理解が深まり、「教師としての成長」に必要不可欠であると実感したばかりか、自らの教授行動に関する直感的な判断を再吟味する必要があることが明らかになった。

🇯 こんな感じで、参加者全員がアクション・リサーチ実施の意義を認めていたんだけど、その実施の困難さ及び大変さを実感したという報告も同時にあったんだ。

教師 C
こうした調査を行なうことや調査結果をまとめることに慣れていなかったため、リサーチの構成を考える段階から調査結果やフィードバックを文書にするところまで、一つ一つに時間がかかり手違いや失敗も多かった。

教師 A
今回のアクション・リサーチはティーチング・ポートフォリオ参加者全員によるグループワークとして行なわれた（週に一回お互いのアクション・リサーチについて意見交換を行なった）。これは情報交換が活発にできるという利点はあったが、私としてはスケジュール的にかなり苦しい状況に置かれる結果となった。この経験を生かして、次回は自分なりのペースで無理なく実施したいと思う。

🇵 なんだかんだで、けっこうしんどかった、と。

🇯 うん。これらのコメントは、**ティーチング・ポートフォリオ**と**アクション・リサーチ**の同時実施には、特に経験がない場合、教師のエネルギーと時間の大きな投資が必要であるという事実を示しているんだろうね。

🇵 そんな手間かけんと、適当にやったらええのに。

🇯 そうは言っても、ティーチング・ポートフォリオのために、「教師自身によるもの」と「他の人からのもの」で数量ともにかなり多くのものを記録・保存する必要があるでしょ。それに加えて、実施にエネルギーと時間の投資が必要なアクション・リサーチが更に加わるんで、実施する教師にとってはかなりの負担になるというわけさ。

🇵 そら、きつい。ワシには向かんわ。

🇯 でもね、この形式での実施には、大きな成果が期待できることも事実。だから、「教師としての自己成長に多くの時間とエネルギーを投資できる人」向きであるとも言えるだろうね。

🇵 それって、アンタ、プロ教師でもない教育実習生には向かへんのとちゃう？

🇯 そうは思わないね。教育実習を受ける人っていうのは、多くの時間とエネルギーを投資でき

Ⓟ る人、いや望んで投資したいと思う人なんじゃないかな。

Ⓟ ま、毎回の授業のためにたくさんの時間とエネルギーを注ぎ込む仕事をわざわざ選ぶ人間ゆうんは、それなりに覚悟ができてしかるべきやゆうことやな。

Ⓙ でしょう? そうあるべきだとボクは思う。で、そうであるなら、教育実習生には、この形式でのティーチング・ポートフォリオとアクション・リサーチの併用にぜひともチャレンジしてもらいたいんだ。

Ⓟ しんどいのはしんどいけど、教師としてのそれ相当の成長が実感できそうやな。ワシも覚悟決めて、いっちょう、やってみたろか。

Ⓙ それでこそ、わが相棒! がんばって!

---

1) 谷口・石井・田中 (1994) では、これらの項目は「現職教師が教授活動の問題点の発見・改善のために現在行なっていること」として挙げられている。本書では、「現職教師の自己成長を促し自己研修型教師を育成するもの」として活用する。
2) 詳しくは、津田・中村・横井・横溝 (1998) 及び横溝 (1998) を参照。
3) アクション・リサーチの実施は、自分自身をふり返る多様かつ豊富な機会を教師に提供する。実施の過程で生じる「日本語教師としての自分の未熟さを痛感する気持ち」は、アクション・リサーチを継続実施していく (つまりその状態からの脱却・向上を目指し努力し続ける) 中で、「教師としてまだまだ発展途上である自分の現状を認めるものの、成長を続ける自分自身を誇りに思う気持ち」に変わることが少なくない。換言するならば、教師の中で「自己受容」が産出されるのである。自己受容が、どのような形で自己成長につながるかに関しては、白井 (2001:128-132) を参照。
4) 迫田は同時に、実習回数による研究の制約・問題認識の甘さ・学習者への調査の困難さ・実習担当の内容への制約・実習授業とリサーチの二重の負担などの、アクション・リサーチの教育実習への導入によって生じた問題点を指摘している。問題点について詳しくは、迫田 (2000)、横溝・迫田・松崎 (2004) を参照。
5) 「教師自身によるもの」の e, f, g, h 及び「他の人によるもの」の i, k, l は記録・保存されたものの、津田・中村・横井・横溝 (1998) の実践報告書には、予算の関係で掲載されていない。

第2章

日本語の授業に臨む前に

第2章　日本語の授業に臨む前に

A. 教科書分析

- Ⓙ さてと、少しずつだけど、実践的なことに入っていこうか。
- Ⓟ よっ、待ってました。
- Ⓙ 日本語を教えるときには、教科書とか、自分で作ったカードとかいろんな教材を利用することになるんだけど、いろんな教材・教具・教育機器についてはまたあとでカバーするとして、ここではまず「教科書」について考えてみよう。
- Ⓟ なんてゆうても、教材の基本は「教科書」やからなぁ。
- Ⓙ 日本語教師にとって教科書ってどんな存在か考えてみると、市販されている教科書を教材として使用しないで全ての教材を準備作成して授業に臨む場合も考えられるけど、普通は、自分が教える学習者に最も適した教科書を主教材として選んで、それに伴う補助教材を作成して授業をしている教育機関が多いようだね。
- Ⓟ そら、まあ、一から全部自分で作るのは、しんどいからなぁ。
- Ⓙ そ、だから、多くの教師、特に経験の浅い教師や実習生にとって関係のあるのは、適した教科書を選ぶことじゃなくて、与えられた教科書をどのように効果的にそして創造的に使っていくかということになるわけだ。
- Ⓟ ま、それが現実やな。
- Ⓙ そこで、これから、与えられた教科書を分析するやり方について見ていこう。教科書に対する理解が深まれば、自分で授業の計画を立てるときに、きっと大きな助けとなると思うよ。

1. 教科書分析の観点

- Ⓙ ある教科書をポンと与えられたとして、どこからどうやって分析を始めたらいいかについては、佐々木（1997：8-9）や岡崎・岡崎（1997：70-71）が分析の観点についていろいろ述べているんで、それをまとめてみるね[1]。

a. **タイトルで何が強調されているか**
   タイトルが、その教科書の目指す目標を、あらわしていることがある。
b. **著者・編者はどういう人／人々か**
   その教科書の製作に携わった人／人々の、言語教育に対する信念が、教科書にはよくあらわれている。著者・編者が、言語教育の世界で著名な人である場合、その人が教科書

以外の論文などで主張している信念が、教科書にちりばめられている可能性が多くある。

c. **前書き**

教科書の前書きには、その教科書の歴史や教科書の概要が書いてある。前書きの中から、教科書の基礎を作っている以下の「前提」が読み取れることも多い。

<u>言語教育観</u>

言語をそのように捉えると効果的か、また言語教育とはどのようなものであるべきかなどについての考え方

<u>言語学習観</u>

言語学習をする場合どのような学習方法が効果的であり、言語学習を促進したり阻害したりする要因として、どのようなものがあるかについての見方

<u>学習者観</u>

言語学習をしている学習者はどのようなものであり、どのような性格のものであるか、どのようなタイプの学習者がいるかなどについての考え方

<u>言語観</u>

言語とはどのようなものであるかについての見方。例えば、言語は記述可能な細かい要素から成り立っているというような構造的な見方、言語は、言語によって果たされる機能の集まりと捉える見方、言語とはコミュニケーションの手段であるという見方など

＊以上の前提に注目すると、教科書の著者・編者の教科書作りに際しての信念そして対象が明確になる。特に、どのような学習者を想定して作られた教科書かがはっきりすれば、自分の学習者との間にどの程度の共通性そして違いがあるのかに関する理解が深まる。

＊前書きの中で、<u>使用方法（教授項目をどう扱うのか）</u>についての言及がある場合がある。その中には、教授項目を実際の授業でどう扱うのかに関する製作者の考えが、例またはモデルとして書かれていることがある。望ましい授業の流れ、学習期間・時間数・集中度、使用形態例、独学の可・不可等に関する情報が載っている可能性もある。

d. **教授項目の選定と配列**

教科書の中に含まれている教授項目とその並べられ方も、教科書の著者・編者の教科書作りに際しての信念を表している。目標の達成をどのように実現しようとしているのか、すなわちどのようなシラバス（例えば、構造シラバス、機能シラバス等）に基づいた教科書であるのかを、教授項目の選定と配列から探ってみる。

e. **本文の特徴**

教科書の本文つまり授業で学生と共に使用する部分を注意深く見てみる。

- ・日本語がどのように表記されているか（平仮名／片仮名／漢字／ローマ字のどれが使われているか、また漢字が使用されている場合ふりがなはついているか、等）
- ・イラスト・写真・地図・図表等はあるか、そしてその質はどうか
- ・使われている日本語はどのような日本語か
- ・各レッスンはどのような構成になっているか
- ・本文に文法の解説はあるか、ある場合は、その解説の量と質はどうか
- ・各レッスンの練習はどのような内容になっているか、そしてその質はどうか

f. **関連教材**

教科書に準拠した関連教材がある場合は、大きな助けとなる場合が少なくない。以下のものがあって手にはいるかどうかを調べてみる。

練習帳や漢字帳

音声テープ

ビデオテープ

絵やOHPシート

CD-ROM

DVD

CAIソフト

文法解説書・教師用指導書・文化解説書

＊それぞれの関連教材も、上記の教科書と同じ分析の仕方を適用して、その目標と内容を把握しておく必要がある。

Ⓟ 分析の観点てゆうのは、ずいぶんいろいろあるもんなんやな。

Ⓙ そうだね。こういった点に考慮して教科書を分析してみると、自分に与えられた教科書に関する理解が深まっていくと思うよ。試しにひとつやってみようか。「筑波ランゲージグループ」による「Situational Functional Japanese（=SFJ）」を、分析のための教科書として使用するね。

Ⓟ お、かの有名なSFJか。これは、噛みごたえがありそうや。

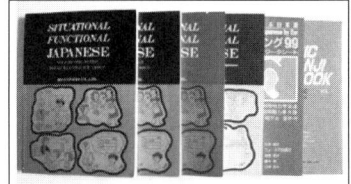

2. 教科書分析の例

- Ⓙ まずは「タイトルで何が強調されているか」から始めてみよう。すると、タイトルの中に「Situation」と「Function」ということばが出てくるよね。ということは、**場面シラバス**（学習者が日本語を使う場面を考えて、その中で使われる日本語を取り出して教える項目を決めたもの）とか、**機能シラバス**（コミュニケーションの中で使われる日本語を、その機能によって分類し、各機能に必要なものを教える項目としたもの）とかと、密接な関係がありそうだね。
- Ⓟ そらそうやけど、「羊頭狗肉」、タイトルと内容にギャップがあるヤツも、中にはあるんちゃう？
- Ⓙ そういうこともあるよね。でも、ま、ここでは結論を急がないで、もう少し分析を続けてみよう。次は、「著者・編者はどういう人／人々か」か。
- Ⓟ おい、教科書の最後に載ってる製作者を見たら、26人の共同作業の結果作られた教科書て、書いてあんで。
- Ⓙ それぞれの分野で著名な方々も製作者の中に数多く含まれているんだけど、その中のどの製作者の外国語教授に関する信念や興味がよく表われた教科書なのかは、名前のリストアップだけじゃあ、分かりそうもない。そこで、まずこの教科書の「**言語教育観／言語学習観**」そして「**言語観**」について、教師用指導書の「はじめに」の部分をチェックしてみよう。そういうことって、「前書き」に書かれていることが多いからね。

学習者に日本人と日本語でコミュニケーションが出来るようになるための基礎を習得させることを目指しています。円滑なコミュニケーションのためには文法知識だけでは十分ではありません。習った文法知識や表現を、どのような場面で、どのように使えばよいのかを知ることが大切です。（中略）SFJには、二つの大きな目標があります。一つには学習者に日本語の文法的な知識を過不足なく提供すること、もう一つは日本語でのコミュニケーション技能をつけることです。

- Ⓟ ふん、ふん。学習者の「コミュニケーション能力の重要さ」を認めるんと同時に、「文法知識の大切さ」も認めてる、ってことやな。「二足のワラジ」や。
- Ⓙ そう思うよ。次の「**学習者観**」について見てみると、教師用指導書の3ページに、SFJが対象としている学習者が述べられている。

第2章　日本語の授業に臨む前に

SFJでは、文法知識や社会文化的知識の説明に英語を利用しており、従って対象としては、英語がかなりの程度理解出来る学習者を想定しています。

Ⓟ ははぁ。SFJてゆうのは、英語の**ネイティブ**か**ネイティブ**並の英語力のある学習者対象なんやな。そやけど英語、分からんヤツは、どうしたらええねん！

Ⓙ まぁ、英語はglobal languageになりつつあるから、対訳や文法解説はまず英語で、というのが現状なのは仕方がないだろうね。でも、最近になって、中国語版や韓国語版のSFJも出ているようだから、英語以外の対訳版があるかないか、教科書ごとにチェックしておく必要はあるね。で、SFJの対象学習者に戻るけど、もっと具体的には次のような学習者を対象としていると書いてあるよ。

1. 日本の大学で勉強したり、企業や研究所などで研究したりすることを目的に来日した学習者で、日本語学習が全くはじめての者
2. 海外で初めて日本語を学習しようとする者で近い将来、来日して勉強や研究をする計画がある学習者
3. 海外で文法積み上げ式の教材を使ってある程度の日本語を学習してきたが、まだ実際の日本語でのコミュニケーションに自信がない、あるいは流暢さにかけるというような学習者
4. 日本国内で、すでにある期間生活しており、耳で色々な日本語の表現を聞いたり、覚えたりして、日本の習慣などについても少しの知識は持っているものの、体系的に日本語を学習したことのない学習者

Ⓟ つまり、SFJは、日本にすでに滞在して生活してるか、近い将来日本での生活をはじめる学習者が対象やゆうことやな。そんなら、来日の計画がなくて海外だけで学習していく学習者は、どうせえゆうねん！

Ⓙ もう、いちいち、つっかかるなよ。ほら、教師用指導書の15ページに、ロンドン大学を例に挙げ、海外での使用法についても書いてあるだろ？　だから、来日計画のない学習者のための、海外での使用を全く考慮にいれていないわけではないようなんだ。

Ⓟ そんなら、よろしい。はい、次にいきなさい。

Ⓙ はい、はい、お殿様。じゃ、次に、教師用指導書の10ページから16ページに具体的に書かれている「使用方法（教授項目をどう扱うのか）」について見てみよう。

Ⓟ うむ、よきに計らえ。

Ⓙ のるなって！　じゃ、まず「使用方法」だけど、1ケ月、6ケ月、1年のプログラムでそれ

A. 教科書分析

それ、どのような形でSFJが使用されているか具体的なスケジュールが載せてある。それから、既習者コース及び海外での使用法についても同じようにスケジュールが載せてある。

Ⓟ ほほぉ、さまざまな学習者、学習期間、時間数、集中度で使用可能でござい、とアピールしとるな。一人で勉強せなあかん場合の使い方は、どうなんやろ？

Ⓙ 独学の可・不可については特に書いてないね。でも、このような幅広い使用例を示す一方で、SFJを他の形で使っている機関からの使用法・工夫に関する情報も求めているんだよ。「使用した上での意見交換によって、内容を充実させていきたい」という製作者の姿勢が伺えるようだね。

Ⓟ うむ、謙虚でよろしい。誉めてとらす。

Ⓙ いい加減にお殿様、やめなさい。じゃ、次は、「教授項目の選定と配列」に行こうか。

Ⓟ はい、お願い申し上げます。

Ⓙ そこまで、へりくだらんでも。まぁ、教師用指導書を読んでみると分かるんだけど、さっき**「言語教育観／言語学習観」**と**「言語観」**のとこでも見たとおり、SFJは「学習者に日本語の文法的な知識を過不足なく提供すること」そして「日本語でのコミュニケーション技術をつけること」という２つの大きな目標があって、それを達成するために、ユニークな構成をしているんだ。

Ⓟ 「二兎を追う者」にならんようにしてるわけやな。どんなふうになってる？

Ⓙ 「Notes」と「Drills」という二つの異なる本が１セットで、教科書が機能するようになっている。

Ⓟ ふむ、２冊でワンセット、二人で一人前か。

Ⓙ そう。それぞれの本の構成要素とその目的／使用法は、各レッスン次のようになっているよ。

Notes

(Pre-session：レッスン１の前にのみあり)

・自然な日本語を使った本課の練習にはいる前のウォーミングアップ。

・学習者は練習テープを聞いて、丁寧な話し方とくだけた話し方、質問に対する肯定の答え方と否定の答え方、その話しが過去か非過去か、を聞き分ける練習をする。

・学習者は以下のことの基礎を学ぶことができる。

　・言われていることが全部は分からなくても恐れないこと

　・分かる範囲から類推して適当に反応できること

　・会話の場面で即座に反応できること

1．Model Conversation（MC）
　・最も重要で頻度の高い場面を抽出したもの。
　・学習者に、会話ドリルにはいる前にモデル会話のテープを予習として何回か聞かせ、与えられた場面でどのようなコミュニケーションの手続きが取られているかに注意させる。
　・テープにはモデル会話の後にモデル会話チェックという聞き取り練習がはいっているので、モデル会話の内容理解の確認と会話ノートに書いてある知識の確認のために、授業で聞かせてもよいし、宿題として課してもよい。

2．Report
　・話し言葉と書き言葉の違いを学習者に見せる。

3．New Words and Expressions
　・モデル会話やレポートの全訳をつけるかわりに、その単語や表現の文脈に添った英訳が示してある。

4．Grammar Notes（GN）
　・初級で必要とされる文法項目の説明をする。
　・文法項目は原則として、モデル会話に沿って選ぶ。
　・文法の説明は体系的に丁寧に行ない、その結果、学習者が自分で文を作れるようにする。
　・文法の説明は、イラストや漫画、適切な例文などを豊富に使って、楽しくしかも分かりやすいように工夫する。
　・文の構造に関する重要事項は、いくつもの課に渡って繰り返し関係づけて説明する。
　・構文助詞（格助詞）、談話助詞（終助詞等）、接続助詞（連体助詞「の」、並立助詞「と」／「や」を含む）を区別してシンボルマークをつける。
　・４課毎に復習とまとめのセクションがある。
　・学習者には、構造ドリルをする前に予習として必ず文法ノートを読むことを義務づけるとよい。
　・文法チェック(テキストの最後にある)により、学んだ知識を確認させることができる。
　・ドリルの前に必ず文法知識の確認を行ない、理解が不十分なところは教師が説明を補う。まず理解させてから口頭練習にはいると、質問で遮られたりすることなく、練習に集中できる。

5．Conversation Notes（CN）
　・日本文化の簡単で便利な案内

- 会話ドリルやモデル会話を練習する前に、予習として学習者に読んでこさせるとよい。
- General Information と Strategies とからなっている。
    - General Information
        - 日本社会や日本人の人間関係に関する情報を提示することによって異文化間のギャップを埋め、カルチャーショックを克服させる。
    - Strategies
        - 日本人とのコミュニケーションを円滑に行なうためには、日本人同士がコミュニケーションをする際に使っている適切なストラテジーについて理解する必要がある（例、頼み方）。
- 4課ごとのまとめのセクションがあり、会話のためのストラテジーがコミュニケーション機能別にまとめてある。

Drills

1. New Words in Drills
    - ドリルを始める前に、学習者に準備させておいてほしいセクション
    - 単語を、Basic words と Additional words に分け、学習者の負担を減らす
        - Basic words
            - 主に構造ドリルで使われる。
            - 初級で基本的なので、是非覚えてほしい。
        - Additional words
            - 主に会話ドリルで出てくる。
            - 自分の興味や専門によって必要な学習者のみ覚えればいい。

2. Structure Drills（SD）
    - 文法ノートで学習した項目を定着させる。
    - 正しい言語形式を使えるように練習する。
    - 機械的な口頭練習から、徐々に自分の文が作れるようにしていく。
    - 絵やイラストを使って、楽しく分かりやすく練習する。
    - ドリルの問題が応用的すぎると感じる学習者に対しては、教師がその前段階の単純なドリルを用意して、まず口慣らしを十分行なってから、本ドリルにはいるようにするとよい。

3. Conversation Drills（CD）
    - 構造ドリルで言語形式がスムーズにいえるようになったら、今度は会話ノートで学ん

だ社会文化的な知識や、会話に用いられるコミュニケーションストラテジー等を使って、実際の場面でどのように適切な言語形式を選択し、またそれらを正確にしかも流暢に使いこなせるようにするか、が目標。
- 四つに大別できる。
    - 代入練習
    - 応答練習
    - 情報交換練習
    - 状況に応じた行動練習（ロールプレイ）
- 本当のコミュニケーション近い練習を授業で実現するためには、事前に学習者の状況にあわせて教師が周到に準備することが必要。
- 会話ドリルの最終目標は、その課の会話の目的に応じて、各ドリルで練習したコミュニケーションのための最小単位をうまくつなぎあわせ、状況に合わせた会話の流れを実現できるようにすること、すなわち、ロールプレイがその目標達成のチェックとなっている。
- モデル会話を特に丸暗記させなくても、会話ドリルが終わった時点では、それと同等の会話が状況に応じて再生できる能力が身に付いているはず。

4．Tasks and Activities（TA）
- ドリルブックの各課の仕上げ的存在。
- 読み書きを含めた４技能全般に渡って現実に即した応用的な活動ができるようにすることが目標。
- 具体的には、以下のようなことを目指して作成されている。
    - 自然なスピードの会話を数多く聞かせること
    - ４技能のうち、読み書きの練習を補うこと
    - 日本の文化や生活全般に関する追加情報を与えること
    - 楽しいゲームなどを取り入れて、学習者の意欲を増すこと
    - 既習項目だけではなく、未習項目も適当にいれ込み、その中から必要な情報を取らせる練習をすること
    - 教師は事前に学習者の状況に合わせて周到に準備することが必要

Ⓟ こうして、丁寧に読んでみると、教科書ゆうのは、ずいぶんいろんな内容が入ってるゆうことが分かるなぁ。

Ⓙ それぞれに目的があるってこと、認識しておく必要があるよね。じゃあ、続いて「本文の特

A. 教科書分析

徴」を考えてみよう。まずは「日本語がどのように表記されているか」だけど、こんな感じかなぁ。

- ・基本的に日本語による表記
- ・Model conversation と Report は、自然な日本語の表記を見せるために、ふりがななしの漢字仮名交じり文
- ・Notes では、Grammar Notes と Conversation Notes の例文の表記は、4課までがローマ字つき、5課以降はふりがなつき
- ・Drills では、各ドリルで初めて出てくる漢字にはふりがながついているが、同じ漢字が同一ドリルで使用されているときにはふりがなはなし

Ⓟ はじめの方だけ、ローマ字やふりがながついている、と。
Ⓙ そうだね。次の「イラスト・写真・地図・図表等はあるか、その質はどうか」については、こんなところかなぁ。

- ・一目で見てぱっと分かる、非常に無駄がなく分かりやすいイラストが、Notes 及び Drills 両方に、ふんだんに描かれている。
- ・写真と地図は多くはない。
- ・図表が、文法項目のまとめや Tasks & Activities の中によく使われている。

Ⓟ 確かに、イラストはたくさん入ってるな。
Ⓙ シンプルだしね。じゃあ「使われている日本語はどのような日本語か」についてはどうだろう。ボクはこんな感じだと思うんだけど。

- ・学習者が日本で出会う場面で使われそうな日本語。
- ・できるだけ自然なものであるように心がけられている。
- ・モデル会話では、登場人物は初めの頃は丁寧な話し方で、やがてくだけた表現を使うようになっていく（心理的な距離の縮まり）。

Ⓟ できるだけ、自然な日本語で、待遇表現にも配慮を、ゆうとこか。
Ⓙ そういうことだね。次の「各レッスンはどのような構成になっているか」については、さっき「教授項目の選定と配列」で見たから飛ばすとして、次の「本文に文法の解説はあるか、

ある場合、その解説の量と質はどうか」については、ボクはこう見るんだけど。

・一つの学習項目に関する文法説明を一気に一度で終わらせるのではなく、何回にも分けてリサイクルさせながら定着を図ろうとしている。
・解説の量に関しては、例えばJorden with Nodaの「Japanese：the Spoken Language」よりは少なめ。解説の質については、イラストなどの使用により「分かりやすさ」に努めている。

Ⓟ ワシなぁ、よく読んでみたら、Notesの中での「機能」の説明、特に文法項目の性格と機能との関連についての説明がもっと丁寧やったらなぁと感じてるんやけど、どやろ？
Ⓙ そうだね。確かに、学習者のレベルが上がっていく第2巻や第3巻では、各課で学ぶ文法項目と場面／機能との距離が大きくなってくるようにも感じるね。次の「各レッスンの練習はどのような内容になっているか、そしてその質はどうか」だけど、内容については、「教授項目の選定と配列」で見たから省くとして、そのほかに気づいたことはこんなことかなぁ。

・Structure Drillsのドリル練習は、代入練習がほとんどである。練習が対話形式ではなくて、1文レベルでの練習になっていることが多い。従って、このStructure Drillsを教師の創意工夫なしに、"そのまま"使ってしまうと、「機械的」なパターン練習で終わってしまう可能性が高い。
　・Structure Drillsで練習した文法のパターンが、Conversation Drillsに含まれているとは限らない。この傾向は、課が進むほど強くなる。
　・Conversational Drillsで練習する内容が、海外でのみ日本語を学習する学習者には、必要のないものも少なくない。
　・Tasks & Activitiesの内容は、4技能をまんべんなく含んでおり、充実していると考えられる。

Ⓟ ここんとこも、言わしてもらうと、Tasks & Activitiesについては、なんか、もうちょっと学習者個々の体験や考えが出せるような工夫が足らんように感じるんやけどなぁ、特に「書き」について。
Ⓙ いわゆる、指導の「**個人化（Personalization）**」のことだね。でも、それについては、またあとで、そうだなあ、「スピーキングの指導」の所ででも詳しく話し合うとして、教科書分析を進めよう。「**関連教材**」だけど、こんなものがあるよ。

A. 教科書分析

練習帳や漢字帳

「Basic Kanji Book 基本漢字500（凡人社）」Vol. 1 & 2

SFJの内容とは直接的には関係のない教材ではあるが、筑波大学ではSFJと併用して日本語の授業を進めている。

SFJによる学習と表記の学習の同時進行を目指して、ハワイ大学は、「読み書き教材」を独自に作成し販売している。SFJでカバーした学習項目や構文を活かして意味のある読み書きをする機会を学習者に提供しようとする試みである。

音声テープ

Notesの方は、Model Conversations、Report、Model Conversation Check等を収録したテープがある。

Drillsの方は、Structure Drills、Conversation Drills、Tasks & Activitiesを収録したテープがある。

学習したばかりの文法項目の定着を目指した、「わくわく文法リスニング」がある。文法項目を正確に聞き取る練習が、その中心である。学習者用のワークシートも教師用の指導の手引きもある。

ビデオテープ

全課、Model Conversationsを収めたビデオテープがある。ビデオの中には、最近の日本文化・社会をあらわした映像が多く含まれている。

絵やOHPシート

補助教材としての絵は販売されていないが、SFJで使われているイラストを拡大コピーしたものが使用可。

OHPシートはないが、SFJで使われているイラストを、許可を受けてOHPシートにコピーすることも可。

CAIソフト

SFJ全課に渡ってCAIソフトがあり、学習者の予習・復習用に使うことが出来る。

文法解説書・教師用指導書・文化解説書の有無

文法解説と文化解説はSFJの中に含まれている。

教師用指導書には、Structure Drills、Conversation Drills、Tasks & Activitiesを使っての授業の仕方が各課、具体的に載せてある。

教師用アイデアブックでは、世界各地におけるSFJの使用例が、具体的に紹介されている。

Ⓟ 関連教材は、リッチやなぁ。
Ⓙ そうだね。上手に使いこなしたいもんだね。
Ⓟ いやぁ、こんな形で教科書分析して理解を深めてくとなぁ、その教科書を使って自分が担当する学習者用に教案を作ってやろうと思た時に、いろんなアイディアが出てきやすなるような気ぃするわ。
Ⓙ それはよかった。じゃ、のってきたついでに、タスク5もしてみようか。

[タスク5]
　教科書の分析に際して注目すべきことは、「アクティビティ」の中に書かれてある項目のままでよいでしょうか。足りないことがあれば付け足してみましょう。いらないことがあれば削除しましょう。

3. 教科書を分析してみよう！

Ⓟ ここは、読者の皆さんにもタスクをやってもろたほうが、ええな。
Ⓙ そうだね。やっぱり実際にやってみるのが一番だね。じゃ、次はタスク6です。どうぞ。

[タスク6]
　上の例にならって、日本語教科書を一冊選び詳しく分析してみましょう。同じ教科書を数人が分析しその結果を比較してみるのも、異なる教科書を分析した数人がその結果を報告し合うのもいい練習になると思います。実際に授業で使う教科書があれば、それを分析してみるのが一番いいでしょう。

---

a. タイトルで何が強調されているか（タイトルが表す、その教科書の目指す目標）。
b. 著者・編者はどういう人／人々か（その教科書の製作に携わった人／人々の、言語教育に対する信念。著者・編者が教科書以外の論文などで主張している信念が、教科書にちりばめられていないか）。
c. 教科書の前書きに、その教科書の歴史や教科書の概要が書いてないか。書いてあれば、次のことについてはどう書かれてあるか。
　・**言語教育観**（言語をどのように捉えると効果的か、また言語教育とはどのようなものであるべきか）
　・**言語学習観**（どのような学習方法が効果的であり、言語学習を促進したり阻害した

りする要因として、どのようなものがあるか）
- **学習者観**（言語学習をしている学習者はどのようなものであり、どのような性格のものであるか、どのようなタイプの学習者がいるか）
- **言語観**（言語とはどのようなものであるか）

d. 前書きの中で、使用方法（教授項目をどう扱うのか）についての言及があるか（教授項目を実際の授業でどう扱うべきか・望ましい授業の流れ・学習期間・時間数・集中度、使用形態例、独学の可・不可等に関する情報が載っていないか）。

e. 教授項目の選定と配列はどうか（どのようなシラバスに基づいた教科書であるのか）。

f. 本文の特徴
- 日本語がどのように表記されているか（平仮名／片仮名／漢字／ローマ字のどれが使われているか、また漢字が使用されている場合ふりがなはついているか、等）。
- イラスト・写真・地図・図表等はあるか、その質はどうか。
- 使われている日本語はどのような日本語か。
- 各レッスンはどのような構成になっているか。
- 本文に文法の解説はあるか、ある場合は、その解説の量と質はどうか。
- 各レッスンの練習はどのような内容になっているか、その質はどうか。

g. 関連教材（教科書に準拠した以下の既成の関連教材があるか。またそれが手にはいるか）。

　　　練習帳や漢字帳／音声テープ／ビデオテープ／絵やOHPシート／CAIソフト／文法解説書／教師用指導書／文化解説書、など。

Ⓟ こんなふうに実際にやってみると、ほんまに、教科書の「顔」がよう見えてくるわ。

Ⓙ 日本語を教えるときには、教科書をどう使いこなすかはとても大切なポイントだよね。「教科書を教えるな、教科書で教えろ」という言葉の示すとおり、教師が教科書に従属する存在になってしまって、教科書に使われるような事態は避けなければならないということだよね。

Ⓟ コンピュータと同じや。使うものに振り回されたらアカンてゆうことやな。

Ⓙ 教科書とはよい友達になって、そのいいところを活かす授業を心掛けたいものだね。教科書分析は、教科書とのよい友人関係づくりのために行うものだと理解していいと思うよ。

---
1) 佐々木はこれらの点を「教科書選びのポイント」としてあげているが、本書では、「教科書分析の観点」として活用する。

第2章　日本語の授業に臨む前に

B. 教案作成

Ⓙ 実際に授業をする前に、日本語教師は「その授業をどのように行なうのか」についての計画を立てるよね。

Ⓟ それって、いわゆる「教案」のことやな。

Ⓙ そうそう。授業をするために立てる計画を「教案」、教案を作ることを「**レッスン・プラン**」または「**教案作り**」と呼ぶんだけど、坂本（1997：32）は、「『いい教案』を作成することが『いい授業』をするためには必要不可欠な要素だ」として、次のように述べているよ。

授業の善し悪しはどのくらい教案作成に時間をかけたかにかかっているといっても過言ではないでしょう。ただ時間をかければいいといいわけではありませんが、わかりやすい説明を、わかりやすい例文を、わかりやすいコンテクスト（場面．状況）を、わかりやすい練習を、といろいろ考えていると、結局、かなりの時間を使うことになります。わかりやすい、学びやすい教案を、工夫して作っていただきたいと思います。

Ⓙ それから、教案作りの具体的なメリットについて、Purgason（1991：420）が、次の四つを挙げているよ。

・授業の内容、教材、活動の種類と順序、時間等について教師に考える機会を与える。
・何が起こるか分からない教室で実際に授業を行なうときに、教師に安心感を与えてくれる。
・何を行なうのかまた行なったのかについての記録となる。
・授業を他の教師と交代するときの引き継ぎに役立つと共に、授業観察やコース評価をする人にとっての参考資料となる。

Ⓟ なぁるほど。いろんなメリットがあるんやな。でも、教案て、それぞれの教師が個人個人で作成するもんやろ？　ほんなら、教案に書く内容とか書き方とか、みんな自由勝手にやってええゆうことか？

Ⓙ 確かに最終的にはそう言えるのかもしれないけど、作成にあたってだれもが考えないといけない点もいろいろあるんで、それを見てみよう。

1. 教案作成のポイント

Ⓟ で、何を考えんとあかんのかな？

Ⓙ おっ、やる気満々ですな。例えば、リチャーズ・ロックハート（2000：92）は「教案の決定をする前に内省しておくべきこと」として、次のような事項を挙げているよ。

a. この授業で自分の学習者に何を学んでほしいか
b. どうしてこの授業をすべきなのか
c. この授業の内容を自分はどれだけ理解しているか
d. この授業にはどんな活動を含めるのか
e. この授業は学習者が既に知っていることとどんな関連を持つのか
f. それぞれの活動にどれだけの時間が必要か
g. 授業をどのように組織して、段階や区分に分けるのか
h. 授業をどのように開始し、終了するのか
i. このクラスにとって授業は簡単すぎたり、難しすぎたりすることがあるか
j. クラス内の学習者の異なる能力をどのように扱うのか
k. 少人数の学習者に対応している間、他の学習者たちにどのような気を配る必要があるのか
l. 授業中注意を払う必要があるような特別なニーズを持った学習者は誰か
m. 学習者の理解をどのように調べるのか
n. この授業では自分はどのような役割を果たすのか
o. 規律と授業運営のためにどのような技術を取り入れるか
p. どのようなグループ編成法を活用するのか
q. この授業では、授業妨害を少なくするために授業のじゃまにどう対処するか
r. 授業において何か問題が生じた場合、代わりの授業案としてどのようなものがあるか
s. 時間が足りなかったり余ったりしたらどうするか

Ⓟ うっひゃぁー！ こらあかん。覚えられへんわ。

Ⓙ そうだね。じゃ、もう少し整理して、「学習内容」「学習環境」「学習者」「制約」の四つに整理してみよう。それぞれで、教案作りの際に考慮すべき項目を考えてみると、次のようになるかなぁ。

学習内容について

授業全体を通して
- 授業が終了した時点で、学習者に達成させたいことは何か（全体の学習目標）
- 学習する日本語のレベルはどのぐらいのものか
- 授業の始めと終わりをどうするのか

各教室活動
- 教室活動それぞれの目的は何で、それが全体目標の達成につながっているか
- 各教室活動で、学習者に学ばせようとするスキルは何か
- 各教室活動が、教室活動の流れ（Teaching Phases）のどこに位置しているのか（知識獲得／正確さ／なめらかさのための活動かなど）
- 各教室活動がうまくつながっているか
- 教室活動にバラエティがあるか
- 各教室活動での、学習形態はどうか（ペアワーク、小グループ、個人学習など）、学習者をどのように座らせるのか

学習環境について

時間面
- 何分の授業なのか
- どのぐらいの期間続けて行なわれるコースの1授業なのか
- どのぐらいの頻度で授業が行なわれているのか

教室の設備について
- 部屋は学生数と比較して広いか狭いか、また縦長か横長か
- 黒板／ホワイトボードはあるか、マグネットが使用可能か、板上にマグネットバーやマグネットはあるか
- チョーク／マーカーペンの数と色の種類はどうか
- 机／椅子は固定式か動かせるか
- 教室内の照明はどうか
- 教室の中に教材として使える設備があるか（テープレコーダー、OHP、ビデオデッキ、テレビ等）
- 教壇があって、教師の位置が学習者より高くならないか
- 教室の外から騒音は入ってこないか
- 教室の室温は学習に適しているか
- 教師用の机／テーブルはあるか、またその大きさはどの程度か

B. 教案作成

学習者について
- 何人いるか
- 日本語のレベルはどのぐらいか（スキル別）
- どのぐらいの期間どのような形で日本語を勉強してきたのか
- どこの出身で、どのような文化・社会・習慣の中で生活してきたのか
- 年令
- 日本語以外の教育は、今までどのようなものを受けてきたのか
- 日本語以外の外国語の学習経験はあるのか、ある場合はどこまで習得したのか
- どのような動機で日本語を勉強していて、その動機は強いか弱いか
- 興味
- 性格
- 教室外での責任を負っているものは何か（仕事、他のクラス等）

制約について
- 学習者の数が多すぎないか、少なすぎないか
- 使えない補助教材はないか
- 教え方についての教育機関からの制約はないか
- 試験が間近に迫っていて、そのための授業をする必要はないのか（その試験は内部のものか外部のものか）

Ⓟ まぁ、まとまりはようなったけど、チェックすることの数は減ってへんなぁ。

Ⓙ 一個一個確実に抑えていこうとすると、こうなるんだよ。これで、なんとなく授業がイメージできたと思うんで、次に教案の具体的な作成のしかたについて話しておこう。

Ⓟ どんどん行きますな。

Ⓙ はい、ついて来てね。教案のまとめ方については、Harmer (1991, 1998, 2001, 2003)、Purgason (1991)、坂本・大塚 (2002) なども参考になるかなと思うけど、ここではボクなりの教案のまとめ方を、教案作成の具体的一例として紹介するね。

Ⓟ お、オリジナル・ティーを出しますな。お砂糖、二つ入れてや。

Ⓙ 「オリジナリティ」でしょ！　まずはね、(1) どのようなクラスであるのか、(2) 学習者が今までに学習してきたこと、(3) 全体の学習目標、を書き出してみるんだよ。最初の「どのようなクラスであるのか」については、さっき話した「学習環境について」「学習者について」「制約について」の内容をチェックしていけば、書きやすいでしょ？　それから、「学習者が今までに学習してきたこと」と「全体の学習目標」ではね、あいまいな表現は避

けて、二つのつながりが明確になるような書き方をしないといけない。
Ⓟ つまり、その日の授業が全体の中でどう位置づけられるかを、明らかになるように書くってゆうことや。
Ⓙ そのとおり。その次はね、授業中に行なう教室活動それぞれを、「教室活動」として、授業をする自分自身に分かりやすいよう詳しく書いていくんだよ。それには、こんな項目について詳しく書いていけばいいと思う。

・教室活動の説明（何をするのか）
・学習形態
・教室活動の目的
・使用する教材・補助教材（ページ番号まで詳しく）
・学習者が使う日本語（教師と学習者の、学習者同士の対話などを詳しく書いたもの）
・起こりうる問題
・見積り時間

Ⓟ お、これやったら、具体的なイメージができるな。
Ⓙ でしょ？ で、最後に、時間が余ったなどの理由で、必要が生じれば使用するような教室活動を、「その他の可能性」として書いておく。授業は、予定通りに進むとは限らないからね。
Ⓟ 「備えあれば憂いなし」やな。
Ⓙ そういうこと。それから、宿題を課したり回収したりする場合は、それも「教室外活動」として書いておくといいね、忘れないために。
Ⓟ 何から何まで書くんやね。
Ⓙ でね、各教室活動について詳しく書き終わったら、授業全体がまとまりのあるものかどうかチェックしておく必要があるんで、最後に以下の点をチェックしてみるといいよ。

・授業がいきいきとして興味深いものであり続けるために、教室活動の「バラエティ」は十分にあるか
・教室活動のつながりはスムーズに行くか
・長すぎたり短すぎたりする教室活動はないか
・授業が制限時間内にちゃんと終わりそうか

Ⓟ でもな、ここまで書き込んで、だいじょぶやと思うてしまうと、かえって教案にしばられ

て、融通が利かんくなるてことはないんかな。計画したとおりに授業が進まん日かてあるやろ。

Ⓙ そういうことは、あるよね。流感が流行っていて、出席者が半分しかいないとかね。そういうときには作ってきた教案は放棄して、別の活動をしなくちゃいけないこともあるんだ。だからこそ、そういう不測の事態に対処することまで考えて、入念に教案を作っておくことが大事だね。「教案と実際の授業のズレ」については、あとで話そうと思う。ところで、教案作りに際しての「コツ」について、Brown（1994）が「**脚本書き**」のススメっていうことを言っているの、知ってる？

Ⓟ 「**脚本**」て「シナリオ」のこと？

Ⓙ そうそう、授業中に自分が言うだろうとまた学習者がこう答えるだろうと、教師が自分で予測する言葉を「**脚本**」として書くことを勧めているんだ。

Ⓟ そら、なんや、えらい時間がかかりそうやな。

Ⓙ もちろん、授業全体の完全な脚本を書くこともできるけど、それじゃ骨が折れるし実用性に欠けるから、ここで登場するのが「**部分的脚本**」という考え。「部分的脚本」として、次のような項目に関して、教師／学習者が言うことを書いておくと、実際に授業を進める際に、よりスムーズに展開できると思うよ。

・教室活動を導入するときに言うこと
・教室活動の行ない方の指示（とくにペアワークやグループワークの場合）
・ルールの説明
・教師と学習者間の、また学習者間のモデル対話
・授業の始めと終わりに言うこと

Ⓟ このあたり、**ティーチャー・トーク**や**指示・説明**なんかとも関わりがありそうな…。

Ⓙ ご明察！　ティーチャー・トークや指示・説明なんかは、下巻の第３章で取り扱うからそこでもう一度考えるとして、ボクはこの「**脚本書き**」、おススメだな。

Ⓟ 書くことは、だいたい分かってんけど、どんなカタチで書けばええんかな。

Ⓙ うん。「教案を何に書くか」は、自分の使いやすさによって決められる場合が多いみたいで、ボクの知っている例では、こんなものに書いてる教師が多いようだね。

a. 普通のサイズの紙１枚にまとめる
　　一目で見やすい、あとでファイルにいれて整理しやすいなどの長所がある。

> b. インデックスカードを使う
>
>   活動別に一枚ずつ使うことも可能。持ちやすいという長所もある。
>
> c. 教案ノートを作る
>
>   持ちやすくはなくページをめくる手間もかかるが、「脚本」を書く十分なスペースが得られる。

Ⓟ そういえば、アンタのノート、キティちゃんやったな。「サンリオ支持者」やから、cの「ノート派」なんやな。

Ⓙ 「サンリオ」じゃなくて、「シナリオ」！

Ⓟ そやかて、アンタ、キティちゃん大好きやん。部屋にもいっぱい…。

Ⓙ やめんか！

2. 教案と実際の授業のズレ

Ⓟ ま、それはいいとして、さっきの話やけど、教案どおりに授業が進まんかったら、どうすればいいん？　特に、実習生や「若葉マーク」の教師は。その話、ここでやるんやろ？

Ⓙ そうそう。教案と実際の授業がズレた時にどう対処すればいいかについては、坂本（1997：31）が、次のように言ってるよ。

・既習項目に関して思わぬ質問が出た場合、答えたほうが全員に有益で時間をとらずに答えられると思われるものは、その時に答える。質問をした学習者にしか有益でないと思われる質問は、授業後、その学習者に説明する。

・答えられない質問が出た場合、無理に時間をとって答えようとせず、「いい質問ですねえ。これは私の宿題です。」と言って、授業後に参考書を調べたり、先輩教師に尋ねるなどして、なるべく早い時期に答えるようにする。

・授業を進めていて、思ったより学習者が簡単にできる練習は短めにし、逆に思ったより難しい練習の場合は、練習の数を減らしたり、次の練習に移ったりして、学習者の理解度に合わせて臨機応変に授業を進める。

・談話練習や応答練習をしているときに間違いが多ければ、機械的な練習に30秒ほど戻り、自信をつけさせてから再び談話練習を続ける。

Ⓟ 「臨機応変」が大切と。

- Ⓙ そうだね。この「臨機応変」については、下巻の第3章の「クラスルーム運営」のところで、また詳しく見ていくこととしよう。

3. 教案の例

- Ⓟ 「教案作り」についてはなんとなく分かってきたけど、このへんでちょっと具体的なイメージがほしいわなぁ。
- Ⓙ じゃあ、教案の具体例を二つ見てみようか。広島大学の教育実習生の教案と、早稲田大学の非常勤講師の先生の教案だよ。

教案例（1）

2003年7月23日	レベル　初級	時間　25分	担当者　松田 佳子
テキスト　新日本語の基礎Ⅰ　第16課		学習者　6人	

学習項目	学習目標
★午後の文型のまとめ（〜て、〜て〜ます・ました。どうやって〜ますか。〜て、〜て、それから〜。〜てから、〜。）	・動作を、順を追って述べることができる。 ・動作の順を、しっかり聞き取り、理解できる。 ・学習者の発話を拾って、コミュニケーションを広げる。

時間	項目	板書・教材	教師の活動	学習者の活動	留意点
15：55 4分	応用練習。 〜て、 〜て、 〜ました。	①カレンダー・世界地図（教室にあるもの）、花（レイ）、アロハシャツ、お土産の箱	①林(TA)[1) さんがハワイへ行くと言ってホワイトボード裏へ行って着替え。その間、カレンダー見せながら T：「今日は・・・・」 T：「そうです。私と林さんは、先月休みでした。」 T：「聞いてください。」モデル会話提示。林さん登場。 T：「あっ、林さん、こんにちは。」 TA：「松田さん、こん	S：「7月23日です。」	TAと交替。TAすばやく着替え。 TAは花(レイ)を首にかけ、アロハシャツを着て、お土産を持って登

		にちは。」 T：「林さん、休みにどこへ行きましたか。」 TA：「ハワイへ行きました。これ、おみやげです。」 T：「わあ、ありがとうございます。」 T：「どのくらいハワイへ行きましたか。」 TA：「一週間です。」 T：「ハワイで何をしましたか。」	場。
	指輪	TA：「ダンスをして、公園を散歩して、それから結婚しました！」 T：「えーっ！　そうですか。いいですねー。」 拡大タスクシートを貼る。 T：「もう一度、聞いてください。」	TAは結婚しました！　で、指輪を見せる。
	拡大版タスクシート 会話補助カード3枚	モデル会話繰り返す。 会話補助カードを提示しながら。 T：「林さん、休みにどこへ行きましたか。」 TA：「ハワイへ行きました。」	ゆっくりやる。 会話補助カード＝「どこに？」・「どのくらい？」・「何を？」の3枚。
	ハワイ型の切り抜き	T：（地図からハワイを抜き出して貼る。） T：「どのくらいハワイへ行きましたか。」 TA：「1週間です。」	
	マジック（黒） □て、□て、それから□ました。カード	T：（シートに書き込む） T：「ハワイで何をしましたか。」 TA：「ダンスをして、公園を散歩して、それから結婚しました！」	

時間	教材・教具	教師の活動	学習者の活動	留意点
		T：「えーっ、そうですか。いいですねー。」（シートに絵カード貼る） ②コーラス練習。 T：「みなさん、言ってください。」（シートを指しながら） T：「林さん、休みにどこへ行きましたか。」 以下同様にコーラス練習。	コーラス練習。 「林さん、休みにどこへ行きましたか。」	驚いた様子で。 つまるところは適宜、指名。
16：00 4分	③タスクカード6枚	③タスク活動。 タスクカードを配布。 T：「みなさん、聞いてください。4時④分までして下さい。」「始めましょう。」	Sが2人に聞くような活動に。 タスク活動開始。 学習者同士で聞く。	Tは学習者のフォローをする。 ④は授業の進行程度による。 TAは確認で使うカードを貼る。
16：04 4分	④拡大タスクシート、国の切り抜き地図（6枚）、動作の絵カード6枚	④タスク活動の確認。 T：「終わりましょう。」 T：「S1さん、来てください。」 T：「S1さん、S2さんは休みにどこへ行きましたか。」 T：「S1さん、S2さんに、休みにどこへ行きましたか、聞いてください。」 ①S1→S2 ②S3→S4 ③S5→S6	S1：「う〜ん、分かりません。」 S1：「S2さん、休みにどこへ行きましたか。」 S2：「タイへ行きました。」 S1：「どのくらい行きましたか。」 S2：「2週間で	一人、前に呼ぶ。 質問するS1は実際にタスク活動では聞いていないS2のことを聞く。 S1が拡大表に地図や書き込

時間	項目	教材	教師の活動	学習者の発話	備考
			拡大表の作業がスムーズに行くようフォローする。	す。」 S1:「何をしましたか。」 S2:「夜、公園でビールを飲んで、風邪を引いて、それから病院へ行きました。」 S1:「そうですか。」	み、絵を貼ってシートを完成させる。 拡大表はホワイトボードにあらかじめ作っておく。
			同様に、学習者同士で聞く。学習者に以上のようにタスク活動の確認をさせる。3人程度。 ＊時間があれば簡単に、学習者自身のことを質問。 「日曜日、どこへ行きましたか。」「何をしましたか。」		
16：08 3分	応用会話Ⅱ 〜ています・てから、〜ます	⑤パーティーグッズ（帽子、ケーキ。）	⑤応用会話Ⅰを終わらせ、応用会話Ⅱに移る。 T：「S1さん、今日は何月何日ですか。」 T：「そうですね。」 T：「今日は林さんの誕生日です。」「パーティーをしています。」「見てください」 （T、TA1、TA2で祝っている）（ケーキを出して） T・TA2：「おめでとうございます。」 TA1：「ありがとうございます。」（盛り上がる） 3人：「わーっ、おめでとうございます！」 急に、シーンとなる。 （TとTA1、2の数を数	S1：「7月23日です。」	応用会話Ⅰのカードをすばやく取り外す。 演技をしっかり。

			えて）T：「1、2、3人…」	
			T：「う〜ん、人が少ないです。」（考える様子で）	さみしそうに。
			T：「そうだ！」（ポンッ！）	ジェスチャーを交えて。
		顔写真6枚	「林さんの友達を呼びましょう。」「林さんの友達です。」名前を言いながら、顔の絵を貼っていく。	
			T：「う〜ん、だれにしましょうか。S2さん、だれを呼びますか。」	S2：「Aさん。」	
			T：「じゃあ、電話をかけてください。Aさんをパーティーに呼んで下さい。」		Aはオブザーバー。
		電話セット	受話器を渡す。		
			Aはついたての前に出て、会話。（ボードを隔てて、顔が見えないように会話する。）	S2：「もしもし、Aさんですか。S2です。今日、林さんのパーティーへ来ませんか。」	S2の発話を重視して、がんばってもらう。TはS2の発話をフォローする。
			A：「あー、すみません。今、仕事をしています。6時に仕事が終わります。仕事が終わって、少し休んでからパーティーへ行きます。」		
				S2：「そうですか。分かりました。さようなら。」	
			A：「さようなら。」		
			T：「S2さん、Aさんはパーティーへ来ますか。」	S2：「はい。」	

時間		教材	教師の発話・活動	学習者の活動	備考
			「すぐ来ますか。」 T：「そうですか。」 T：「みなさん、言ってください。」 T：「仕事が終わって、少し休んでから、パーティーへ行きます。」	S2：「いいえ、仕事が終わって、少し休んでからパーティーへ来ます。」 コーラス練習。 T：「仕事が終わって、少し休んでから、パーティーへ行きます。」	S2の答え方によっては「すぐ来ますか。」は聞かない。←を言わせたいため。
16：11 5分		文字カード	誘う文を文字カードを提示して練習。 ⑥学習者の練習。 T：「S3さん、誰を呼びますか。」と言って、以下同じように学習者に電話をかけさせて、聞く練習。	学習者一人一人がオブザーバーに聞く練習。	コーラスを随所に入れて、発話練習。
16：16 3分		⑦文型導入で使用した絵 文型文字カード	⑦文型の復習。 T：「復習しましょう。」 「～て、～て、それから～ます。」と、「～てから、～ます。」の文型を、絵を提示して発話、確認する。それぞれ3例。	絵が提示されたら、今日の文型を使って発話。	コーラスの後、指名。
16：19 1分		時間が余ったらたくさん質問する。	⑧Q＆A形式の自由発話。指名して。 T：「国へ帰ってから、何をしたいですか。」 T：「日本へ来てから、日本料理を食べました	質問について、自分のことを話す練習。自由に発話。チェーンで学習者同士、聞き合う。	TはSの発話から話を発展させるようにする。時間を見ながら。

			T：「か。」 T：「日本へ来てからどこか見物しに行きましたか。」 T：「ここからどうやって国へ帰りますか。」 T：「ここからどうやって広島市へ行きますか。」 T：「いつも何をしてから寝ますか。」	
		宿題プリント	T：「みなさん、宿題をしてから寝てください。」 T：「終わりましょう。」	←宿題プリント配布。

★応用会話Ⅰのタスクシート例（学習者配布用）

あなた☺	ベトナム	1 しゅうかん		・まちへ けんぶつしに いきました。 ・ベトナムりょうりを たべました。 ・おみやげを かいました。
Zさん		しゅうかん		
Pさん		しゅうかん		

＜タスク用例文＞

①ベトナム　　　1週間　　町へ見物しに行きました。ベトナム料理を食べました。お土産を買いました。

②タイ　　　　　2週間　　夜、公園でビールを飲みました。かぜをひきました。病院へ行きました。

③カンボジア　　3週間　　自動車の工場へ行きました。見学をしました。写真を撮りました。

④インドネシア　1週間　家族に会いました。日本のお土産をあげました。いろいろ話しました。
⑤モンゴル　　　2週間　ダンスをしました。公園を散歩しました。結婚しました。
⑥フィリピン　　3週間　バスで町へ行きました。バナナをたくさん食べました。音楽を聞きました。

★応用会話Ⅱでオブザーバーが使用する例文
①今、散歩をしています。散歩して、家に帰ってから、パーティーへ行きます。
②今、食堂で友達と紅茶を飲んでいます。5時まで友達と話してから、パーティーへ行きます。
③あー、今、好きなテレビを見ています。テレビを見てから、パーティーへ行きます。
④パーティーですか？　行きます！　すぐ行きます。
⑤今、デパートで買い物をしています。林さんのプレゼントを買ってから、パーティーへ行きます。
⑥う〜ん…、おなかが痛いですから、ちょっと…。すみません。

教案例（2）

担当者　山中　春子

第9回（12.9）：第40課〔教科書『初級日本語Ⅱ』〕（東海大学出版会）
宿題：L40練習B2・3、「私の国では〜ようにしてください」
返却物：クイズL36
確認事項：L40クイズの日

1. 出席ゲーム：（呼ばれても返事せず、他の学生が返事する）[2]
「どうして○○さんが返事したんですか？」→「○○さんが眠そうだったからです」。

2. チャンピオン・スピーチ[3]：（チャンピオン＝○○さん）
司会：みなさん、おはようございます。司会の〜でございます。本日は○○さんをご紹介いたします。○○さんは、今週の文法のチャンピオンでいらっしゃいます。では○○さんどうぞ。

チャンプ：△△から参りました○○でございます、今週の文法のチャンピオンになりました。これもみなさまのおかげだと思っております。これからもいっしょうけんめい勉強いたしますので、よろしくお願いいたします。どうもありがとうございます。

司会：チャンピオン、おめでとうございます。来週もがんばってください。

チャンプ：ありがとうございます。

司会：○○さんでした。では、また来週お目にかかります。さようなら。

→必要に応じて補足説明

3. 前日の復習：「～ようにする」（L36の復習）
(1) 宿題：「私の国では…」発表
(2) 「あなたのヘルシー度チェック」（××先生より）
　①一覧読解＆点数（全体）
　②作文：「あなたは心と体のためにどんなことをしていますか」（同用紙に）→提出
(3) 練習B4・5（練習用紙）
　4.(1) 気がつくように、ここに置いておきましょう。
　　(2) よく分かるように、絵をかきましょう。
　　(3) 忘れないように、メモをしておきましょう。
　　(4) 案内してくれるように、お願いしましょう。
　　(5) 病気が早くなおるように、この薬を飲みましょう。
　　(6) 間違えないように、よく注意しましょう。
　　(7) 後から来ても分かるように、伝書板に書いておきましょう。
　5.(1) 毎日テープを聞くようにしてください。
　　(2) 字をていねいにかくようにしてください。
　　(3) まどから物をなげないようにしてください。
　　(4) 名前を書くのを忘れないようにしてください。
　　(5) 授業中はおしゃべりをしないようにしてください。
　　(6) テストの10分前までに教室に入るようにしてください。
　　(7) 体が大事ですから、あまり無理をしないようにしてください。
　　(8) バスに乗るときは、細かいお金を用意するようにしてください。

4.「～とおりに」(L34)

　　in the same way or in the same condition stated before tori

(1) 導入：

A：（折り紙）私が言ったとおりに折ってください。

　　板書：言った（言う）とおりに

　　言ったこと～すること

　　Vとおり、Nのとおり（Nどおり）

A：日本に来る前に、日本（人、ものでも）についてどんなことを聞きましたか。

B：反応

A：聞いたことと、日本に来てから見たことは同じでしたか。

B：反応

A：聞いたことと～体験したこと

　　日本に来る前に聞いた（聞いていた）とおりでした（です）。

(2) 練習

①例：練習A4・5（単語一覧）：読解

②練習（『みんなの日本語』L34）

　　(a) プリント：全体で確認

　　(b)「親子どんぶりの作り方」

③練習B7（練習用紙）

5．第43課

文型：

「Vマス＋始める／だす／終わる／終える／やむ」

　　開始や終結を表す最も典型的な形式で、動作や出来事の開始を表す。「いる、できる」などの状態動詞には後接しない。

「Vマス＋続ける／続く」

　　「継続」を表す形式。テイル形との違い：「～続ける」がある動作や出来事が終わっていない（終結段階にない）ということを表すのに対し、テイル形は動作や出来事がある時点で行われている／起こっていることを表す。

「～そうです」

話し手の気持ちを表す表現～判断
Vます形／A・Na語幹＋そうだ
①形容詞＋対象の外観の印象から性質推察、②動詞＋そのような動き・変化を起こす兆候。否定形：形容詞「～そうではない」＝「～なさそうだ」。動詞「～そうにもない」＝「そうもない」＝「そうにない」

(1)「～はじめる」「～つづける」

　　Vマス＋はじめる／Vマス＋つづける

①導入：

A：お酒が好きな人

　→いつからいつまで飲みましたか？

夕方から飲みはじめて、朝の6時まで飲みつづけてしまいました。

★Vマス＋はじめる start～ing／Vマス＋つづける continue～ing

　「～から～はじめて、～まで～つづけてしまいました」

　（お酒、ゲーム、マンガ、ポテトチップ、本 etc.）

①練習A1・2

②練習B1・2

1. (1) 日記をつけ始めたのは、昨年からです。
   (2) タバコを吸い始めたのは、大学生のときからです。
   (3) 切手を集め始めたのは、中学校に入ったときからです。
   (4) 日本語学校に通い始めたのは、1年前からです。
   (5) この薬を飲み始めたのは、1ヶ月前からです。
   (6) おどりを習い始めたのは、6歳のときからです。
2. (1) あの島に着くまで、泳ぎ続けなければなりませんか。
   (2) 結果が出るまで、調査し続けなければなりませんか。
   (3) 水が出るまで、ほり続けなければなりませんか。
   (4) 今までどおり、払い続けなければなりませんか。
   (5) 熱が下がるまで、冷やし続けなければなりませんか。
   (6) 死ぬまで、働き続けなければなりませんか。

(2)「～そうだ」：A（×イ）、NA、V（×マス）

directly observes, mentions what it seems like

①導入：

（スティーブンさんの家族の写真）：「おとうさんはまじめそうです」等（印象を述べ合う）

→「おとうさんはどんな人ですか」（本人に確認）

（みかん）おいしそう〜まずそう（おいしくなさそう）

Adjに接続：自分以外の人物や物についての印象。

★A（×イ）、NA、V（×マス）／いい＋そう→よさそう、ない＋そう→なさそう

②練習

(a)『語学留学生のための日本語II』L22・Ⅲ

(b)『クラス活動集131』43-2「第一印象」

(c) 練習B6・8

6. (1) この料理はからそうですね。
   (2) あの車は速そうですね。
   (3) リーさんは力がありそうですね。
   (4) ヤンさんは体が弱そうですね。
   (5) アリさんは頭がよさそうですね。
   (6) この店はいい品物がありそうですね。
   (7) このくつしたはじょうぶそうですね。
8. (1) この料理はおもしろくなさそうです。
   (2) 今度の試験はむずかしくなさそうです。
   (3) この店は安くなさそうです。
   (4) この肉は新しくなさそうです。
   (5) この店にはいい品物がなさそうです。

練習A5

(3)「〜そうです」

　　recognize something is about to occur/conjectures from the context or experience

A：（本を用いる：本の置いてある状況を説明〜片付け苦手等〜してから）

　　落ちないかな、落ちるかな、落ちそうです。ああ、落ちます。落ちました。

　　この状態…？

B：落ちそうです。
A：はい、落ちそうです、
　　板書：落ちます。←落ちそうです。about to occur
　　Vに接続：その動作や変化が起こる直前の状態、近い将来発生する事態の予測。
練習：『語学留学生のための日本語Ⅱ』／『文型練習帳Ⅱ』台風図

Ⓟ 広大組のはかなり細かいところまで書いてるなぁ。早大組のは枠組だけ、と。

Ⓙ うん。広大のは「**脚本書き**」の例として考えるといいと思うよ。早稲田の方は非常勤の講師だから、ある程度経験を積んでいけばこのくらいでもOKということだね。でも、教師各自が自分にとって使いやすいものを作っていけばいいと思う。「何を書くか」については、さっき話した「教案作成のポイント」「教案作成の際に考慮すべき項目」を参考にするといいよ。

Ⓟ そうか。じゃ、ちょっと、ワシも自分の教案を書いてみるかな。

Ⓙ お、積極的。じゃぁ、次のタスクをやってみようか。その後で、課題をやってみよう。

[タスク7]

　教案作りに際して留意しておくことは、「教案作成のポイント」の中に書かれてある項目のままでよいでしょうか。足りないことがあれば付け足してみましょう。いらないことがあれば削除しましょう。

[課題1]

　ある教科書を使いある教育機関で授業をする場合を想定して、自分の教案を作ってみましょう。出来上がった教案をみんなで見せ合って、意見を交換してみましょう。

1）ティーチング・アシスタント（Teaching Assistant）。同じ授業を共同で担当する人のこと。
2）出席を取る際に、ある学習項目を使用して答えさせる「文脈化」の工夫のひとつ。詳しくは下巻第1章の「導入と文法説明」を参照。
3）学習者のテスト最高得点者をチャンピオンに、別の一名を司会にして、クラスの前で司会者の紹介でチャンピオンにあいさつさせることで、司会者とチャンピオン双方に敬語を使わせる「文脈化」の工夫。

C. 授業観察

- Ⓙ ところで、**授業観察**したことある？
- Ⓟ 日本語の授業を実際に見たことあるかって？　教え始めたころ、先輩の先生の授業を見せてもろたことあんで。日本語教育の現場を直接肌で感じて、ゾクゾクしたもんやわ。
- Ⓙ 見せてもらう先生だけど、現職の先生方の授業はもちろんのこと、教育実習生の授業を観察することでも、実にいろんなことを学ぶことができるよね。坂本・大塚（2002：77-79）は、「なぜ**授業観察**が重要なのか」について、次のような点を挙げているよ。

授業全体に関して
- ・授業の臨場感が体験できる。
- ・異文化を背景に持つ学習者と日本語教師との接触場面を観察できる。
- ・日本語教室という共同体のダイナミズムに触れることができる。
- ・日本語クラス特有の教室文化、教室習慣、ジェスチャーなどがあることがわかる。

教師に関して
- ・先輩教師の技術・ワザに触れられる。
- ・教師側の準備の大切さがわかる。
- ・クラス運営の仕方がわかる。
- ・教科書、補助教材の使い方がわかる。
- ・黒板、50音図、地図等の使い方がわかる。
- ・指示、キューの出し方がわかる。
- ・学習者によって、または誤りの性質の違いによって、訂正の仕方も異なることがわかる。
- ・教師の言語観、言語教育観、言語学習観などがわかる。

学習者に関して
- ・学習者がどんな誤りを犯すかがわかる。
- ・授業中の学習者の心理も少し理解できる。
- ・学習者がどんなときにノートを取るかがわかる。
- ・学習者がどんなときに授業に集中して、どんなときにしていないかがわかる。

教師と学習者に関して
- ・教師が学習者から質問を受けて、学習者に理解させるまでの一連のプロセスがわかる。
- ・授業中にコミュニケーションブレークダウン（お互いの意志伝達がうまく出来なくなった

状態)が起きたときの、教師または学習者の対処の仕方がわかる。
・教室活動の種類によって、教師と学習者の役割の変化、動きがわかる。

観察者に関して
・自分にどんな日本語教育能力(知識、技術)が不足しているかが実感できる。
・学んだこと(日本語学、言語学など)をそのままの形で実際の授業に使うことはめったにできず、「橋渡し」の必要性があることがわかる。
・いろいろ学んだ外国語教授法のどういうところが授業で実際に用いられているかがわかる。
・客観的に、中立的な立場で、冷静に「日本語の授業」というものを観察することができる。(実際自分で教えていると、次に何をするかなどを考えているので、なかなかできない)
・どんな補助教材が必要かがわかる。
・自己研修型教師へのスタートとなる。

Ⓟ そう、そう。これ、全部思い当たるわ。授業観察は、教師の成長に大きな力を与えてくれるてゆう点でも、メリット大やね。

Ⓙ そうだね。もし、何回も同じクラスの授業を観察できれば、学習者がどうやって日本語が上手になっていくのかも分かるし、そのためにどんなことをしているのか、つまり学習ストラテジーについての理解も深まるよね。ところで、**授業観察**は、「構成的でないもの」と「構成的なもの」の、大きく二つに分けられるって、知ってる?

Ⓟ ああ、確かこんな違いやったな。

構成的でないもの
・大切だと思われるものは何でも書き留めていくタイプの授業観察。
・広く色々なことに気づくことが出来るので柔軟性がある。
・色々な気づきに翻弄されて、大切な点を見逃してしまう可能性もある。

構成的なもの
・予め作成された観察シートに基づいて進められる授業観察。
・観察ポイントが記されている分、そのポイントについての大切な点の見逃しが少なくなる。
・観察ポイント以外の気づきは制限されることになる(それを解消するために観察ポイントを数多く網羅的にしようとすると、観察シート上の情報量が多くなりすぎて、観察自体が困難になってしまう)。
・さらに三つに下位区分される。
 ・観察ポイントについて気づいたことを自由記述していく形式

> ・観察ポイントそれぞれについて点数を記入する形式
> ・教室内での出来事（観察ポイント）が起きた回数を記入する形式（出来事が起きた回数をまとめて表すことで、行動パターンを明らかにすることが目的）

Ⓟ ところで、**観察シート**やけど、これって、自分で作らなあかんもんなんかなぁ。ワシ、どう書いていいか分からんで、けっこう難儀したで。

Ⓙ 確かに、観察者自身が自分で作成するのが望ましいんだろうけど、何か例がないと考えにくそうだね。じゃあ、そのためのたたき台を、いろいろな形式について紹介してみるね。

例1：観察ポイントについて気づいたことを自由記述していく形式1

　　　　　　　　　　　　　　授業日（　　　月　　　日）
　　　　　　　　　　　　　　授業者（　　　　　　　　）
　　　　　　　　　　　教科書（　　　　　）第（　　）課

教師の発話（ティーチャートーク・指名・質問・説明等を含む）
　　良かったところ　　　　自分ならこうするんじゃないかなと思ったところ

教師の行動（立ち位置・動き・表情等のノンバーバル面）
　　良かったところ　　　　自分ならこうするんじゃないかなと思ったところ

教材の使い方
　　良かったところ　　　　自分ならこうするんじゃないかなと思ったところ

クラスルーム運営（教師と学習者／学習者同士のインターアクション・雰囲気づくり等）
　　良かったところ　　　　自分ならこうするんじゃないかなと思ったところ

教室活動の流れ・つながり
　　　良かったところ　　　　　　自分ならこうするんじゃないかなと思ったところ

その他気づいたところ

よく分からなかったところ（疑問に思ったところ）

全体的感想／コメント

🅙 例1の「観察ポイントについて気づいたことを自由記述していく形式」を**アクション・リサーチ**用にすると、こんなふうになるよ。

例2：観察ポイントについて気づいたことを自由記述していく形式2：　　　アクション・リサーチ用

私のトピック：

気づいたところ
　1.

　2.

　3.

4.

5.

先行研究調査で分かったこととの関係

他の先生方及び自分との類似点・相違点

その他

感想

J 上の二つの例は、主に教師を観察するためのものだけど、観察するのは教師ばかりじゃないよね。学習者を観察するための**観察シート**としては、こんなものが考えられるよ。

例3：観察ポイントについて気づいたことを自由記述していく形式3：学習者用

　　　　　　　　　　　　　　　　　授業日（　　　　月　　　　日）
　　　　　　　　　　　　　　　　　授業者（　　　　　　　　　　　）
　　　　　　　　　　　　　教科書（　　　　　　　）第（　　　）課

学習者の発話

　　日本語使用

母語使用

発話の中の誤り

発話の相手（教師か他の学習者か）

その他

学習者の行動

 学習への取り組み方

 沈黙

 その他

その他気づいたところ

よく分からなかったところ（疑問に思ったところ）

全体的感想／コメント

❶ 次は、**観察ポイント**を設定して、それに点数を記入する形式だよ。二つ例を紹介するね[1]。

例4：観察ポイントそれぞれについて点数を記入する形式1：「クラスルーム運営」について

以下の項目について5段階をつけてください（1＝全くそのとおりである、2＝そう思う、3＝賛成でも反対でもない、4＝そうは思わない、5＝全く違うと思う）。

1. 文化的な誤解がなかった　　（　　　　）

2. 授業中すべきことを学生は常に理解していた　（　　　　）

3. 教師による指示が全てはっきりしていた　（　　　　）

4. 参加する機会が全ての学習者に与えられていた　（　　　　）

5. 全ての学習者が授業に興味を持っていた　（　　　　）

6. 教師は学習者の理解をチェックしていた　（　　　　）

7. 学習目的・学習者にふさわしい教材や学習活動だった　（　　　　）

8. 学習者のグループ分けがうまくなされた　（　　　　）

9. クラスの雰囲気が積極的であった　（　　　　）

10. 授業のペースが適度であった　（　　　　）

11. 授業の中身のバラエティが十分にあった　（　　　　）

12. 教師が話し過ぎなかった　（　　　　）

13. エラーの矯正やフィードバックが正しくなされた　（　　　　）

14. インフォメーション・ギャップを埋める本当のコミュニケーションがあった
　　　　　　　　　　　　　　　　　　　　　　　　　　（　　　　）

15. グループワークをうまく使っていた　（　　　　）

16. 学習者が熱中していた　（　　　　）

17. 総合的に見て、よいクラスルーム運営だった　（　　　　）

例5：観察ポイントそれぞれについて点数を記入する形式2：「タスク分析」について

以下の文がどの程度、授業を正しく表していますか、5段階で選んで答えてください（1＝全くそのとおりである、2＝そう思う、3＝中立、4＝そうは思わない、5＝全く違うと思う）。

1. 教師はレアリア（実物）やオーセンティックな教材（生教材）を使った（　　　　）

2. 教室外のコミュニケーションに必要な技術を、教室内でリハーサルとして学習者に練習させた　（　　　　）

3. 授業の目的を学習者にはっきりと把握させていた　（　　　　）

4. 学習項目によっては、教師によるコントロールが存在する練習があった（　　　　）

5. 教室活動の難易度が学習者にとって適切であった　（　　　）

6. 問題解決、結論発見、タスクの完成等を学習者に要求していた　（　　　）

7. お互いに協力するよう学習者に要求していた　（　　　）

8. 情報を共有するよう学習者に要求していた（インフォメーション・ギャップがあった）　（　　　）

9. 学習者がどの程度成功したか失敗したか判断できるような、評価の部分が授業中にあった　（　　　）

10. 能力差があるクラスの場合、能力差があっても学習者全員が参加できる活動であった　（　　　）

🎵 最後に、回数を記入する形式の例を紹介するね。

例6：教室内での出来事（観察ポイント）が起きた回数を記入する形式：「教室内インターアクション」について

授業を見て、それぞれが何回ずつ起きたかを（「正」の字を使って）つけてください。

1. 教師が提示質問をした（予め答えが分かっていることを聞いた）

2. 教師が指示質問をした（予め答えが分かっていないことを聞いた）

3. 教師が学習項目の文法を説明した

4. 教師がボキャブラリーの意味を説明した

5. 教師が学習項目の機能を説明した

C. 授業観察

6. 教師が授業の内容（テーマ／トピック）を説明した

7. 教師が指示を与えた

8. 教師がほめた

9. 教師が批判した

10. 教師が質問に答えた

11. 学習者が質問をした

12. 学習者が質問に答えた

13. 学習者が他の学習者に話しかけた

14. 沈黙及び困惑の時間があった

Ⓟ ほー、ほー。ずいぶんいろんな形式があるもんや。自分が観察したい思てるものによって、どの形式を使うんか決めるゆうことやな。

Ⓙ そうだよ。もちろん、そのままの形でいいのかどうか必ず吟味して、必要があれば変えるところは変えないといけないけど。それから、忘れちゃいけないのは、**観察ポイント**の決定には、**観察シート**作成者にとっての「いい授業」のイメージが大きな影響を与える、ってこと。

Ⓟ それは、逆に言うと、観察ポイントを考えることで、自分が実現したい授業のイメージがつかめるゆうことになるんかなぁ。

Ⓙ そうだね。河野・小河原（2003：41）も、観察シート作成の目的の一つとして「自分なりのよい授業とは何かを考える契機になる」って言ってるよ。

Ⓟ なるほどな。ところで、授業を見学したあとは、どうしたらええんかな？　ワシは、すぐに授業担当の先生に質問に行ったけどな。

Ⓙ そりゃ、**観察シート**が構成的であってもなくても、できれば授業終了後すぐに、観察したことについて、授業担当者とディスカッションができれば一番いいよね。そうすれば、疑問点

についても記憶が新鮮なうちに聞くこともできるしね。でも、実際のところ、時間的な余裕がなくって、授業直後のディスカッションが不可能な場合も出てくる。そういう場合は、観察した結果を授業担当の先生に、後ほどお礼と共にお知らせする形式をとることになるね。

Ⓟ 授業後すぐでも、お礼はせなあかんで。礼を欠いては、ケツ礼になる。

Ⓙ カタカナで言わないの。下ネタになるから！！

Ⓟ じゃあ、丁寧に言って「おケツ礼」。

Ⓙ ボケ、わざと入れてるでしょ。お礼が出たついでに、お礼とともに授業見学に臨むときに忘れてはならないことを挙げていってみよう。一番大切なことは？

Ⓟ 見学のクラスを間違えへんこと。

Ⓙ そんなもの、間違えるのは、アンタくらいなもんだよ。一番大切なのはね、「それぞれの授業は、その授業担当者のエネルギーと努力の結集であり、大切に取り扱われるべきだ」ということなんだ。だから、「授業担当者及び授業自体が良かったか悪かったか判断を下すこと」を慎むことが必要になる。

Ⓟ あ、それは、難しそうやなぁ。「あ、この会話練習、わやくちゃや」とか、思うことあるもんな。

Ⓙ うん、確かに難しい。現役の日本語教師であっても教育実習生であっても、教師という仕事自体に「評価」がつきものだから、他の教師の授業を見学するときにも「いいか悪いかという判断を留保する」、すなわち **Non-evaluativeな態度** を取り続けることは易しいことではないんだよね。

Ⓟ そやろ？　やっぱり、その授業の良し悪し、巧拙を考えるのは自然と違うかなぁ？

Ⓙ 自然なことは認めるよ、意識しないとそうしてしまうって意味では。でもね、稲垣・佐藤（1996：138）が言うように、「授業という実践は、誰が行なっても不十分さや曖昧さや限界を含んでしまうもの」であって、「欠点を指摘しようとすれば、誰でもいくらでも指摘できる対象」であるのも事実でしょう？

Ⓟ ま、確かに、ワシも他人の揚げ足取れる柄ではないわなぁ。

Ⓙ 実は、授業についてのいい悪いという判断は、観察する側の **ビリーフス** と観察した授業がどのくらい一致しているかによって、大きな影響を受けるものなんだ。

Ⓟ なるほど。観察者の好みと一致してへんかったとゆうだけで自分の授業がきちんと評価されへんのも、授業を見せたほうとしたら、嬉しいことではないわな。

Ⓙ それからね、「文法を導入し、その意味を伝える」ことが目的の授業を観た観察者が、「学習者の発話量が少ない（だからダメ）」という早計な判断をしてしまうことも避けなくてはいけない。そのためには、観察する授業が **教室活動の流れ** の中でどの局面に位置しているのか

を、きちんと把握しておくことが大切なんだ。

Ⓟ 全体の流れをきちんとつかんでおけ、ってことやな。

Ⓙ 次のようなきまりを設けて、その遵守を心がけてもいいかもね。

観察の仕方
1. その授業から「いいなあ」と思う部分と、「ここは改善の余地があるのではないか」という部分の両方を必ず探そう！
2. 自分の教え方に関する信念とかけ離れた授業を観察したときは、自分の信念を元にネガティブな感情を強く持ちがちになる。なぜその授業がそのような形で進行しているのか、まずはその授業の教室活動の中での位置を理解するように努めよう。
3. 授業を見せてくださった先生への感謝の気持を絶対に忘れないようにしよう。

観察後のフィードバックの与え方の例
1. 「いいなあ」と思った部分について、自分の素直な気持をまず出そう！
2. 「ここは改善の余地があるのではないか」と思った部分は、「あの時どうしてこうこうだったのかちょっと分からないのですが、どうしてか教えていただけないでしょうか」などと聞いて、授業担当者の意図を聞いてみよう。
3. 「どこか改善の余地があったら教えて欲しい」とお願いされたら、気づいた点を少しだけ（大切だと思うものを）、「柔らかい口調で」伝えよう。その際に「こうこうすれば、その部分が変わるのではないかと自分は思う」ということを必ず添えるようにしよう。
4. とにかく授業担当者との感情的衝突を避けることを心掛ける。それぞれの授業は、その授業担当者のエネルギーと努力の結集であり、大切に取り扱われるべきものである。

その他
1. 礼儀正しい言動を常に心掛ける（挨拶、時間厳守、等）

Ⓟ 細かいことになるんやけど、授業を見学してもろてコメント・質問などを受けた、ワシ自身の経験から、いくつか付け足ししてもええ？

Ⓙ ぜひ、ぜひ。

Ⓟ こんな感じやねんけどな。

「いいなあ」と本当に思ったことを伝えるときは、そのまま伝えてよい。正直な気持ちの発露

で言ってもらうのは嬉しい。ただ、「～はとってもよかったと思います」というようなほめことばは、あまり嬉しくない。何か上から評定されているような響きがあって。
・「～だと思ったんですけど、どうですか？」という言い方は、「自分の意見を受け入れろ」というメッセージにも取れるので、避けたほうがいい。
・授業で行ったことについて「興味を持って質問されること」は、決して悪い気はしない。
・「～をしている間、学習者がとっても積極的に取り組んでいて、私もあんな授業ができたらいいなぁと思ったんですけど、そのときに一人の学習者が…。」というような形で、ほめる文のあとに疑問や批判が連続するのは、「ほめは前置きだったのか」と取られることもあるので避けたほうがよい。その代わりに、「～をしている間、学習者がとっても積極的に取り組んでいて、私もあんな授業ができたらいいなぁと思いました。で、その活動の間にひとつ気づいたことがあるんですけど、一人の学習者が…。」と文を二つに分けたほうがよい

Ⓙ ふむ、まあ、いちいちもっともなことだね。
Ⓟ こうして見てくると、授業見学をする際に気ぃつけんとあかんことって、けっこうあんねんなぁ。
Ⓙ うん、そうだね。いろいろと心がけないといけないことはたくさんあるけど、**授業観察**が日本語教育についての素晴らしい学びの場であることは紛れもない事実。授業観察からたくさんのことを吸収してほしいよね。

---

1) 例4から例6までの観察シートはいずれも、Nunan（1990：77-81）の翻訳に基づくものである。他のタイプの観察シートは、Richards（1990）、日本語教育学会編（1995）、岡崎・岡崎（1997）などでも紹介されている。

第3章
日本語の授業の実際
（4技能の指導：理論と実践）

A. スピーキングの指導

1. 教室活動の流れ

- Ⓙ さぁて、4技能の指導のうち、まずは「スピーキングの指導」。で、スピーキングの指導っていえば、やっぱり「**会話（対話）」練習**だよね。
- Ⓟ 一人で語る、「スピーチ型」の練習もあるで。
- Ⓙ それはそうだね。でも、ここでは、「**会話（対話）」練習**を中心に見ていくこととしよう。話す力を伸ばすためには、さまざまなタイプの教室活動が必要だけど、ある教科書を使って授業を行い、学習者のコミュニケーション能力を伸ばそうとする場合を想定すると、次のような手順を踏むって、よく言われるよね、特に初級の場合。

学習項目の提示と文法説明 → 機械的ドリル → コンテクストの中の練習 → ペアワーク → ロールプレイ

- Ⓟ これ、もうちょっと説明してや。
- Ⓙ うん。でも、**学習項目の提示**、つまり**導入**と**文法説明**のやり方については、この本の下巻でまた出てくるから、その時まで待ってもらうとして、導入した学習項目の文法や意味や機能を学習者に理解させたら、次はその項目を使って、文法的にも音声的にも正しく文が作れるための練習をする段階に入るってわけ。この活動を「**機械的ドリル**」というんだ。
- Ⓟ おなじみの「**パターン・プラクティス（Pattern Practice）**」。業界用語で「パタ・プラ」。
- Ⓙ 「業界」かよ！ ま、「専門用語」とも言えないこともないからいいけど。で、機械的ドリルが終了した時点では、学習者の頭の中にはその項目の形・意味・機能が入っていると考えられるんだけど、文を正しく作る練習をしたからといって、学習者はコミュニケーションが上手に行えるようになるとは限らない。というのは、学習者はその項目を使ってコミュニケーションをした経験がないんだし。その項目が使えるのに使わなかったり、文法的・音声的・機能的に不正確だったり、その不正確さが原因で理解されなかったり誤解されたりすることがあるからね。
- Ⓟ 「パタ・プラ」まででは、「畳の上の水練」、と。
- Ⓙ そういうこと。だから、外に出て実際にコミュニケーションを行う前の段階として、つまり教室活動の最終段階として、**ペアワーク**（学習者同士ペアになって、コミュニケーションをする教室活動）や**ロールプレイ**（学習者に役割を与え、対話を作らせる教室活動）が行われ

A. スピーキングの指導

るんだよ。でもさぁ、文法的・音声的に正確な形でやっと文が作れるようになった段階での学習者の能力と、その項目を使ったペアワークやロールプレイを行うのに必要な、学習者の能力との間には大きなギャップがあるよね？
- Ⓟ 「畳の上」から「プールの中」のギャップやな。
- Ⓙ それが原因でせっかくのペアワークやロールプレイを学習者がうまく遂行出来ないことも少なくないんだ。そこで登場するのが、「**機械的ドリル**」と「**ペアワーク**」「**ロールプレイ**」の間をつなぐ教室活動、「**コンテクストの中の練習**」なんだ。
- Ⓟ 洗面器の水の中に顔つける、みたいな練習やな。
- Ⓙ まあね。じゃあ、これから、「**機械的ドリル**」「**コンテクストの中の練習**」「**ペアワーク**」「**ロールプレイ**」の順で、それぞれの段階で具体的にどんなクラス活動を行うのか、一つ一つ詳しく見ていこう。
- Ⓟ 「畳からプールまで」ちゅうわけやな。こら、楽しみや。

2. 機械的ドリル

- Ⓙ 「**機械的ドリル**」の目的は学習項目の確実な定着なんだ。だから、学習項目としての文型を、文法的にも発音の面でも正しく言えるように、何度も何度も練習することになる。
- Ⓟ あぁ、そんなら、ワシが英語の勉強した時に、いやっちゅうほどやらされたわ。
- Ⓙ そういう経験のある読者も多いと思うよ。で、**機械的ドリル**にはこんな種類があるんだよ。

a. 反復練習
教師がある形を発話して、学習者がそれをまねて反復する練習
　　　教　師：高いです。
　　　学習者：高いです。
　　　教　師：大きいです。
　　　学習者：大きいです。

b. 拡大練習
反復練習の一種であるが、モデルとなる教師の発話が少しずつ長くなる練習
　　　教　師：高いです。
　　　学習者：高いです。
　　　教　師：コーヒーは高いです。

学習者：コーヒーは高いです。

教　師：レストランのコーヒーは高いです。

学習者：レストランのコーヒーは高いです。

c. 展開練習

教師の発話に学習者が少しずつ要素を加えていって、文を長くしていく練習

教　師　：高いです。

学習者1：コーヒーは高いです。

教　師　：レストランのコーヒーは高いです。

学習者2：東京のレストランのコーヒーは高いです。

学習者だけでどんどん要素を加えていって、文を長くしていく場合もある。

教　師　：高いです。

学習者1：コーヒーは高いです。

学習者2：レストランのコーヒーは高いです。

学習者3：東京のレストランのコーヒーは高いです。

d. 代入練習

文型や動詞の変化形などを身につけさせるための練習

教　師：高いです。(「大きい」というキューを与える)

学習者：大きいです。

キューの出し方は次のようなものがある。

1．教師の発話（教師が「大きい」と言うことにより、それが文型変化の鍵となる）

2．フラッシュカード（「大きい」という文字を見せる）

3．絵・図・写真

4．教師のジェスチャー

5．実物（レアリア）

入れ換える部分が2ケ所以上になる場合もある。

教　師：コーヒーは高いですか。(「コーラ」「安い」というキューを与える)

学習者：コーラは安いですか。

A. スピーキングの指導

e. 転換練習

教師のモデルを、別の形の新しい文に転換する練習。例えば、現在形と過去形の転換であれば、

教　師：高いです。
学習者：高かったです。
教　師：大きいです。
学習者：大きかったです。

f. 結合練習

教師が与える2つの文あるいは文の要素を結合させる練習

教　師：高いです。大きいです。
学習者：高くて大きいです。
教　師：安いです。小さいです。
学習者：安くて小さいです。

g. 応答練習

教師が質問し、学習者が答える練習

教　師：何が高いですか。
　　　　（キュー）田中さんの車
学習者：田中さんの車が高いです。
教　師：何が大きいですか。
　　　　（キュー）山田さんの家
学習者：山田さんの家が大きいです。

Ⓟ いろいろなテクニックがあるのは分かるけどな、これ、やらされとるほうは、けっこう飽きるで。ワシ、よくあほらしなってきとったわ。

Ⓙ うん。**機械的ドリル**についてはいろいろな批判がある。まず、今指摘されたように、「機械的ドリルは学習者にとって退屈だ」という批判だね。例で挙げたドリル練習は、どれもある文型を数多く使わせることによって、すらすらとその文が出てくるようにするための練習だから、同じパターンの繰り返しが多くて、どうしても機械的になり、退屈する学習者が出てきてしまうというわけ。単調なパターンの繰り返しって、学習者に限らず人間であれば誰しも退屈に感じるもんだよね。

Ⓟ そやろ。これでワシも人間並みや。

Ⓙ おめでとう。それからね、「**機械的ドリル**で文が作れるようになっても、実際のコミュニケーションで使えるとはいい難い」という批判もあるんだ。ある文型をドリルでバッチリ作れるようになったとしても、実際のコミュニケーションの場にいざ置かれてみると、それが上手く出て来ないことが多いんじゃないかというわけ。

Ⓟ 「畳の上」から、いきなり「海の中」ではなぁ。

Ⓙ このような理由でね、いわゆる「ドリル・バッシング」が出てきて、「ドリル練習そのものを止めてしまえ！」という強硬な意見も少なくないみたいなんだ。でも、その一方で、「ドリルは、文型ひとつひとつを確実に定着させていくためにはやはり必要な教室活動である。」といった立場からの、ドリル擁護の意見も多くって、**機械的ドリル**の是非をめぐっては、現在のところ意見が分かれているっていうわけ。どちらの方が正しいのかは、これからの研究結果を待たなければいけないんだけどね。

Ⓟ ワシも、機械的ドリル撤廃とまではいかんけど、もうちっとなんとかならんかとは思うな。

Ⓙ 実際問題として、教科書のスペースをあれだけ占めているドリルを全く使わないでおくのももったいない気がするし、上手に活用できればそれに越したことはないとボクは思うんだけど。

Ⓟ そんなら、「上手な活用法」のアイデアは？

Ⓙ まず、機械的ドリルを効果的に行うためには、「テンポの良さ」が大切だと思うんだ。機械的ドリルって、退屈になりがちな練習でしょ。ズルズル、ダラダラと進んでいっては学習者は眠くなってしまうじゃない。「ポン・ポン・ポン」というテンポが大切なんだよ。

Ⓟ 「ポン・ポン・ポン」ねぇ…。

Ⓙ テンポのよい授業と言われてもイメージが湧かないんだったら、清（1997）なんかを見てみるといい思うよ。ただし、コレはビデオだから引用はできないのが残念だけどね。

Ⓟ そやったら、今度見てみるわ。

Ⓙ 「上手な活用法」のもう一つは、教科書にあるドリルを全部やるのではなく「必要なとき／必要なところだけやる」ということ。

Ⓟ ほー、ほー。

Ⓙ 教科書のドリルを全部やらなくても、文型を定着させられることもあるだろうし、教科書に載っている機械的ドリルの内容自体に、不自然だと思うものもままあるしね。必要なドリルだけ選んで行うということができるよね。

Ⓟ 「必要なとき」ちゅうのは、どんなときやねん。

Ⓙ たとえば、語形が長いときだよね。「〜なければなりません」というのは、英語だったら

A. スピーキングの指導

"must" とか "be supposed to" の意味だということを理解させるのはそれほど難しいことじゃない。接続する動詞や形容詞も、否定のナイの形だから学習済み。でも、拍数が多くてスムーズに口から出てこないことはよくある。そういうときに、「はい、じゃ、ドリル3の［動詞＋ナケレバナリマセン］の例をそれぞれ5回言いますよ」なんていう練習をするのは、口ならしに有効だと思うんだ。

Ⓟ ほな、「必要なところ」ゆうのんは？

Ⓙ 「～なければなりません」の例で続けると、［動詞＋ナケレバナリマセン］は練習が作りやすいけれど、［名詞・ナ形容詞（＋ダ）＋ナケレバナリマセン］は自然な文脈でたくさん練習を作るのがむずかしい。しかも、否定形が「学生ではない」「健康ではない」のように助詞のハを伴う形をしているので、「学生ではなければいけません」とか「健康ではなければいけません」という誤用が起きやすい。そこで、**機械的ドリル**を行って、語形に意識を向けさせるということが必要になってくるわけだね。

Ⓟ ほー、なるほどな。こら、どちらも、機械的に繰り返して言わなあかん理由がはっきりしとるな。こうゆうことやったら、オウム返しも苦痛ではなくなるわな。

3. コンテクストの中の練習

Ⓙ じゃ、次に機械的ドリルで文が作れるようになっても、実際のコミュニケーションで使えないことが多いって問題に戻って、どうしてそうなのかちょっと考えてみよう。機械的ドリルをよく見ると分かると思うんだけど、**反復練習・拡大練習**では教師の言ったことを学習者はそのまま反復するだけだよね。教師のモデルを真似しさえすればいいってことだよね。それから、**代入練習・転換練習・結合練習**では、教師の言ったことに応じて少し形を変えるという程度の作業が要求されているに過ぎないよね。

Ⓟ そやから、飽きてくるわけや。

Ⓙ これらのドリルに欠けているのは、「**情報のやり取り**」という、自然なコミュニケーションには必要不可欠の構成要素なんだ。考えてもみてよ。教室以外の場所で、二人が対話しているときに、「高いですか。」という一人の質問に対して、もう一人が「高いですか。」と同じ質問を繰り返したり、「高かったですか。」と形を過去形に変えて答えたりすることってある？「高いですか。」と質問した側は、物の値段を知りたがっているんであって、「高いです。」とか「安いです。」とか「500円です。」とかの答えを期待するのが普通でしょ？

Ⓟ なるほど。単純なだけやのうて、コミュニケーションのあり方として不自然やゆうことやな。

Ⓙ 形の変化の練習と割り切っても、「機械的ドリルだけで、練習終了！」となってしまうのは、

103

やっぱりまずいよね。それだと、**情報のやり取り**の練習を行っていないことになるのに、「形はわかっただろうから、とにかく使え！」と学習者に言っているようなものでしょ？だから、**機械的ドリル**は正確さを定着させるための活動として大切にしながらも、それを発展させた教室活動を**機械的ドリル**のあとに提供できないか、という考えが出てくるんだよ。それが、「**コンテクストの中の練習**」というわけなんだ。

Ⓟ 具体的には、どないにすんねん。

Ｊ さっき、教師が質問して学習者が答える「**応答練習**」というのを紹介したよね。その時は、「田中さんの車」とか「山田さんの家」とかのキューを与えて、「田中さんの車が高いです。」とか「山田さんの家が大きいです。」とか言わせてたよね。でも、実は「**応答練習**」は、もっと幅が広いもので、こんなのも含まれるんだ。

> 教　師：（学習者が買ったデジカメについて）高かったですか。
> 学習者：はい、ちょっと高かったです。
> 教　師：小さいですか。
> 学習者：はい、とても小さいです。軽いです。

Ⓟ ほうほう。

Ｊ こういう**応答練習**には、**機械的ドリル**と違って「**情報のやり取り**」が存在しているよね。さらに、次のように、何人もの学生に次々に聞いていくようなタイプのものもある。

> 教　師　：△△さん、今日、朝ごはんを食べましたか。
> 学習者１：はい、食べました。
> 教　師　：何を食べましたか。
> 学習者１：パンとオレンジを食べました。
> 教　師　：それだけですか。
> 学習者１：コーヒーを飲みました。
> 教　師　：そうですか。××さんも、パンとオレンジを食べましたか。
> 学習者２：いいえ、私は、パンとバナナを食べました。
> 教　師　：いつもバナナを食べますか。
> 学習者１：はい、毎日食べます。バナナは、おいしいです。
> 教　師　：そうですか。〇〇さんも、フルーツを食べますか。
> 学習者３：私は、フルーツを食べません。キムチを食べます。

教　　師：キムチを食べて、パンを食べますか。
学習者3：いいえ、キムチとご飯を食べます。
教　　師：今日も、キムチを食べましたか。
学習者3：はい、韓国のキムチを食べました。とてもおいしいです。

Ⓟ ワシが英語を習っとったときも、先生がよくこんな感じで授業をしとったけどな。自分のことになると言うことはいくらでもあるさかい、みんなけっこう活発に話しよったな。

Ⓙ 人は、自分自身のことを話そうとすると、話す内容も背景にある生活観みたいなものもはっきりしているので、自然と積極的に表現しようとするようになるんだよね。このように、学習者の個人について語るように仕向ける質問を、Omaggio（1993：233-239, 246-248）は「**個人化した質問（Personalized Questions）**」と呼んでいて、学習者が「**自分自身の意味（Their Own Meaning）**」を表そうとして表現への動機付けが高まるテクニックとして紹介しているよ。

Ⓟ 「自分自身の意味」て、何やの？

Ⓙ 自分で言ってみて、うそにならないということだと思うよ。機械的ドリルで、下戸の学習者が「私はビールが好きです」と言わなければならないとしたら、それは「自分にとって意味のないこと」を言っていることになるでしょ？　そうじゃなくて、自分の個性・体験・感情・思想なんかをそのまま表現することを「**自分自身の意味を表現する**」って言うんだよ。

Ⓟ なるほど。**機械的ドリル**の問題は、そういうところにもあるわけや。

Ⓙ こういう「**個人化した質問**」を続けていくと、学習者の個人的な嗜好がうかがえて、教師と学習者の間だけではなく、学習者同士の間にも「お互いを知る」という環境が作られ、そのおかげでクラス全体に友好的な雰囲気ができて、さらに表現に対する意欲が増すことになると、川口（2004a, 2004b）では述べられているよ。

Ⓟ そうなんや。応答練習のコツ、なんとなくつかめてきたで。

Ⓙ いやいや、そう思うのはまだ早いと思うよ、応答練習には他のタイプもあるんだから。

Ⓟ 他のタイプ？

Ⓙ 「**コンテクストの中の練習**」って呼ばれる、**応答練習**の拡大版みたいなドリル練習もあるんだ。

Ⓟ そやったら、その「コンテクストの中の練習」ゆうんを、はよ教えてんか。

Ⓙ さっき出てきた「**応答練習**」は、「自分の生活実態」について答えるというものだったよね。「**コンテクストの中の練習**」は、学習者自身の生活実態はちょっと横に置いといて、「この表現を使って、こんな時にこんなことが言える」という状況を意図的に作り出して、その状況

第3章　日本語の授業の実際（4技能の指導：理論と実践）

　下で練習する機会を学習者に提供する、というタイプの練習だよ。

Ⓟ なんや、よう分からんわ。もっと分かりやすう、説明してんか。

Ⓙ じゃあ、「**コンテクストの中の練習**」を、ステップ・バイ・ステップで説明していくね。横溝（1997：18-28）が、次のように述べてるよ。

a. **必ずコンテクストを与える。**

　　ここでは「コンテクスト」を「ある表現方法（学習項目）を生じさせる状況」と定義する。すなわち「コンテクストの中の練習」とは、学習者にコンテクストを与え、学習中の表現を使わざるを得ない状況に学習者を追い込むことにより、その文型をコミュニケーションの中で初めて使う機会を与えようとする活動である。言い換えれば、その表現が対話の中でどのように使われるのかを学習者に認識させるための教室活動である。その与え方であるが、例えば、「名詞＋じゃないですか」という表現を練習するために、ひらがなを学習したばかりの学習者に次のような文字カードを見せる。
　　その上で「これはひらがなです。何ですか？」と聞く。学習者は左半分から想像して、「『け』じゃないですか」「『い』じゃないですか」「『は』じゃないですか」「『ば』じゃないですか」「『ほ』じゃないですか」「『ぼ』じゃないですか」などと、学習中の「名詞＋じゃないですか」を使って自分の推察をそれぞれ述べる。出尽くしたところを見計らって、「『ば』です」と種明かしをする。このような形で、その文型を使ったコミュニケーションの機会が、はじめて学習者に与えられるのである。もうひとつ例を挙げる。

このスケジュール表を見せて、学習者に「買いましたか。」と聞けば、学習者から「はい、きのう買いました。」という表現が引き出せる。このような状況を、「コンテクストの中の練習」では常に設定するというわけである。

b. **コンテクストはクラス全体に提示する。**

「コンテクストの中の練習」で学習者は、自分や他の学習者の発話が文法的／音声的に正しいものかどうかチェックしながら、教室活動に参加している。もしあるコンテクストが発話を割り当てられた学習者だけに与えられると、他の学習者の学習機会を減少させることになってしまう。それ故、コンテクストはクラス全体に見えるように提示する。

c. **学習者に質問・応答の両方の役割を与える。**

教師が質問し学習者が答えるといったパターンだけでは、学習者が発話する機会も減少してしまうし、答えることだけが得意な学習者が出来上がってしまう可能性もある。学習者が質問をして別の学習者が答えることが理想なのであるが、突然コンテクストを与えられただけで「ハイ、どうぞ！」では、その学習項目を使って初めてコミュニケーションを行う学習者はうまく機能できないことが多いであろう。そこで、三段階に分けて少しずつに学習者同士の対話へと移っていくことが必要になる。まず初めは、教師が質問して学習者が答える形式で行う。使用されているパターンを学習者が理解したと判断すれば、学習者が質問し教師が答える形式へと、そして最終的には学習者同士の対話へと移って、教師は学習者の対話を支える役割に回る。（学習者が慣れてくると、この第二段階は不必要になってくることも多い。）例えば、三段階の展開は次のようになる（上に挙げたコンテクストを使用）。

　　教　師：買いましたか。
　　学習者1：はい、きのう買いました。
　　　　　　　↓
　　学習者2：買いましたか。
　　教　師：はい、きのう買いました。
　　　　　　　↓
　　学習者3：買いましたか。
　　学習者4：はい、きのう買いました。

この「質問して答える」形式の一往復の対話は、「コンテクストの中の練習」の一番基本的なものである。

d. **応答は質問して答える形式だけには限定しない。**
上の一往復の対話形式は多くの場合、一人が質問しもう一人が答えるという形式であるが、そうでない場合も少なくない。例えば、

（キャンセルになったコンサートのポスターを見ながら）
A：残念ですねえ。
B：そうですねえ。

この対話では、AはBに情報を与えてもらうことを望んで質問しているのではなく、Bに共感を求め発話している。このような、質問して答える以外の対話も実際のコミュニケーションではよく使われるので、「コンテクストの中の練習」でも使用する。

e. **ひとつの学習項目に対して、コンテクストを数多く与える。**
機械的ドリルでは、学習項目を含んだ表現を数多く正確に作る練習をする。例えば、「〜ませんか。」の勧誘の形の場合は、

食べませんか。
飲みませんか。
行きませんか。

等の文を作る練習をすることになる。「コンテクストの中の練習」では、学習者が作れるようになった、色々な行為を勧誘する表現それぞれに、自然なコンテクストを与えていく。「〜ませんか。」の場合、与えられるコンテクストの一例は以下のとおりである。

（袋の中に入っている何かを食べるふりをし、お裾分けするように袋を差し出して）
これ、食べませんか。

（飲み物の缶を手に持って、相手の前に差し出して）

これ、飲みませんか。

（コンサートのチケットを二枚持って、その内の一枚を差し出して）
これ、行きませんか。

このようにコンテクストを与えることで、学習者の発話が意味のあるものとして、コミュニケーションの中で機能するようになる。

f.　学習項目を含んだ表現は、第一話者又は第二話者どちらかの発話に含まれる。

　一往復の対話にコンテクストを与える場合、そのコンテクストを与えることによって引き出そうとする学習項目を含んだ文は、第一話者のものであったり、第二話者のものであったりする。勧誘の文を例にとると、

（袋の中に入っている何かを食べるふりをし、お裾分けするように袋を差し出して）
A：これ、食べませんか。
B：えっ、何ですか、それ？

（Bが持っている袋を指差して）
A：それ、何ですか。
B：チョコレートですよ。食べませんか。

このように、前者の場合は「〜ませんか。」がAの発話に入っているが、後者の場合はBに入っている。

g.　対話の拡大

　自然なコミュニケーションは、通常1往復で終わることは少なく、2往復以上の対話のやり取りで成立していることが多い。練習も1往復にとどまらず、2往復以上に拡大した方が、よりコミュニケーション能力の向上につながるのではないかと考えられる。そこで以下の方法によって対話を拡大していく。

1．既習項目のリサイクル

　対話の拡大をする時に大切なことは、拡大する対話の中で学習者が既に習った文

型／語彙を使用することである。これには二つの理由がある。まず第一の理由は、「コンテクストの中の練習」では、学習者が今学習している項目に、学習の焦点が当てられるべきだからである。一度に多くの新出項目を使い長めの対話を成立させるよう強制すると、その学習項目自体の定着の妨げとなる可能性もある。もう一つの理由は、学習者は既に学んだことであっても、長い間使わなければ、忘れてしまう可能性があるからである。対話の拡大に再利用することにより、その既習項目の復習も可能になる。

2．拡大は教師のモデルにより少しずつ

対話の拡大は１発話ずつステップ・バイ・ステップで行なっていく。その際に、拡大する部分を教師が１、２度発話し、モデルを示す。以下は拡大の一例である。（アンダーラインは教師による拡大部分のモデル発話）

a. 学習者間で一往復の対話が文法的／音声的に正確にできるまで練習をする。
 　（Ｂが持っている袋を指差して）
 　　Ａ：それ、何ですか。
 　　Ｂ：チョコレートですよ。食べませんか。

b. 一往復の定着を確認した後、教師はＡの役になり、ひとつの発話をくっつけることにより、対話を拡大する。
 　　教　師：それ、何ですか。
 　　学習者１：チョコレートですよ。食べませんか。
 　　教　師：<u>えっ？　でも、いいんですか？</u>

c. 別の学生をＡの役にして、教師はＢの役に回る。もうひとつ発話をくっつける。
 　　学習者２：それ、何ですか。
 　　教　師：チョコレートですよ。食べませんか。
 　　学習者２：えっ？　でも、いいんですか？
 　　教　師：<u>どうぞ。どうぞ。</u>

d. 別の学生をＢの役にして、教師は再びＡの役に回る。ひとつ発話をくっつける。
 　　教　師：それ、何ですか。

　　　　学習者３：チョコレートですよ。食べませんか。
　　　　教　　師：えっ？　でも、いいんですか？
　　　　学習者３：どうぞ。どうぞ。
　　　　教　　師：<u>ありがとうございます。</u>

e. 教師はもう一度Ｂの役に回り、ひとつ発話をくっつけることにより対話を完成させる。

　　　　学習者４：それ、何ですか。
　　　　教　　師：チョコレートですよ。食べませんか。
　　　　学習者４：えっ？　でも、いいんですか？
　　　　教　　師：どうぞ。どうぞ。
　　　　学習者４：ありがとうございます。
　　　　教　　師：<u>どういたしまして。</u>

　このような形で、教師は拡大する部分をひとつずつモデル文として与えていく。対話がひとまとまりとして完成したら（上の場合は３往復）、教師は学習者同士で同じ対話を行なうように指示をする。袋を一人の学生に持たせ、もう一人の学生に「じゃ、○○さんにお願いします。」と言えば、学習者二人で同じ対話を完成させよという指示だと、学習者は理解するであろう。少しずつ拡大していく過程で、学習者は既に習った項目がどのような形でリサイクルされたかを把握しているので、多少の困難はあっても、学習者だけで（この場合は３往復の）対話をすぐに行なえる場合が多いようである。

3. ひとつのコンテクストの拡大が終了したら、同じパターンを使った表現を引き出すコンテクストを与え、学習者に一気に拡大させる。

　　上記のように「食べませんか。」を使って対話を完成できることを確認した上で、次は「飲みませんか。」を使って同様の対話拡大を、学習者に一気にさせる。

　　　　（袋入りのコーラを学習者６に与える。）
　　　　学習者５：それ、何ですか。
　　　　学習者６：コーラですよ。飲みませんか。
　　　　学習者５：えっ？　でも、いいんですか？

学習者6：どうぞ。どうぞ。

学習者5：ありがとうございます。

学習者6：どういたしまして。

4. **学習者を飽きさせないように、対話の流れを変えるコンテクストを与える。**

　　上記の2．や3．の拡大は、一往復だった対話を既習項目を使ってより長い往復の対話へと導くことで、より現実のコミュニケーションに近付けるという意味で重要である。しかし、学習者は何度も同じパターンを耳にし発話していると、飽きてくることが多いものである。そこで、時にはそのパターンの変更を余儀なくさせるコンテクストを与え、学習者の集中力を維持することに努める。例えば、

　　（袋入りの牛乳のパックを学習者8にあたえる）

　　学習者7：それ、何ですか。

　　学習者8：牛乳ですよ。飲みませんか。

　　　　　　（牛乳のパックには製造年月日が二カ月前と記されている）

　　学習者7：いや、いいですよ。

　　学習者8：そうですか。

　　製造年月日を示したにも関わらず、学習者7が「えっ？　でも、いいんですか？」と発話した場合は二つの場合が考えられる。ひとつは製造年月日によって対話の流れを変える必要が生じたことに学習者7が気づいていない場合、もうひとつはそのことに気付いているものの敢えて面白く対話を展開させようとしている場合である。この二つのどちらかを確認するために「その牛乳、古いですよ。」と教師がいわゆるツッコミを入れてみることも可能であろう。前者の場合は即座に「いや、いいですよ。」に変えて学習者7は発話するであろうが、後者の場合は、教師のツッコミにボケで答える形で、「古いですけど、大丈夫です。飲みます。」と発話する可能性もあり、対話がよりダイナミックに展開していく。

h. **「コンテクストの中の練習」の例**

　　以下が「動詞のテ形＋います」でのコンテクストの中の練習の一例である。

A. スピーキングの指導

1. 一回のやりとりの対話
   a. ある人（名前つき）が何かをしている絵を、学習者に使ってもらいたい動詞の数だけ用意する。
   b. カードを学習者からも教師からも離れた位置に貼る。（全体提示）
   c. 次の対話がスムーズにできるまで練習させる。（三段階の移行）

   A：「山田さんはどこですか。」
   B：「あそこでラジオを聞いていますよ。」

   A：「河野さんはどこですか。」
   B：「あそこで新聞を読んでいますよ。」

   同様にして、「手紙を書いています」「寝ています」「歌を歌っています」「電話をしています」「バスを待っています」等を練習させる。

2. 対話の拡大（教師のモデルによる拡大）
   絵カードの中の人物を、学習者に変えることにより、例えば次のように拡大できる。

   A：「Cさんはどこですか。」
   B：「あそこで新聞を読んでいますよ。」
   A：「どうも。」「Cさん！（食べ物を出しながら）食べませんか。」
   C：「えっ、でもいいんですか。」
   A：「どうぞ、どうぞ。」

C:「じゃ、遠慮なくいただきます。どうも。」
A:「いいえ。」

同様に、Cの役を交替交替に学習者に指名し色々な動作をさせることで、上の対話を練習させる。また、Aに持たせる食べ物を、飲み物や招待状にすれば「飲みませんか」「行きませんか」等に変えることもできる。

3．応用練習

「〜さんはどこですか」「あそこで〜ていますよ」の一往復の対話を、長い対話の真ん中に入れて練習させてみる。

a. 学習者Bにペンを持たせる。ペンには学習者Cの名前が書いてある。これにより、ペンがCの持ち物であることになる。
b. 学習者Cに新聞／便箋／マイク／電話／枕やバス停の絵のどれかを自由に選ばせ、その動作をするように指示する。
c. 次の対話を練習させる。（教師のモデルによる拡大）

A:「Bさん。そのペン、使ってもいいですか。」
B:「このペンはCさんのだから、Cさんに聞いてください。」
A:「Cさんはどこですか。」
B:「あそこで手紙を書いていますよ。」
A:「どうも。」（Bからペンを受け取る）
　　（手紙を書いているCに向かって）「Cさん。このペン、使ってもいいですか。」

A. スピーキングの指導

　　　　C：「どうぞ。」
　　　　A：「どうもありがとうございます。」
　　　　C：「いいえ。」

d. 同様に、Cの名前が書いてある飲み物（「飲んでもいいですか」用）、食べもの（「食べてもいいですか」用）、コンピューター（「使ってもいいですか」用）、ラジオ（「聞いてもいいですか」用）等をB役の学習者に渡す。

e. Aが「Cさん。このペン使ってもいいですか。」と発話した直後に、教師がペンをAから取り上げ、Cの名前を学習者Dの名前に変えCに渡す。DにはC同様、動作を選択させる。流れは次のように変わる。（対話の流れの変更）

　　　　A：「Bさん。そのペン、使ってもいいですか。」
　　　　B：「このペンはCさんのだから、Cさんに聞いてください。」
　　　　B：「あそこで手紙を書いていますよ。」
　　　　A：「どうも。」（Bからペンを受け取る）
　　　　　　（手紙を書いているCに向かって）「Cさん。このペン、使ってもいいですか。」
　　　　C：（ペンの名前が自分のでないことに気付き）「これ私のじゃないですよ。Dさんのだから、Dに聞いてください。」
　　　　A：「Dさんはどこですか。」
　　　　C：「あそこで寝ていますよ。」
　　　　A：「どうも。」（Cからペンを受け取る）
　　　　　　（寝ているDに向かって）「Dさん！　Dさん！」
　　　　D：（眠そうに）「ハ～イ。」
　　　　A：「このペン、使ってもいいですか。」
　　　　D：「どうぞ。」
　　　　A：「どうもありがとうございます。」
　　　　D：「いいえ。」

f. その物についている名前を変えることにより、上の対話はエンドレスに長く続けることができる。もっと長くする場合は、A役の学習者を途中で交代させてもいいであろう。

4. 実施にあたってのコツ

a. 「拡大した対話」及び「応用」中のCやDの役に当てられた学習者に演技力があると判断すれば、自由に動作を（例えば、「踊っています」）選ばせてもよいであろう。よりダイナミックに授業が展開していくことになる。

b. Cの学習者の位置に注意するようにする。Bに近い場合は「ここで～ています」で、Aに近い場合は「そこで～ています」になる。はじめは、AからもBから遠いところにおいて、「あそこで～ています」だけを使わせれば、学習者の負担を少し減らすことになる。

Ⓟ なるほど。こないにして「**コンテクストの中の練習**」をぎょうさんやっといたら、単なる機械的ドリルよりは、ずいぶんとほんまのコミュニケーションに近うなってくるな。

Ⓙ 上に挙げたようなタイプの練習の試みは、Omaggio（1993：110-113）でも「**文脈化されたクラス活動（Contextualized Activities）**」と呼ばれていて、前にあげた「**個人化した**」**質問や活動**とともに、この著作の中心的な教授法理念になっているんだよ。それから、川口（1998c，2002，2003a，2003b）のように「**文脈化**」という用語でこの「コンテクストの中の練習」に似たような練習方法の提案をしつづけている研究もあるし、**機械的ドリル**の欠点を克服して、より自然な流れの会話表現の指導を目指す努力が目立ってきているね。

4. ペアワーク

Ⓙ 次は、ペアワーク。**ペアワーク**では、学習者同士がペアになって、学んだ言語材料を活用してコミュニケーションを行うんだけど、**ペアワーク**のいいところについて、バーン（1996：38-39）は、次のような点を挙げているよ。

a. 学習者が一人一人作業する機会がもてる（グループ活動の準備にもなり、学習者の自分の学習に対する責任感と学習意欲が高まることにつながる）
b. 学習者がお互いの顔を見て話すことができ、教室外での実際の言語運用に近づく
c. 授業に変化をつけることができる

Ⓙ その一方で、バーン（1996：41-42）は、以下の問題点も挙げているよ。

a. 学習者がうるさくなり過ぎる

A. スピーキングの指導

　　b. 学習者が誤りを犯す
　　c. 学習者はきちんと作業しない
　　d. 学習者は教師に教えてもらうことを期待している

Ⓙ この問題点のうち、a や c はクラスルーム運営上の問題点となるよね。それを解決するためには、次のようなことを教師は心がけなければいけないんだ（隈部 1996：123 及び バーン 1996：43 を参考）[1]。

・ペアワークで扱う言語材料の習得が完全に行われていなくてはならない
・コミュニケーション活動にふさわしい内容でなければならない
・学習者が自主的に授業に参加する雰囲気を作っておかなければならない
・ペア分けに手間取ってはならない
・何をしなければならないのか、学習者に正確に理解させねばならない
・長く続け過ぎない
・簡単な活動でなければならない

Ⓙ 「ペアワークで扱う言語材料の習得が完全に行われていなくてはならない」という点が特に大切なんだ。というのは、それがしっかりと使える状態でなければ、学習者同士でちゃんとしたコミュニケーションが成立しないからね。教室活動の流れで言うなら、「**機械的ドリル**」及び「**コンテクストの中の練習**」による学習項目の定着が、**ペアワーク**成功のカギとなるってわけ。

Ⓟ 一段一段、きちんと踏みしめて進む、と。

Ⓙ 「コミュニケーション活動にふさわしい内容でなければならない」という点も重要だよね。そういう意味で、学習者にとって身近なこと、例えば自分自身のことについてお互いに伝え合う「**情報交換**」的活動が、**ペアワーク**では多用されるんだ。ここでも、**情報交換**の「**個人化**」が促進される。こういう活動では、他に迷惑がかからないのなら、音楽をかけてみるのもいいんだよ。そうすると、他のペアの発話が耳に入りにくくなって、学習者の声が大きくなるという副次的効果もあるから。

Ⓟ では、ビゼーのオペラ「カルメン」より「闘牛士の歌」！

Ⓙ そこまでいくと、迷惑になるとおもうけどね。それから、**ペアワーク**実施中は、教師はゆっくりと歩き回り続けて、学習者の要請に応じて、対話の手助けをするという形を採用するといいよね。必要なときに適切な支援がいつでも得られるという安心感を学習者に与えられる

から。

Ⓟ 教師は「教える者（Teacher）」でなくて「必要な環境を整える者（Facilitator）」である、ちゅうことやね。**CLL（Community Language Learning）**の指導理念と同じや。

Ⓙ じゃ、次にペアワーク活動（学習項目は、[〜タコトガアル]）の一例を紹介するね。

a. 以下のペアワーク・シート[2]を一枚づつ配り、「コンテクストの中の練習」で練習したパターンを使ってペアワークを行うように指示する。

教師からの指示：「まず、自分が次のアクティビティをしたことがあるかどうかを考えて、したことがある場合はY（yes）に丸を、したことがない場合はN（no）に丸をしなさい。それが終わったら、クラスメートにアクティビティー一つ一つをしたことがあるかどうか聞いて、Y か N に丸をしていきなさい。アクティビティを全て聞いたら交代して、クラスメートの質問に答えなさい。それが終わったら、他のクラスメートと同じことを繰り返しなさい。」[3]

Names	あなた	クラスメート1	クラスメート2	クラスメート3
Activities to ask				
Travel to Las Vegas	Y/N	Y/N	Y/N	Y/N
Watch Japanese movie	Y/N	Y/N	Y/N	Y/N
Listen to Japanese music	Y/N	Y/N	Y/N	Y/N
Drink sake	Y/N	Y/N	Y/N	Y/N
Write a letter in Japanese	Y/N	Y/N	Y/N	Y/N
Eat *natto*	Y/N	Y/N	Y/N	Y/N

学習者同士の対話は次のようなものになる。

A：ラスベガスにいったことがありますか。
B：（自分の事実に基づいて）はい、あります。
A：どうでしたか。
B：（自分の事実に基づいて）とてもお

もしろかったです。
　A：そうですか。
　　　または
　A：ラスベガスにいったことがありますか。
　B：（自分の事実に基づいて）いいえ、ありません。
　A：そうですか。

- ⓟ これも、「自分の事実に基づいて」やから、「**個人化した活動**」ちゅうことになるな。
- ⓙ そのとおり。「納豆を食べる」なんか、「はい、あります」「おいしかったです」と答える学習者がいたりすると、食べ物の好みについての多様性を学んだりする機会にもなるよね。
- ⓟ 自然に文化学習まででけるゆうことやな。「個人化」様々やな。

5. ロールプレイ

- ⓙ では、いよいよ「**ロールプレイ**」だけど、文字どおりに取ると、学習者が「役割を演じる」教室活動だよね。
- ⓟ 早い話が「RPG（role playing game）」や。「勇者は、〈氷の剣〉を手に入れた!!」
- ⓙ キミの「早い話」は「ややこしい話」になるので、その辺で控えるように。で、**ロールプレイ**と呼ばれている教室活動はかなり幅が広いんだけど、おおよそ以下の六つに分類できるみたいだよ（横溝 1997：206-210）[4]。

a. 対話の一部が既に与えられているもの

対話のシナリオの一部を学習者に完全に任せて、対話を完成させる形式である。通常、対話の開始部分と展開部分又は開始部分と終束部分が与えられる。田中(1988：150-151)はこの教室活動を「即興ドラマ」と呼び、次の様な例を挙げている。

　　ジョンソン：のどがかわいたから何か飲みましょうか。
　　吉　　　村：ええ、この喫茶店はどうでしょう。
　　ジョンソン：（　　　　　　　　　　　　）
　　吉　　　村：（　　　　　　　　　　　　）
　　ジョンソン：（　　　　　　　　　　　　）
　　吉　　　村：（　　　　　　　　　　　　）

ジョンソン：（　　　　　　　　　　　　）
　　　吉　　村：ええ、じゃ、ほかの店を探しましょう。

b. **場面、状況、人間関係と表現、語彙が与えられているもの**
　役割カード（role-card）によって場面・状況・対話者間の人間関係が設定され対話を行う。各学習者にはその設定の中で提示された表現・語彙を使用して対話を創り上げることが期待される。この教室活動の中では何をどのような形で言うのかについての制限が存在しており、田中（1988：151-152）は次のような例を挙げている。

<u>ロールカードA</u>
あなたは、ある会社で秘書をしている。あるインド人の客を接待するために、今週の土曜日の夜にレストランを予約しなければならないのだが、それについて上司（山田部長）と相談することになった。なお、そのインド人の客は菜食主義者である。

使うべき学習項目：〜なんですが／〜の件ですが／〜しなければならないんですが；どうすれば／どの〜をすればいいでしょうか。

<u>ロールカードB</u>
あなたは、ある会社の部長（山田）である。部下の秘書（ブラウン）がインド人の客を接待するためにレストランを予約するので、相談したいと言って来た。重要な客だからある程度いいレストランにしたいが、あまり長い時間会食したくはない。

c. **場面、状況、人間関係のみが与えられているもの**
　場面・状況・対話者間の人間関係は設定されるものの、その設定の中で何を言うのかを学習者が決定することが出来るロールプレイである。すなわち、与えられた設定から対話を開始し、どの様に展開させ終結させるかについての自由が学習者には与えられる。例えば次のような設定が考えられる。

「喫茶店で、同僚に何を飲むか聞きなさい。」

「デートの約束をしていたのに、友達と話していて、ついうっかり忘れていました。急にその約束のことを思い出しました。」

d. 「行なうべき言語活動の内容」が与えられているもの

対人関係と行なうべき言語活動の内容だけが役割カードにより与えられているものである。指示された行動を遂行するのにどの言語表現を使うかについては学習者に自由が与えられている。高見澤(1989：103)は次の様な例を挙げている。

話題＝「休暇を求める」

<第１話者－社員>カード　　　　　<第２話者－上司>カード
①〜日間の休暇を申し込む。
　　　　　　　　　　　　　　　　②理由を問う。
③理由を述べる。
　　　　　　　　　　　　　　　　④その理由について、質問する。
⑤答える。
　　　　　　　　　　　　　　　　⑥多忙を理由に躊躇する。
⑦休暇日を短縮する。
　　　　　　　　　　　　　　　　⑧許可を与える。
⑨会話を切り上げる。
　　　　　　　　　　　　　　　　⑩会話を切り上げる。

Ⓟ あのなぁ、これ、ちょっと気になるんやけど。

Ⓙ 何が？

Ⓟ 高見澤(1989:103)のもともとの話では、社員が上司に早退の許可をもらうゆうコンテクストなんやけど、会社で早退の許可をもらうのにこんなシンプルなシナリオでええんかなぁ。もっと複雑な手順が必要やと思うんやけどな。例えば…。

①呼びかけ→②反応確認→③話す時間をもらっていいかどうかの確認→④反応確認→⑤事情の説明→（途中で反応確認）→⑥許可求め→⑦相手の応答の理解→⑧交渉（妥協・別の提案）→⑨相手の応答の理解→（⑧と⑨の繰り返しもアリ）→⑩許可を与えられた場合のフォロー（残った仕事は明日早朝出勤で片付けるなど）→⑪相手の反応の確認→⑫礼を述べて辞去

Ⓟ てな流れのほうが、ずっと自然や思うねんけどな。

Ⓙ それはそうだと思うけど、ずいぶん長い対話になりそうだね。

Ⓟ そら、「会社で早退の許可をもらう」なんて**コンテクスト**にするからや。「クラスに20分遅刻してくることへの許可をもらう」やったら、こんなに複雑にならへんやろ。「自然さ」を求めてコンテクストを作るんやったら、どんなコンテクストが学習者のレベルに合うか、よう考えんとあかんのんちゃうか。

Ⓙ ほほう。なかなか、聞かせますね。恐れ入りました。はい、じゃ、次のタイプ。

Ⓟ 立ち直りの速いヤッチャな。

e. **場面・状況・人間関係と対話の目的が与えられているもの**

対話者それぞれに異なる役割カードが渡され、対話者は場面・状況・人間関係と与えられた自分の役割を確認する。明示された対話の目的を達成するために、学習者は可能な限りのストラテジーを使いコミュニケーションを行なっていく。岡崎・岡崎（1990：107）は次の様な例を挙げている。

目的：発生した問題をお互いの関係をこわすことなく友好的に解決する。

ロールA：明日は朝早くから初めてのデートなので今晩は早く寝てすっきりした気分で出かけたいと思っている。ところが、隣の日本人学生は友達を呼んで騒ぎ出し、もう10時だというのに一向に静かにならない。頭に来ている留学生。

ロールB：試験が終わったので麻雀をして試験のストレスを解消したいと思い麻雀友達を呼んだ。麻雀は今始まったばかりである。パイの音が高いので隣の留学生が少し気になっている日本人の大学生。

この形式のロールプレイでは、目的達成のために対話をどう展開させどのような言語表現を使うかについての自由が学習者に与えられている。cのロールプレイと異なるのは、達成すべき目的が提示され、その達成のためにコミュニケーションを行うという点である。

f. **解決すべき問題が与えられているもの**

架空の状況を設定し、その状況下で学習者が問題を解決していくために目標言語によるコミュニケーションを行なうもので、通常シミュレーションと呼ばれている。岡崎・岡

A. スピーキングの指導

崎(1990：290)は、その例として「ゴルフ場建設が持ち上がった過疎の村を想定し、そこの住人の一人一人が取り得る行動を類型化し、公聴会の場で各々の立場を明らかにし、結論を出していく」を挙げている。

Ⓙ こんなふうに、**ロールプレイ**には色々な種類があるんだけど、ここでは、c、つまり場面・状況・人間関係のみが与えられているものを紹介したいと思うんだけど。

Ⓟ そらまた、どうして？

Ⓙ 「**コンテクストの中の練習**」の後で行う**ロールプレイ**として適しているからだよ。「コンテクストの中の練習」で何度も何度も体験したパターンを最大限に活用して、それにアレンジを加える機会を、学習者に与えることを狙うってわけ。この形態の**ロールプレイ**だと、対話の流れが学習者に任されているんで、学習者には（1）与えられた設定のもとで対話を開始し、（2）相手の発話を良く聴きながら対話を発展させ、（3）発展させた対話を終結することが要求されるよね。この三つは実際にコミュニケーションを行なう上で重要な要素で、このいずれが欠けてもコミュニケーションは不完全なものになることが多いでしょ。だから、このロールプレイによって、学習者にこの三つを体験させていきたいと考えるわけ。

Ⓟ ちゃんと、狙いがあるねんな。

Ⓙ うん。また、この**ロールプレイには**ね、「**コンテクストの中の練習**」で練習してきた既習項目の、より一層の定着を計るための最後のまとめ的教室活動としての機能もあるんだよ。次に挙げる点が、このタイプのロールプレイの特徴だよ。

a. 与えられる場面・状況・人間関係

設定として与えられる場面・状況・人間関係は、学習者が既に「コンテクストの中の練習」で以前に体験したのと同じものか、又はよく似たものを使用する。またその設定提示は、日本語または学習者の母語でクラス全体に対して行う。

b. 正確さとなめらかさ

この教室活動を通して、学習者は自らの発話の正確さを確認するとともに、なめらかにコミュニケーションする能力を身につける機会を得ることが出来る。

c. 発話の内容

学習者には「何を」「どのように」話すかについての自由が存在しているが、学習者が既習項目からあまりにもかけ離れた語彙や文形を頻繁に使用すると、復習用の教室活動と

しての機能が停止してしまう。それ故、既習項目を総動員し、なるべくその中でクリエイティブな対話を創り上げていくように、学習者には指示をしておく必要がある。

d. **教師の役割**

コミュニケーション重視の活動であるロールプレイは、学習者が今まで蓄積してきた日本語を駆使して創造的に取り組むタイプの教室活動であるため、教師は、学習者を引っ張って指導していくよりも、学習者を後ろから見守り支えたり、スムーズに運ぶように手助けすることが必要になってくる。「コンテクストの中の練習」の後でのロールプレイの場合、教師は場面・状況・人間関係をクラス全体に日本語または学習者の母語で提示した後、学習者（通常二名）を指名し、その設定の元で対話を創り上げるよう指示する。学習者が対話を行なっている間、基本的にはその対話を見守っていればよいのであるが、次のことに留意する必要がある。（1）学習者が対話している最中の矯正は避ける。教師として容認し難い誤りの矯正は対話終了後行う。（2）新しく学習した項目が使えるところで、別の表現で学習者が発話した場合、その新しく学習した項目を使った表現も可能であったことを、対話終了後伝える。（3）対話をあらかじめ準備してそれを練習する時間が与えられないので、学習者によっては、対話の開始、発展、終結がうまくできない場合がある（特に初級の場合）。その際は、教師はその学習者の助言者となる。教師と学習者全員の間に共通の媒介語（例えば英語など）が存在している場合は、学習者が言いたいことを日本語で言えるよう、学習者を支えることが可能になる。（学習者は自分の言いたいことを媒介語で教師に伝え、それを日本語でどう言うか教師に何度聞いても構わない）。このように対話が行われている最中の教師の役割は、コミュニティ・ランゲージ・ラーニング（CLL）のそれと一致している。

対話終了後、学習者が創りあげた対話をふり返る時間を持つ。まず対話を創りあげた学習者達に、そして他の学習者に、対話に対する感想を聞いてみる。その後、学習者の発話に基づいて、解説していく。その際大切なのは、誤りや不適切なところ（文法的、機能的、語用論的、社会言語学的な誤りやノンバーバルな面での誤り等）を発見し、改善すべき点・不足している点などを認識する機会を、学習者自身に与えることで、これにより学習者の自律的な学習が進む。解説を行う際も、教師から学習者への一方的な教授を避けて、学習者全体で考えていく形を取る必要がある。細かなアドバイスを可能にするために学習者の対話を録音もしくは録画し、それを再生しながら解説していくことも可能であるが、その場合はあらかじめ学習者全員の同意が必要である。

A. スピーキングの指導

e. 学習者の役割

与えられた設定の下で、今までに学習してきた全ての知識を総動員し、パートナーと協力しながら、なるべくクリエイティブな対話を創り上げていくことが、学習者には期待されている。自分が対話に参加していない場合も、対話終了後のふり返りそして解説に積極的に参加できるように、対話をしっかりと観察することが望まれる。

J この方法で行った**ロールプレイ**の実例の記録を見てみよう。

（場面・状況・人間関係の設定は英語を使用。アンダーラインの箇所は学習者の誤り）

［設定］You have forgotten that you have made a date. Exclaim!
［二人の学習者を指名し、その二人とは性別の異なる一人の学習者（C）を教室前方に立たせておく。］

A：デート<u>をしたこと</u>を忘れてしまいましたよ。
B：あ、そうですか。残念ですねえ。
A：どうしましょうか。
B：早く行っ<u>ても</u>いいですよ。
A：あのう、間に合いますかねえ…。
B：さあ…。ちょっと<u>遅くになります</u>から、間に合わないと思います。
A：あのう、Bさんの車を貸してもらいたいんですけど、いいですか。

B：でも、license がありますか。

A：はい、ありますよ。

B：Insurance でもありますか。

A：私？　あのう、Insurance は車、車の insurance ですよ。Bさんの車が insurance がありますか。

B：私の車が insurance がないです。貸してもいいですよ。

A：いいえ、私は貸してもらいたくないんです。あのう、タクシーを頼んだ方がいいですよ。

B：はい。

教師：（Cの所に行くようAを促す）じゃあタクシーで早く行って下さい。

A：（Cの所に近づく）

C：あっ、来ました。

A：すいません。

C：遅いですねえ。

A：忙しいだから…。

C：どうしたの？

A：あのう、車がないんだから、Bさんの車を貸してもらいたいんだけど、insurance がありません。あのう、タクシーを頼んだ…頼んで来ました。

C：なるほどね。

A：どこへ行きますか。

C：じゃあ、ちょっとお腹が空きました。

A：レストランに予約しましたか。

C：いいえ、でもどこへ食べに行きましょうか。

A：あのう、何でもいいですよ。

C：中華料理はいいですか。

A：ううん…。私は毎日中華料理食べますから、あのう、他の、いいですか。

C：じゃあ、和食にしてもいいですか。

A：いいですよ。

C：じゃ、行きましょう。

A：はい。

A. スピーキングの指導

［対話終了後の解説］
最初の文として「デートの約束（をしたこと）を忘れてしまった！」という答えを期待していたことを学習者に伝えた。「～でもいい」と「～た方がいい」の違いを確認した。「は」と「が」の混用を指摘した上で、その使い分けのルールを再確認した。又、「免許証」「保険」という単語を導入した。

Ⓟ ほほう。けっこう楽しそうでクリエイティブやね。そやけど、学習者によっては二人共、「何を」話したらいいのか全くアイディアが出ぇへんゆうこともあるんやないか。

Ⓙ それはある。特に初級で見られる現象なんだけど、対話のやりとりがあまりに少なすぎると最後のまとめ的教室活動としての機能をあまり果たさないことになってしまうよね。その際は、教師が話の方向性を導き出す黒子の役割を果たしながら対話を誘導する必要もでてくる。

Ⓟ 後ろからそっと言うべきことを指示していくゆうのやったら、**CLL** みたいやね。

Ⓙ **CLL** も学習者の自主的な表現意欲を支援するタイプの教授法だから、似たところがあるよね。それからね、学習者同士で対話を創り上げていこうとする中では、お互いの意志伝達が日本語により上手く出来ず、いわゆる「**コミュニケーション・ブレイクダウン**」を生じることがあるんだ。そんな時学習者は、自らの発話を繰り返したり言い直したり、又は相手にそれを要求することで、お互いのメッセージを理解し合おうとする。

Ⓟ そら、まさに日常のコミュニケーションでも起こる意味のやりとり現象やね。

Ⓙ そうそう。ただ、それ自体は学習者の言語運用能力の向上に寄与するものなんだけど、お互いの言っていることが全く理解できずにコミュニケーションがそれ以上発展しないと、最後のまとめ的教室活動としての**ロールプレイ**の機能が停止してしまうでしょ。そんな時は、学習者の要請に応じ対話を支える役割を果たすことが、教師には求められる。

Ⓟ それやったら、前もってクラス全体でおおざっぱに話の展開を話し合って共有しておいて、それに沿って創作させといたら、どないやねん？　そしたら、もし、ディスコミュニケーションが起きたとしても、修正もしやすいやろ。もちろん、話の展開を学生と話し合うちゅうのが肝心で、教師が作った筋を押し付けたらあかんのやけどな。

Ⓙ そういうのもありだと思うね。いずれにしても、教師の役割って、**ロールプレイ**ひとつをとってみても、いろいろと変化していくんだなぁって感じるね。

Ⓟ そやな。手を添えて泳ぎ方を教えるのとか、プールサイドからアドバイスするのとかな。ともかく、**コンテクスト**の明確な**ロールプレイ**を、実生活の会話に踏み出す一歩手前の段階できちんとしといたら、ぶっつけ本番でいきなり海に叩き込まれるよりも、スムーズにコミュニケーションできる可能性が高まるとは思えるわな。

6. 各教室活動とコミュニカティブ・アプローチの三つの伝達過程

🅙 これまで「話し方の指導」方法として、様々な教室活動を紹介してきたんだけど、各活動にはそれぞれの役割があるんだ。このことを理解するために、**コミュニカティブ・アプローチ**の理論的な側面に注目して、「**三つの伝達過程**」について紹介しておこう。コミュニカティブ・アプローチとは、他の教授法に比べて特にコミュニケーション能力の向上を目標にした（高橋1995：250）教授法なんだけど、その三つの伝達過程として、「**インフォメーション・ギャップ**」「**選択権**」「**フィードバック**」を挙げている。

> インフォメーション・ギャップ
> 　コミュニケーションを二人で行う場合は、一人はもう一人が知らないことを知っている。この二人のインフォメーション・ギャップを埋めるために、人はコミュニケーションを行う。
>
> 選択権
> 　コミュニケーションする者は、自分が何を言うのか、そしてどのようにそれを伝えるのかについて選びながら、意志を伝達する。
>
> フィードバック
> 　コミュニケーションする者は、自分の意志どおり発言が伝わったかどうか、又相手が自分の意志を理解した上での発言をしているかをチェックしながら会話を進める。

🅙 で、**コミュニカティブ・アプローチ**では、「言語をコミュニケーションのために教える時には、この三つを考慮にいれて授業を行うことが大切である」とされているんだけど、「**機械的ドリル**」「**コンテクストの中の練習**」「**ペアワーク**」「**ロールプレイ**」の各教室活動に、この三つの伝達過程がどう実現されているのかを表にしてみると、次のようになると思う。

	インフォメーション・ギャップ	選択権	フィードバック
機械的ドリル	×	×	×
コンテクストの中の練習	×	×	○
ペアワーク	○	×	○
ロールプレイ	○	△	○

Ⓙ こんなふうに、**機械的ドリル**では、三つの伝達過程全てが満たされていないんだ。まさに、形を作るための教室活動で、本来のコミュニケーションからはかけ離れていることが分かるよね。続いて「**コンテクストの中の練習**」だけど、**インフォメーション・ギャップ**と**選択権**が存在していない。このことは次の例を見てみると明らかになる。

（教師がAを指差して）
教　師：高いですか。
学習者：はい、高いです。

Ⓙ この場合、質問する側に既に答えが分かってしまっているので、**インフォメーション・ギャップ**は存在していないよね。また、

（同じ絵を使って、教師がAを指差して）
教　師：　安いですか。
学習者：　いいえ、安くないです。

Ⓙ この場合、学習者は「いいえ、安くないです。」以外で回答することは、日常生活では可能なんだけど、「**コンテクストの中の練習**」では、ある特定の学習項目を使用する答えを学習者に期待するんだ。例えば、その日の学習項目が形容詞の否定形であれば、「いいえ、安くありません。」が学習者が選択すべき答えであることになる。学習者がその他の形式で答えた場合は、その答えを容認した上で、その日の学習項目を使って答えるよう学習者に指示することになる。そういった意味で、学習者には**選択権**が与えられていないんだ。

Ⓟ その分、学習者の自由は制限される、と。

Ⓙ そうとも言えるだろうね。「**コンテクストの中の練習**」は、ある学習項目の「**言語運用能力**」を少しずつ伸ばしていくための初期の教室活動だから、その項目を使った基本的なコミュニケーションを成立させるために、**インフォメーション・ギャップ**や**選択権**がないという不自然さは止むを得ないんだ。

Ⓟ ふむ、ふむ。

Ⓙ 続く「**ペアワーク**」では、初めて「**インフォメーション・ギャップ**」が満たされることになる。自分が知らないことを相手に聞き、相手が知らないことを相手に教えるという行為はまさに自然なコミュニケーションそのもので、学習者は自分が実際に言語を使っているという実感を得ることが出来るよね。でも、「**選択権**」に関しては、「**コンテクストの中の練習**」で定着を図った項目を使ってコミュニケーションを行うというきまりが存在しているんで、まだ満たされているとはいえない。

Ⓟ なるほど。

Ⓙ 最後の「**ロールプレイ**」では、「**インフォメーション・ギャップ**」及び「**フィードバック**」が満たされている。「**選択権**」に関しては、既習項目をできるだけ使ってロールプレイを作り上げて欲しいという指示と、それを使わなかった場合の事後指導はある。ただ、学習者は基本的に自分たちの発想でロールプレイを作り上げることができるんで、「**ペアワーク**」に比べると、部分的だけど、「**選択権**」は満たされていることになるかな。こんなふうに見てくると、「**機械的ドリル**」「**コンテクストの中の練習**」「**ペアワーク**」「**ロールプレイ**」の順で、だんだん実際のコミュニケーションに近づいていくことが分かるでしょ。

Ⓟ 「千里の道も一歩から」。「三歩進んで、二歩下がる。じ〜んせーは、ワンツーパンチッ♪」。

Ⓙ おい、年の割に古いな。

7.「文脈化」と「個人化」

Ⓟ さっきから何遍も出てきとる「**文脈化**」とか「**個人化**」やけど、この二つがまだ頭の中でゴチャゴチャしとる気ぃするなぁ。

Ⓙ そう？　じゃ。ここで、少し整理してみるね。まず、「**文脈化**」だけど、これは「誰が・誰に向かって・何のために」表現する／しているかを重視しようということ。

Ⓟ もっと具体的に言うてんか。

Ⓙ 例えば、人にアドバイスをするための表現として、「〜たらどうですか？」という文型があるよね。

Ⓟ ああ、それやったら、教えたことあるわ。

Ⓙ 例えば、こんなドリル練習があるとする。

> A：日本で仕事がしたいんです。
> B：じゃあ、〜たらどうですか。

A. スピーキングの指導

Ⓟ ああ、これやったら、「先生に相談したらどうですか。」とか「会社に履歴書を送ってみたらどうですか。」とかを入れて、練習できそうやな。
Ⓙ うん、そうだね。でも、これはどうだろう？

A：お金がないんです。
B：じゃあ、〜たらどうですか。

Ⓟ ありゃ、これはアドバイスしにくいわ。「銀行強盗したらどうですか。」とか「死んだらどうですか。」とかが入りそうやな。こないな答がようけ出てきたら、盛り上がりそうやな。
Ⓙ 盛り上がるのは確かだろうけど、練習としては、大きな問題があるよね。
Ⓟ え？
Ⓙ だって、「お金がないんです。」って言う人って、普通アドバイスを求めてると思う？
Ⓟ あ、そやな。
Ⓙ 「銀行強盗したらどうですか。」とか「死んだらどうですか。」とか、実際に言われたら、どう思うだろ？
Ⓟ 嫌やろな。金をくれるのが一番嬉しいやろな、その人にとっては。
Ⓙ だろう？「お金がないんです。」という発話に対する答として、実際の対話で出てきそうなのは、「やだ、貸してあげないよ。」というつれない返事とか、「ああ、それは大変ですねぇ。」という同情の言葉とかだと思う。
Ⓟ そやな。
Ⓙ ということは、「〜たらどうですか。」という文型を練習するためには、「お金がないんです。」という文脈は相応しくない、ということになる。
Ⓟ ああ、分かってきたでぇ。練習の準備をする段階で、「この表現は、この文脈で自然に使えるだろうか」を、教師はちゃんと考えとかないかん、ちゅうことやな、「**文脈化**」ゆうのは。
Ⓙ そうだね。
Ⓟ そんなら、もう一つの「**個人化**」は？
Ⓙ 学習者が「自分」について語ったり書いたりするのを重視しようということ。
Ⓟ 具体的には？
Ⓙ さっき、ペアワークのところで、「〜たことがある」を「自分の事実に基づいて」話し合う練習があったでしょ。あれがそうだよ。
Ⓟ そうか。ま、確かに、学習者が「自分」について語っとったな。それやったら、同じ文型を使って「あなたは、遅刻したことがありますか？」なんかは、どうやろ？　遅刻常習犯がい

たりすると、けっこう盛り上がりそうやな。

🅙 その場合は、遅刻常習犯を最後にあてるのが大切だろうね。

🅟 他の例は？

🅙 他にもね、「反実仮想と仮定」「可能形」「〜てみる」等の文型で、次のような形で「自分」を語ることができると思うよ。

反実仮想と仮定
・あなたが自分の国の首相や大統領だったら、何がしたいですか。
・日本語がもっと上手に話せたら、何がしたいですか。

可能形
・日本に来た時はできなかったけれど、今できることは何ですか。

〜てみる
・日本にいる間に、やってみたいことは何ですか。
・してみたかったけど、できなかったことは何ですか。

🅟 これやったら、いろいろ話したくなるなあ。「文脈化」の方には、もっと具体例はないんかな。

🅙 さっき、「**文脈化**」とは「誰が・誰に向かって・何のために」表現する／しているかを重視することって言ったよね。

🅟 そや。

🅙 同じ表現が使える文脈でも、「誰が・誰に向かって・何のために」その表現を使うかによって、談話の展開は大きく違ったものになってくる。

🅟 もうちょっと具体的に頼むわ。

🅙 例えば、「申し訳ないんですが、〜ていただけないでしょうか。」という依頼表現を例にとって考えてみよう。次の二つの、例を見てみて。

（デパートの店員に、買ったものの取り替えを依頼する）
　　申し訳ないんですが、もう少し大きいのと取り替えていただけないでしょうか。

（隣人に、留守中の花（ペット）の世話を依頼する）
　　申し訳ないんですが、留守の間、花に水をやっていただけないでしょうか。

A. スピーキングの指導

Ⓟ どちらも、自然な感じがするんやけど。

Ⓙ それはそうだけど、依頼された側が、依頼を断ることができるどうかについては違うよね。

Ⓟ 確かに、上の例だと、取り替えは当然やけど、下の例だと、「なんで自分がそんなこと頼まれなアカンのや？」という反応もありそうやな。

Ⓙ そう。つまり、依頼の「当然性」が、上の例では高く、下の例では低いということになる。で、それぞれの、談話の展開を考えてみると、こんな感じになるんじゃないだろうか？

「当然性」が高い場面の依頼表現

　　呼びかけ → 反応確認 → 事情説明 → 依頼 → 謝礼

「当然性」が低い場面の依頼表現

　　呼びかけ → 反応確認 → 依頼可能性確認→ 反応確認→ 事情説明 →
　　反応確認／受け答え／事情説明 → 依頼（→ フォロー）→ 謝礼（→ フォロー）

Ⓟ そやな。「当然性」の高低によって、談話の流れは確かに違うてくるな。当然性が低い場合は、依頼までの道のりが長うなったり、依頼の後のお礼も丁寧になったりするんやな。

Ⓙ こういう談話の流れまでも意識して、「申し訳ないんですが、〜ていただけないでしょうか。」の練習をすれば、その表現をどういう時にどんな流れの中で使えばいいのかを、学習者が身につけることができるでしょ。

Ⓟ そやな。でも、これ、「いっぺんに全部考えて言え！」ちゅうのは、難しそうやな。

Ⓙ 確かにね。だから、まずは、談話の流れを説明して、学習者に自分で談話を作文させた上で、それを口頭練習する、というやり方がいいだろうね。

Ⓟ それやったら、できそうやな。

Ⓙ ボクの学習者2名（日本語学習歴 16ケ月）が、実際に作った談話があるから、ちょっと見てみて。

「当然性」が高い場面の依頼表現

　　A：あの、すみません。
　　B：はい、なんですか。
　　A：あのじつは、きてみたらちいさかったんですが、もうすこしおおきいのと、とりかえていただきませんか。
　　B：はい、わかりました。すこしおまちください。さがしてまいります。
　　A：ありがとうございます。

<u>「当然性」が低い場面の依頼表現</u>

　　A：あの、私来しゅうから日本へ日本語を勉強しに行くんですが。
　　B：ああ、そうですね。おめでとう…！
　　A：ありがとう。でも、私のカメ二ひきは日本へ行けないです。
　　B：ああ、それはこまりましたね。
　　A：ええと、あなたも魚の世話をしていましたよね。
　　B：はい。そうですね。
　　A：すみませんが、私のカメもいっしょに世話をしていただけないでしょうか。
　　B：はい、いいですよ。おカメの名前は何ですか。
　　A：男のカメは「オスカル」です。女のカメの名前は「モンツェ」です。
　　B：いい名前ですね。まかせてください。
　　A：どうもありがとうございます。じゃ、まった。
　　B：はい、まったね。

Ⓟ いくつか誤りはあるけど、クリエイティブやなぁ。
Ⓙ そうだね。当然性が低い場面の依頼表現の談話を書いた学習者は、実は、無類のペット好きだったんだ。この学習者にとっては、またとない「**自己表現**」の場でもあったというわけ。
Ⓟ 「**文脈化**」と「**個人化**」が見事に融合した例、ちゅうわけやな。
Ⓙ そうだね。
Ⓟ 「**文脈化**」と「**個人化**」の大切さ、身にしみて分かってきたわ。

8. 自己表現活動

Ⓟ ところで、その「**個人化**」について、ずっと気にかかってることがあるんやけど…。
Ⓙ ほほう。それは一体どういうふうに？
Ⓟ 「**個人化**」は、つまり学習者の「**自己表現**」の機会を与える工夫、っちゅう理解でいいんかいな？
Ⓙ うん、それでいいと思うよ。
Ⓟ そやけど、「自己表現」ゆうたら、目立つパフォーマンスを見せて、人にアピールすることみたいやな。
Ⓙ ここで言う「**自己表現**」は、そんなものじゃなくて、学習者が「自分の思いや考えを伝えること（田中・田中2003：8）」だよ。

Ⓟ ははあ、分かったで。愛の告白のことやな。それやったら、確かに学習意欲は増すわな。「ワタシの切ないこの気持ち、言葉に乗せてお伝えします」となると、これは一生懸命になるやろな。

Ⓙ まあ、それも自己表現には違いないんだろうけど、「**自己表現**」てのはもっと広い意味で、「自分の知っていることや考えていること、あるいは気持ちを他者に表現すること」なんだよ。

Ⓟ そうなると、なんや大変そうやな。「世界平和や地球環境についての意見を述べよ」なんて言われても、簡単には言えそうにないで。母語でも難しそうなんやから、外国語でとなると、シャレにならんで。

Ⓙ そう考えると、確かに辛いよね。このことに関して、金谷（2002：8-9）が、こんなふうに言ってるよ。

生徒の自己表現がうまくいかなかったり生徒に自己表現活動をさせるのに気が進まなかったりするには、いくつかの理由が考えられる。（中略）まず一番大きな原因（ハードル）は、自己表現の「自己」をとても大げさに考えていることではないかと思う。（中略）われわれは毎日、いろいろ考えたり、さまざまな意見を述べたりする。しかし、それはいつも大きなことについてではない。生きる悩みのことだったり、将来の夢であったりするものではない。また、世界平和や地球環境についての意見を述べることもそう頻繁ではないはずである。日頃、あまりやらないことをやらせようとすれば、難しいのは当たり前だろう。ましてや、その難しいことを（英語という）外国語でやらせようというのであるから、さらに難しくなる。（中略）自己表現を「自分自身をさらけ出すこと」と考えているとすれば、まずその考えを捨てた方がよい。しかも、表現するトピックはいつも人生の大問題などを述べさせないといけないという考え方もいっしょに捨てた方がよいだろう。その代わりに、もっと小さなことがらについて表現させるように心がければよいだろう。例えば、「昼にカレーを食べようと思うのだが、もしかしてうちの夕飯もカレーかもしれない。昼は避けておいた方がいいか」であるとか、「眠いのだが、宿題を終えてから眠った方がよいか、すぐに寝て朝早くおきて宿題をした方がよいか」などという「問題」である。こうした小問題から始めれば、そんなに表現活動をさせることに気が重くなることはないだろう。

Ⓟ なぁるほど。「もっと身近なもんから、始めんかい！」ゆうことやな。でもな、金谷が言っているのは、「何について自己表現するか」なんやろ？

Ⓙ そうだね。

Ⓟ 自己表現をさせる時に気をつけないかんのは、それだけなんやろか。
Ⓙ 田中・田中（2003：11-15）は、**自己表現**を中心とした授業には、四つの特徴があるって言ってるよ。

> ・自分の考えや思いがある
>   自己表現活動では、これまで経験したことや自分で調べた情報をもとに、意見や考え・感情を表現することが求められる。自分の事柄に関連したメッセージを自分でつくりだして、伝える活動が自己表現活動である。
> ・目的達成の手段としての言語活動がある
>   ことばは相手に考えや思いを伝えるための手段である。言語活動もまた、話しての思いを相手に伝えたり、聞き手が相手の思いを受け入れたりする練習の場である。言語活動そのものは手段の一つであり、その先に自己表現という目的がある。
> ・他者との関わりがある
>   自己表現活動には、聞き手や読み手、すなわち、他者との関わりがある。自己表現活動には、他者、すなわち、メッセージの受け手が存在し、メッセージを伝えたいというコミュニケーションの意識が自然に働いてくる。
> ・自己との関わりがある
>   自己表現活動では、まず、自分の力で伝える内容を考えてみることになる。そして、自分に関連する事柄を他者に対して表現してみることにより、客観的に自分のことを振り返ることになる。つまり、他者からの気づきだけでなく、表現する者の内なる気づきを促すことになる。自分自身と表現内容を心理的・認知的に深いレベルで結びつけることになる。

Ⓟ なんや、話がややこしゅうなってきた気がすんなぁ。
Ⓙ 田中・田中（2003：12）は、この四つの特徴を、こんな図で表してるよ。

A. スピーキングの指導

- ⓟ イメージは、なんとなく湧くんやけど、具体例が欲しいわなぁ。
- ⓙ 分かった、分かった。「自己表現したい！」と学習者に感じさせるためには、四つのポイントがあると、田中・田中（2003：29）が言ってるよ。

・必然性を高める
・具体性を高める
・自己関連性を高める
・自由度を高める

- ⓟ これ、ひとつひとつ、説明してや。まずは「**必然性**を高める」から。
- ⓙ うん。これは、簡単に言うと、「どんな場面・状況で、誰に対して、何の目的で伝えるかをはっきりさせる」ということ。
- ⓟ ほう。「**文脈化**」と同じようなもんやな。
- ⓙ 例えばね、こんな練習を想像してみて。

言葉を入れて文を完成させなさい。
　　＿＿＿＿＿＿＿＿＿＿＿＿＿＿た方がいいです。

- ⓟ こんなん言われても、困るなぁ。「した方がいいこと」は、場面・状況によって違うやろし、アドバイスできることって相手によっても違うやろし、しかも目的によってアドバイスする内容も違ってくるやろし。
- ⓙ そうだよね、この練習をこんなふうにしてみると、どうなる？

日本の友だちが、来週あなたの国に行くことになりました。友だちは、きれいなところと買い物が大好きです。友だちにアドバイスをしてください。
　　＿＿＿＿＿＿＿＿＿＿＿＿＿＿た方がいいです。
　　＿＿＿＿＿＿＿＿＿＿＿＿＿＿た方がいいです。
　　＿＿＿＿＿＿＿＿＿＿＿＿＿＿た方がいいです。
　　＿＿＿＿＿＿＿＿＿＿＿＿＿＿た方がいいです。

- ⓟ うん。これやったら、色々言いとうなるな。イメージしやすい。ほな、次。「**具体性**を高める」や。

Ⓙ さっき「**必然性**を高める」で見た「どんな場面・状況で、誰に対して、何の目的で伝えるかをはっきりさせる」ことも、「**具体性**を高める」ことにつながるよね。

Ⓟ そやな。活動内容がイメージしやすうなるという点ではそうやろな。

Ⓙ それに加えて、学習者が持っている「**背景知識**」を活性化すると、より具体性が高まるんだよ。

Ⓟ どういうことや？

Ⓙ 例えばね、こんな練習を想像してみて。

> 夏休みの思い出を、自由に話しましょう。

Ⓟ この練習、英語習（なろ）てるときに実際にやってみたことあるで。けっこう難しかったわ。

Ⓙ なんで難しかったの？

Ⓟ 夏休みに何があったか、よう思いだされへんかったし…。あ、そうか、「**背景知識の活性化**」いうのは、「まずは何があったかを思い出してみよう、そうしてそれを整理してみると、話しやすい」ゆう作戦なんやな。

Ⓙ ま、そんなとこ。

Ⓟ でもどないしたら、思い出したり、それを整理したりできるんやろ？

Ⓙ ブレーンストーミングが、いいんじゃないかな。思い出として出てくるものをどんどん書き留めて、それを線でつないでみると、思い出したものの関係が見えてくるでしょ。その関係が、「思い出の整理」にもなると思うし。

Ⓟ ほうほう。

Ⓙ あとは、それをどういうふうに話すか／書くかという構成を考えることも、活動を具体的にすることにつながるよね。

Ⓟ ようし、これで二つは征服や。次は、「**自己関連性**を高める」やな。分かりやすう教えてたもれ。

Ⓙ これは、「話す内容をできるだけ、学習者に関連性の高いものにする」ってこと。例えばね、こんな練習を想像してみて。

> カッコ内の語を、文に合うように形を変えて入れなさい。
> 　　私は昨日＿＿＿＿＿、＿＿＿＿＿、＿＿＿＿＿＿＿＿＿、寝ました。
> 　　　　（本を読む）　（勉強する）　（テレビを観る）

A. スピーキングの指導

- ⓟ これ、たぶんテ形の練習なんやな。でも、ワシは昨日、勉強もせんかったし、テレビも観いへんかったで。これはワシのスケジュールやない。
- Ⓙ そうそう。これが、**自己関連性**が低い例。関連性を高くするには、こんなふうにしたらいいかな。

> 昨日の夜、学校から帰ってから寝るまでにしたことを、言ってください。

- ⓟ なるほどな。これやったら、「ホントの自分」のスケジュールについて話すことができるわな。
- Ⓙ もちろん、学習者が言おうとすることが、すごく難しいことだったりすることも出てくるかもしれないけど、「**自己関連性を高く保つ**」というのは、こういうことなんだ。
- ⓟ こちらは「**個人化**」と似たところあるな。他には方法はないんかいな。
- Ⓙ 高島（2000：153）の、こんな活動はどう？

> ・結婚相手を選ぶ時の条件を、あなたにとっての重要な順番に並べてください。
>   （　）ルックス　　（　）誠実さ　　（　）お金　　（　）健康
> ・ペアでお互いの意見を言い合いましょう（比較級を使って）。

- ⓟ こりゃ、ええわ。意見が割れそうやな、ペアの間で。
- Ⓙ うん。でもこれって、「自分の意見のぶつかり合い」って感じでしょ。「**自己関連性**」という点から考えると、とても高いってことになる。
- ⓟ そやな。ほんじゃ、最後の「**自由度を高める**」はどないや。
- Ⓙ 学習者が自分の意思や判断で主体的に表現をしていくのが、**自由度**が高い活動ということになる。
- ⓟ 自由に言いたい放題言うことイコール「自由度が高い」ということなんかい？
- Ⓙ 一言で言うなら、そう言えるかもね。
- ⓟ そんな「自分が言いたいことを自主的に言える学習者」って、あんましおらへんような気がするんやけど、特に初級の場合。
- Ⓙ 確かにそうだよね。そんな時は、(1)「モデルを見せて、始めはその真似をさせて、だんだん自分でアレンジするように勧める」とか (2)「選択肢を与え学習者の判断で選ばせる」という形で、課題に対しての**自己関連性**を高める、なんかの方法がいいかと思うよ（田中・田中2003：69）。

Ⓟ ようし、これで完璧や。

Ⓙ 田中・田中（2003：70-71）は、この四つのポイントについて、こんなふうにまとめてるよ。

> 必然性とは、生徒が自然に表現したいと思うような場面や状況を作り出すことです。具体性とは、生徒に活動内容を具体的にイメージさせて活動に取り組ませることです。自己関連性とは、生徒自身のことや身近で関連のある事柄を扱うことです。自由度とは、生徒自身の意思や判断によって自由に表現させることです。これらのポイントを押さえ活動に工夫を加えることによって、画一的で拘束的な言語活動に息を吹き込み、創造的で個性的な自己表現活動に変えることができます。

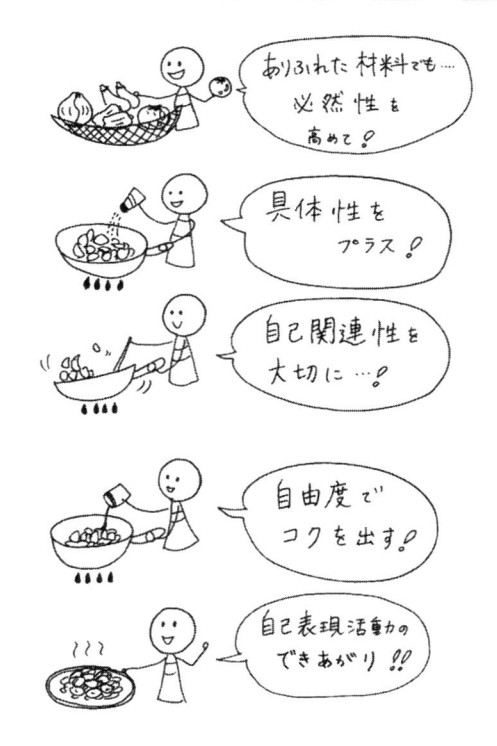

（イラスト：
- ありふれた材料でも…必然性を高めて！
- 具体性をプラス！
- 自己関連性を大切に…！
- 自由度でコクを出す！
- 自己表現活動のできあがり!!）

Ⓟ 調理次第で、おいしい料理の出来上がり！っちゅうわけやな。

9. タスク活動

- ⓟ そういえば、スピーキングの指導っていうとよく出てくる「**タスク活動**」ってやつについては、まだ見てないやろ？
- ⓙ そうだね。これまで見てきた「**機械的ドリル**」「**コンテクストの中の練習**」「**ペアワーク**」「**ロールプレイ**」の流れで、学習者のコミュニケーション能力を伸ばすことができるんだけど、この流れの後半部分に「**タスク活動**」を組み込むことも可能なんだ。
- ⓟ 「**タスク活動**」て、どんなふうに定義されてるんやろ？
- ⓙ 岡崎・岡崎（1990：296）は、「設定された課題の達成に向けて言語が使用される、コミュニカティブ・アプローチでよく使われる活動タイプ」って、鈴木（2000：254）は、「実際に行なわれているコミュニケーションの実体に近づけた教室活動を設定し、その課題を遂行するためにその言語を使用する過程を通して言語を学習するもの」って、定義してるよ。
- ⓟ ふうん。で、具体的にはどないなことすんねん？
- ⓙ 具体例として、坂本・大塚（2002：58-59）で紹介されている、可能表現の応用練習を見てみよう。「なるべく可能形を使わせるための、現実的な練習」として、こんなものを挙げてるよ。

教師の説明

Aさんは学生で、今、アルバイトを探しています。Bさんはアルバイトを紹介する仕事をしている人です。可能形をたくさん使って、AさんはBさんからいいアルバイトを紹介してもらってください。

（例）
- A：あのう、今、アルバイトを探しているんですけど。
- B：そうですか。あなたは、どんなことができますか。
- A：わたしは中華料理が上手に作れます。
- B：中華料理ですか。自転車にも上手に乗れますか。
- A：はい。それから、車の運転もできます。
- B：中国語も話せますか。
- A：はい、中国語も韓国語も話せます。ちょっとだけなら英語もわかります。
- B：そうですか。毎晩6時から12時まで働けますか。
- A：6時間ですね。はい、働けます。時給はいくらぐらいですか。

> B：時給は900円ぐらいです。
> A：そうですか。どこかいいところがありますか。
> B：近くに最近できた中国料理のお店がありますから、そこを紹介しましょう。
> A：そうですか。どうもありがとうございます。

Ⓟ 確かに可能形をたくさん使(つこ)てるなぁ。

Ⓙ そうだね。「中国料理店のアルバイト以外にも、ピアノの先生、スーパーの店員、観光ガイド、家庭教師、ウェイター、ウェイトレス、引っ越し屋さん、花屋さんや酒屋さんの店員など、ある技能を必要とする仕事をたくさん揃えておくといい(坂本・大塚2002：59)」んだって。ほかにも、こんな例が挙げられてるよ。

(可能表現を用いる応用練習の例)
・みんなでキャンプに行って、仕事を分担する
　　(魚釣りが上手にできる、包丁が上手に使える、カレーライスが作れる、テントが張れる、テントがたためる、など)
・旅行会社の人と話し合って、海外旅行の計画を立てる
　　(行きたい日の航空券が取れる、レンタカーが借りられる、レンタカーに6人乗れる、日本料理が食べられる、ホテルに安く泊まれる、ホテルのバーでお酒が飲める、ホテル内に、または近くにクラブがあって踊れる、プールで泳げる、近くでいろいろなお土産が買える、など)
・飲み会の交渉をお店の人と行って、会場を決める
　　(座敷がとれる、カラオケが使える、ビールは何本でも飲める、部屋に15人ほど入れる、いろいろな料理が食べられる、一人3,000円でできる、など)

Ⓟ ははぁ。「みんなでキャンプに行って、仕事を分担する」「旅行会社の人と話し合って、海外旅行の計画を立てる」「飲み会の交渉をお店の人と行って、会場を決める」という課題を達成しようとするためには、可能形をようけ使わんとならんゆうわけや。

Ⓙ そうそう。それが「**タスク活動**」ってやつ。学習項目によって、いろんなタスクが考えられそうだね。

Ⓟ それ、いま全部教えて。

Ⓙ そんな奴は、「**自己研修型教師**」にはなれないの！　自分で考えなさい、自分で!!

1) bの学習者の誤りへ憂慮については、下巻第3章の「否定的フィードバック」の項で、dの学習者ビリーフスについても、同章の「学習者のバラエティ」の項で取り上げる。
2) 学習者共通の言語として、英語を想定したペアワーク・シートである。
3) 学習者と教師に共通の媒介語がある場合は、媒介語による指示も可能である（特に初級の場合は、媒介語使用の必要性が増す）。
4) 教科書に載っている基本対話などをそのまま再現発表するような形態は、ここではロールプレイに入れていない。この形態を効果的に行なうための工夫について詳しくは、金谷（2002：37-47）を参照。

第3章　日本語の授業の実際（4技能の指導：理論と実践）

B. リスニングの指導

1. リスニングは難しいのだろうか？

Ⓙ じゃ、今度は「リスニング」、外国語を聞いて理解する活動の話に移ろう。
Ⓟ 実はな、ワシ、リスニングはめっちゃ苦手やねん。
Ⓙ へえ〜、そうなんだ。
Ⓟ 外国語もいろいろ勉強したんやけどな、「速すぎて聞き取れない」「ひとつのことばに引っかかると次が分からなくなる」「何回聞いても分からないから、書いてもらったら簡単な文だった」なんてことがようあってな、どうも自信が持てんわ。
Ⓙ なるほど。じゃ、そういう苦手意識を克服するために、「リスニング」って一体何を指しているのかいろいろと調べてみようよ。まず、佐野他（1988：25-28）が、**リスニング**の特徴を次のようにまとめているよ。

a. 積極的な活動である（聞き手が音声を積極的に解釈し、文脈や言語外の知識に基づいて、いわばメッセージを自分の頭の中で再構成する過程である）。具体的な過程は以下の通りである。
   1. 音声を聞き分ける。
   2. 連続している音声を区切って単位にまとめる。
   3. まとめたものに意味を与える（その際、語彙・文構造・外界に関する知識が動員される）。
   4. 1〜3によって出来上がった単位（まとまり）の解釈が、その前後の単位（まとまり）の解釈と矛盾しないかを検証する。
   5. 検証したものを、短期記憶に貯える。
b. 目的を持った活動である（必要な情報を選択して聞き取る活動である）。
c. 一定時間内に聞き取れる情報量には限界がある。

Ⓟ ははん、**リスニング**は「積極的な活動である」と。つまり、「ボーっと耳に入れる活動」やないゆうことやな。ワシも、もうちっと気ぃ入れて聞かんとあかんかったかな。
Ⓙ リスニングにこんな特徴があることを頭に入れていれば、どのような**リスニング**活動を選択しようか考えるときに、役に立ちそうだね。

2. リスニング活動の種類

- ⓟ ほな、**リスニング**活動て、どんなもんがあるんかな？
- Ⓙ そうだね、樋口（1996：64-65）は、こんなものを挙げているよ。

a. 識別
　　聞こえた音／単語／数字／内容と一致するものを選ぶ活動
b. 整序
　　聞こえてくる内容にしたがって、絵や図を適切な順に並べる活動
c. 絵・図表などの作成
　　聞こえた情報を絵・図表・グラフなどで表す活動
d. ディクテーション
　　文章全体や部分を書き取らせる活動
e. スキャニング
　　（質問などによって）ある特定の情報のみを聞き取らせる活動
f. 要約／スキミング／パラフレーズ
　　全体的な理解を確認するために、ストーリーなどを聞いた後、その概要を書かせたり、自分のことばで言い換えさせたりする高度な作業
g. Note-taking
　　講義形式の目標言語を聞いて、ノートをとる要領で全体の内容を把握させる高度な作業
h. 予測
　　話を聞いて、その続きや結果・原因を考えさせる作業

- ⓟ へえ〜、いろいろとあるもんやな。
- Ⓙ うん、そうなんだ。でね、気づいてほしいのは、「d．ディクテーション」以外は、入ってくる音声情報の全てを捉えられなくても可能な活動だという点なんだけど、どう？
- ⓟ おお、なるほど！　あ、これって、さっき見た**リスニング**の特徴、「b．目的を持った活動である」と「c．一定時間内に聞き取れる情報量には限界がある」と関係がありそうやな。
- Ⓙ そうそう。「リスニングが目的を持った活動で、聞き取れる情報量に限界がある」という特徴があるから、**リスニング**活動にもその特徴を反映させて、「ある特定の情報を得るために聞く」「それ以外、関係のない情報は聞き流す」練習をしようとしているんだ。
- ⓟ なあるほど。「積極的」ってゆうのは、全部聞きつくすことだけやなくて、要らんもんは

「聞き流す」ゆうことも含まれるんやな。
- Ⓙ キミもさっき言ってたけど、「ある分からない言葉が出てきて、それが気になって仕方がなくなり、最終的に全体的意味が分からなくなった」ことや「長い講演の全てを聞き取ろうとして、途中で疲れてきて、最後まで持たなかった」ことってよくあると思う。それはどうも「目的がはっきりしないで、なんとなく聞いていた」ことや「自分の許容量以上の情報を聞き取ろうとしていたこと」が原因のように思えるんだ。
- Ⓟ あ、それは、ワシも同じや。なるほど、そうやったん。
- Ⓙ 授業中に「ある特定の情報を得るために聞く」「それ以外、関係のない情報は聞き流す」という練習をしていけば、効果的な聴解技能が身につくんじゃないかと思うんだ。

3. リスニング教材について

- Ⓟ リスニングのために使える教材って、どんなもんがあるん？
- Ⓙ 具体的な教材については後で紹介するんで、まずは理論面の話をしておこう。「**リスニング**とは音声情報を聞き取る活動」だと考えると、次の3種類が**リスニング**教材として考えられそうだよね。

・声（教師の教室での発話など）
・テープ／ MD ／ CD
・ビデオテープ／ Laser Disc ／ DVD

- Ⓟ まぁ、そんなとこやろなぁ。
- Ⓙ この中の「声」については、「**ティーチャー・トーク**」として後で考えていくことにするんで、まず「テープ／ MD ／ CD」や「ビデオテープ／ Laser Disc ／ DVD」の使い方について調べてみると、樋口（1996：64）では、これらの教材を使用する際に共通して重要な点として、まずは「学習者を考慮した教材の選択が必須」だと主張してる。
- Ⓟ 具体的には？
- Ⓙ 具体的には、こんなことだよ。

・学習者と教材のレベルがバランスが取れているか（難しすぎないか、やさしすぎないか）。
・学習者の知的レベルに合っていて、興味を示す内容であるか（子供じみていないか、子供にふさわしい内容であるかなど）。

・速度・ノイズの有無・余剰性・自然度などが学習者のレベルを考慮したものであるか（初級の学習者に難しすぎるものを与えていないかなど）。

Ⓙ さっきの佐野（1988：25-28）の中で「**リスニング**の際には、知識が動員される」という記述があったけど、このことを思い出してほしいんだよね。

Ⓟ はい、思い出しました。

Ⓙ 安易に速いね、どうも。で、「知識が動員される」というのが正しいとすると、「動員しようのないものは動員できない」、ということになるでしょ？　ということは、「知らないと聞けないものがある」ということになる。つまり、上級の学習者でも知らないことは聞き取れない、ということを踏まえたうえで、教材の内容を考える必要があるということなんだよね。

Ⓟ そう言えば、アメフトの話、英語で聞いて、ほとんど分からんかったことがあるわ。

Ⓙ だから、ヨーロッパの学習者には野球の話は聞き取れないかもしれないし…。

Ⓟ 「水戸黄門」、見たことがなかったら、「ココニオワスオカタヲドナタトココロエル」って、なんのこっちゃ分からんゆうことやな。

Ⓙ 例えが古いね。ま、そのとおりだけど。で、樋口はその他にも、こんなことも言ってるよ。

・リスニング活動の目的の明確化が必須
　　そのリスニング活動は「音声の聞き取り」なのか、それとも「内容の聞き取り」なのかを明らかにする。そして、内容の聞き取りならば、「概要の聞き取り（スキミング）」と「特定の情報の聞き取り（スキャニング）」のどちらなのかを明らかにする。
・上述の「リスニング活動の種類a〜h」の反応様式を、学習者に明確に提示することが必須
　　そのリスニング活動で何を要求されているか、すなわち答え方を、学習者自身が認識しておく必要がある。

Ⓟ ところで、**リスニング**教材って、ときどき不自然にゆっくり、はっきり発音してるのない？

Ⓙ そうだね。ニュースの朗読みたいな会話も不自然だけど、初級の学習者の場合に、速いことばでまくし立てられると圧倒されてしまうし、難しいところだね。初級学習者へのスピードの調整について、岡崎他（1992：120）は次のように言っているんだ。

・全体的に遅くするのは、逆効果。
・意味の塊は自然な速さで、塊と塊の間で多少ポーズを長めにおいたものを使うのが効果的。
・教材としては、ポーズが長めのものと自然な速さに近いものの2種類用意して、学習者を速

さに慣れさせていく形を取るとよい。

- ⓟ 自然なスピードは保ったまま、ポーズで調整と。
- Ⓙ そうだね。これは、教師の話し方にとっても、役に立つことだよね。で、テープを**リスニング**教材として使用する時のポイントに戻ると、Harmer（2001：164-166）が次のようにまとめているよ。

- ・テープレコーダーのチェック
    - ・スピーカーの質
    - ・モーターのスピード（聞き取るテープの速さを調節する機能があるか、ある場合は、それがきちんと機能するか）
    - ・パワー（教室内どこにいても聞き取れるだけの音量があるか）
    - ・テープ・カウンターの使いやすさ
- ・テープのチェック
    - ・音質
    - ・伸びていないか

- ⓟ テープの代わりに MD や CD を使うこともあるやろ、最近は。MD や CD は、音質が劣化しにくいから、テープ教材はそのうち使われへんくなるんかなぁ。
- Ⓙ 一概にそうとも言えないね。確かに、MD や CD は、設定がきちんとしていれば、いわゆる「頭出し」が簡単にできるという点は便利だよね。例えば長い講演の途中の一部をあちこち聞かせたいような場合は、前もって準備や設定をしっかりしておけば、テープのように早送りの時間をとったりしないで聞きたいところが出せるからね。でも、同じところを何回も繰り返して聞くとか、ちょっとだけ進めたり戻したりして聞くという場合には、テープのほうが現在のところはやりやすいよね。練習の目的によって使い分ければ、いいと思う。
- ⓟ 「テープ／MD／CD」やなくて、「ビデオテープ／Laser Disc／DVD」を使うときのポイントは？
- Ⓙ これについても、Harmer（2001：274）が次のようにまとめているよ。

- ・モニターの大きさと位置
- ・スピーカーの音質と音量
- ・その他の機能があるかどうかの確認

- リモコン
- 高速巻き戻し
- 鮮明なストップモーション機能

Ⓟ ビデオみたいな視覚教材を使うと、授業時間が「ビデオ鑑賞」になってしもて、リスニング活動としての機能を果たさへんなんてこともあるやろ。あれ、どないしたらええんやろなぁ。

Ⓙ そういうこと、あるよね。そこで、Harmer (2001 : 176-177)は、「テレビ番組を見るように、ビデオをぼんやりと見てしまうことを避ける具体的方法」について、次のように言ってるんだ。どれもいいアイデアだから、頭に入れておくといいと思うよ。

a. 音声無しでビデオを見せる
　1．登場人物が実際に何を言っているのか推測する。
　2．推測がすんだら、ビデオを巻き戻し、音声付きで見せ、推測が正しかったかを確認する。
b. 映像を隠して、音声だけを聞かせる
　1．学習者に音声を聞かせ、登場人物がどこにいて、どのような外見で、どのような状況が進行しているのか推測させる。
　2．推測がすんだ時点で、今度は映像を見せながら音声を聞かせ、推測が正しかったか確認させる。
c. 映像を一時停止する
　a．一時停止ボタンを押し、次に何が起こるのか尋ねる。
　b．学習者が予測できるかを確認する。
d. クラスを半分に分ける
　a．半分の学習者は画面を見て、残りの半分は画面に背を向ける。
　b．「画面」グループが、「背」グループに、映像について説明する。

4. リスニング教材の具体例

Ⓙ じゃあ、そろそろ具体的な**リスニング**教材に行こうか。
Ⓟ よっしゃ、待ってました！
Ⓙ 目的別に見ていこうね。まずは「語彙」の**聞き取り練習**として、こんなものがあるよ。

3. a. You will hear a policeman questioning a witness about a suspect.
   Listen to the tape and complete the chart.

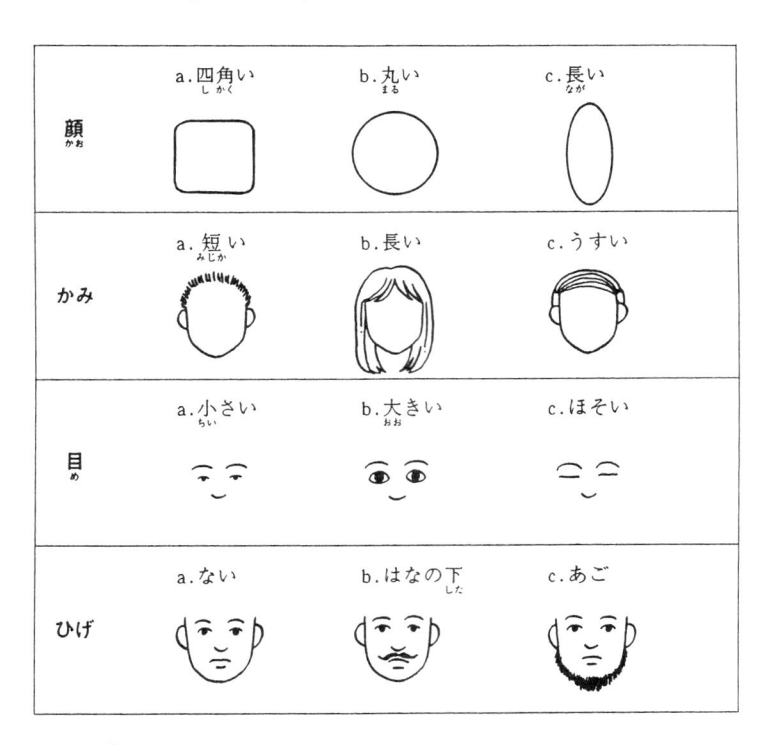

	a. 四角い しかく	b. 丸い まる	c. 長い なが
顔 かお	□	○	⬭

	a. 短い みじか	b. 長い なが	c. うすい
かみ			

	a. 小さい ちい	b. 大きい おお	c. ほそい
目 め			

	a. ない	b. はなの下 した	c. あご
ひげ			

ひげ　moustache, beard, whiskers

	example	1	2	3
顔	b			
かみ	b			
目	a			
ひげ	a			

『Situational Functional Japanese Volume Two : Drills』p.23 より転載

〔聞き取る内容〕

A：警官　B：目撃者

例

　　A：どんな男でしたか。
　　B：あのう、顔が丸くて、髪が長くて、目が小さい人でした。
　　A：ひげは。
　　B：ありませんでした。.

1.
　　A：どんな男でしたか。
　　B：えっと、顔が長くて、髪が短くて、目が細い人でした。あっ、それから鼻の下にひげがありました。

2.
　　A：どんな男でしたか。
　　B：顔が四角くて、髪が薄くて、目が小さい人でした。
　　A：ひげは。
　　B：あごにありました。

3.
　　A：どんな男でしたか。
　　B：顔が丸くて、髪が短くて、目が細い人でした。
　　A：ひげは。
　　B：ありませんでした。

- Ⓟ は、「犯人探し」なんやね。
- Ⓙ そう。でも、大切なのは、身体の特徴を表す語彙が聞き取れるかどうかということ。必要な部分以外は、聞き流す練習にもなってるでしょ？
- Ⓟ なるほど。他にはどんなんがあるん？
- Ⓙ 「文法」の**聞き取り練習**もあるよ。例えば、こんなの。

第3章　日本語の授業の実際（4技能の指導：理論と実践）

へやでお茶をのみました　21
―「で」「に」―

テープを聞いてから、aかbかえらんでください。そのあとでたしかめてください。
Listen to the tape and circle the appropriate answer: a or b. Then listen again to check your answers.
听完录音后，请从 a，b 中选择正确答案，然后检查答案。
聽完錄音帶後，請從 a，b 中選擇正確的答案。然後檢查是否正確。
테이프를 듣고, a 나 b를 고르시오. 그 후 확인하시오.

例　a．います。
　　b．おちゃをのみました。

練習

1．a．います。
　　b．べんきょうします。

2．a．います。
　　b．べんきょうします。

3．a．いてください。
　　b．たべてください。

4．a．います。
　　b．まちます。

5．a．のります。
　　b．本をよみます。

6．a．はいってください。
　　b．まってください。

7．a．ありますよ。
　　b．してください。

8．a．よんでください。
　　b．かいてください。

9．a．のります。
　　b．きます。

10．a．あります。
　　b．かりました。

『わくわく文法リスニング 99 ワークシート』p.41 より転載

〔聞き取る内容〕

テープを聞いてから、aかbか選んでください。その後で確かめてください。

例

　　田中さんは部屋で▼

　　田中さんは部屋でお茶を飲みました。

152

練習
1. あしたは図書館で▼
   あしたは図書館で勉強します。
2. サリーさんは教室に▼
   サリーさんは教室にいます。
3. 大学の食堂に▼
   大学の食堂にいてください。
4. 事務室の前で▼
   事務室の前で待ちます。
5. 電車の中で▼
   電車の中で本を読みます。
6. この教室に▼
   この教室に入ってください。
7. 電話は本屋に▼
   電話は本屋にありますよ。
8. メッセージはここに▼
   メッセージはここに書いてください。
9. バスは東京駅で▼
   バスは東京駅で乗ります。
10. この本は図書館で▼
    この本は図書館で借りました。

Ⓟ これは、何のための練習なん？
Ⓙ 助詞の「に」と「で」を手がかりにして、次にくる動詞を予測する練習だよ。「場所＋で＋動作を表す動詞」と「場所＋に＋存在・移動を表す動詞」の区別の練習だよね。
Ⓟ ほほ、おもろなってきたで。ヒヒーン、ブルブルブル！
Ⓙ どうどうどう。じゃ、次に「ストーリー／内容」の**聞き取り練習**なんかどう？　こんなのがあるよ。

3 出前(でまえ)はどんなときに何(なに)を？

聞くまえに

あなたの国(くに)では、食(た)べ物(もの)をお店(みせ)から家(いえ)まで配達(はいたつ)してもらうことができますか。どんな食(た)べ物(もの)を届(とど)けてもらいますか。どんなときに届(とど)けてもらいますか。

＊＊ことば＊＊

出前(でまえ)を頼(たの)む／とる　届(とど)ける　家庭(かてい)　利用(りよう)する　人気(にんき)がある／ない
ピザ　ちょうどいい　すし　ごちそう　中華料理(ちゅうかりょうり)　食欲(しょくよく)がない
～前後(ぜんご)　お客様(きゃくさま)　急(きゅう)に　夫(おっと)　出張(しゅっちょう)　夕食(ゆうしょく)がいらない／いる

聞きましょう

I. 話を聞いて、下の表に書きなさい。(CD7)

順番	名前	理　　由	払うお金
一番目	ピザ		
二番目		おいしくて、ごちそうの感じがするから	
三番目			2000円前後

II. はじめに質問を読んでから、もう一度聞いてください。(CD7)
　　そして、＿＿＿＿に適当なことばを書きなさい。

1. うどんやそばの出前については、どんなことを言っていますか。
　　＿＿＿＿＿＿＿＿ ときや ＿＿＿＿＿＿＿＿ のとき、とるそうで、以前ほど
　　＿＿＿＿＿＿＿＿＿＿＿と言っています。

2. 出前をとろうと思うのは、どんなときですか。
　　① ＿＿＿＿＿＿＿＿＿＿＿＿＿＿＿＿とき
　　② ＿＿＿＿＿＿＿＿＿＿＿＿＿＿＿＿とき
　　③ ＿＿＿＿＿＿＿＿＿＿＿＿＿＿＿＿とき
　　④ ＿＿＿＿＿＿＿＿＿＿＿＿＿＿＿＿とき

聞いたあとで

あなたは出前をとったことがありますか。それはどんなときでしたか。とってみて、どうでしたか。

ことばの練習

1. 次のことばを説明しなさい。

　例： 出前　食べるものをお店から家まで届けてもらうこと。宅配ともいう。

　① 出張 _____

　② 3000円前後 _____

聞きとりのヒント3

◎CD8 《聞きにくい音声・1》

練習　CDを聞いて、①～④のことばをひらがなで書いてください。

　①_____
　②_____
　③_____
　④_____

　それぞれの最初の音、①し ②す ③き ④しゅ を正しく書けましたか。①i ②u ③i ④u の音が聞こえにくかったと思います。これを「母音の無声化（devoicing）」といいます。このような音を聞き分けられるように注意しましょう。

　答え：①しつもんをする（質問をする）②すしをたべる（すしを食べる）③きたとき（来た時）④しゅっちょうする（出張する）

『毎日の聞き取り plus 40 上』p.9-11 より転載

〔聞き取る内容〕

出前はどんな時に何を？

食べるものをお店から家まで届けてもらうことを「出前」といいます。忙しい時や病気の時など、出前を頼む家庭は多いです。主婦50人に「よく利用する出前は何ですか」という質問をしてみました。最も人気があったのは、ピザでした。理由は、「友達が集まった時など、人数が多い時の昼食に丁度いい」ということでした。2番目は寿司で、「お客様が来た時、おいしくて、ごちそうの感じがするから」という理由でした。3番目は中華料理で、野菜がたくさん食べられるからだそうです。うどんやそばは、食欲のない時や病気の時に取るそうで、以前ほど人気はないようです。出前を取った家庭が一回に払うお金は、ピザは3000円前後、寿司は5000円前後、中華料理は2000円前後が多いようです。「出前を取ろうと思うのは、どんな時ですか」と聞いてみましたら、「お客様が急に来た時」「家族の誕生日の時」「自分が病気の時」「出張などで夫の夕食が要らない時」ということでした。

Ⓟ さっきのに比べると、学習者のレベルが上みたいやね。

Ⓙ そう、中・上級ぐらいを想定していると思うよ。「聞く前に」という活動があるのが面白いなあ。これは、「リーディングの指導」のときにまた詳しくみていくけど、これから聞く内容に関連したことを話し合ったりしていると、そのトピックについての「予備知識」みたいなもんが増えるでしょ。それが、聞き取りのときに役に立つってわけ。

Ⓟ 「言葉」ゆうて、単語が紹介されてるなぁ。

Ⓙ 単語を知っているかどうかの確認のためだろうね。知らない言葉がたくさんあると、全体的な理解に支障をきたす、という配慮なのかな。

Ⓟ 「聞きましょう」の質問は、**スキャニング**やな。

Ⓙ そうそう。「ある特定の情報のみを聞き取らせる活動」だから、そうなるね。

Ⓟ この「聞いた後で」ゆうのは？

Ⓙ 多分、聞いたトピックについての知識や理解を深めるためだと思う。このぐらいのレベルになってくると、「聞き→話し」という具合に、いろんな技能の統合が出てくるね。

Ⓟ 他にもあるんやろ、リスニング教材。出しおしみせんとみんな見せんかい。ヒヒーン！

Ⓙ 入れ込むなって！　じゃぁ、もう一つだけ。「**聴解ストラテジー**」をマスターするための**聞き取り練習**っていうのがあるんだ。

1 アクセントや音の切れ目に注意して聴く　◎ 3

同じ音の連続でも、アクセントの違いによって意味が違ってしまうことがあります。アクセントは、単語の意味を言い表したり、ことばの区切りを言い分けたりする働きがあります。ここでは、アクセントのこのような働きに気をつけて聴いてみましょう。
　a、bセットになっている問題は、途中で止めずに続けて聴き比べてみましょう。

1　アクセントに気をつけて聴いてみましょう。

会話を聴いてください。会話に続くものとして適当なほうを①と②から選びなさい。
初めに、例をやってみましょう。

　［例］　①　　②

(1)　①　　②　　　　　　　　　　　　　　　　◎ 4

(2) ここでは、a、b続けて聴いて比べてみましょう。　　◎ 5
　　　a ①　　②　　b ①　　②

『上級の力をつける聴解ストラテジー（下）』p.3 より転載

〔聞き取る内容〕

会話を聴いてください。会話に続くものとして適当なほうを①と②から選んでください。初めに、例をやってみましょう。

［例］
　女：長い間、お待たせしてすみません。
　男：あ、もう呼んでくれた？

　　　女：①ええ、この本、おもしろかったです。
　　　　　②はい、タクシー、5分で来るそうです。

正しい答えは2番です。では、始めましょう。

(1)
　男：手伝いましょうか。
　女：あ、お願いします。その端を持ってください。

　　　男：①どの箸ですか。
　　　　　②ここですか。

(2)　ここでは、a、b続けて聞いて比べてみましょう。
　　a　女：もう少し飲む？
　　　　男：うん。もう一杯。

　　　　　　女：①じゃ、はい、どうぞ。
　　　　　　　　②あっ、そう。

　　b　女：もう少し飲む？
　　　　男：うーん。もういっぱい。

　　　　　　女：①じゃ、はい、どうぞ。

```
                    ②あっ、そう。

(3)　ここでは、a、b続けて聞いて比べてみましょう。
　　a　男：この次、大阪に行くの、いつ？
　　　　女：来月のいつか。

　　　　　　　男：①まだ決まってないのか…。
　　　　　　　　　②じゃあ、もう来週じゃない。

　　b　男：この次、大阪に行くの、いつ？
　　　　女：来月の五日。

　　　　　　　男：①まだ決まってないのか…。
　　　　　　　　　②じゃあ、もう来週じゃない。
```

『上級の力をつける聴解ストラテジー（下）』

- Ⓟ これは、さっきのとはえらい違てるな。
- Ⓙ 「**聴解ストラテジー**」だからねぇ。「こんなところに気をつけて聴くといいよ」っていう、聴き方の極意のようなものを学ぶための教材だよね。
- Ⓟ これや！　この極意、身につけて、リスニングの三冠馬になったるでぇ！　ヒヒーン！！
- Ⓙ その調子！　ウマくいくと、いいね。

5．リスニングの具体的指導法

- Ⓙ 教材はいろんなものがあるのは分かったけど、最終的には教師がそれをどう使うかが大切だよね。
- Ⓟ そらそうや。「猫に小判」やったら、しゃあないもんな。
- Ⓙ じゃ、リスニングの具体的指導法だけど、まずは「**聞き流す指導**」から見ていこう。さっきも言ったけど、外国語を聞き取ろうとする時に「全てを聞き取らないといけない」という強迫観念（？）に無意識のうちにとらわれてしまうことって少なくないよね。
- Ⓟ ワシも、それがトラウマになってんねんな。
- Ⓙ 「ウマ」から離れなさい。母語では必要なこと・新しい情報だけを聞き取り、すでに分かっていることや不要なことは聞き流すのに、目標言語の場合は、全て聞き取ろうとして、か

えって聞き取れなくなる傾向があるって、日本語教育学会編（1995：110）にも書かれている。
Ⓟ それ、よう分かります。
Ⓙ その克服には**聞き流す練習**が必要というわけで、日本語教育学会編は二つの練習方法を紹介しているよ。

1．挿入句や修飾句の入った長い発話を聞かせ、ポイントを拾う練習
　　例）「じゃあ、始めたいと思いますが、ええと、すみません、今日のテーマに入る前にですね、ちょっと、先ほどお配りした資料の、5ページを開けていただいて、一つ、あのう、訂正しておきたいことがあるんですけど、」を聞かせ、「私がお願いしていることは何か」の情報だけを抽出させる。
2．学習者が一般常識としてよく知っている内容を講義の文体で聞かせ、その中に間違った情報を挿入しておいて、その間違いに気付かせる練習
　　例）中国人の学習者に「上海は北京の北にある大きな都市であり…」のような誤りのある文を聞かせ、間違っているところで手を上げさせる。

Ⓟ「聞き流し」ゆうのは、必要な情報のみを収集する「**スキャニング**」のことやないんか。2の練習なんか、あまりスキャニングっぽくないねんけどな。
Ⓙ まぁ、でも、こんな練習もあったっていいんじゃない？　なんか盛り上がりそうな気もするし。じゃ、次は「**聞き分ける指導**」だよ。二つの音の違いを認識するための指導法としては、**ミニマルペア**を用いた練習が多用されるよね。
Ⓟ ミニマルペアて、「おばさん」と「おばあさん」とか「すき」と「つき」みたいなやつやろ？　一部分だけが音が違てる単語のペアのことやな。
Ⓙ そうそう。**ミニマルペア**を用いた練習を受けることで、学習者は大切なポイントが認識できるようになるよね。でもさぁ、ただミニマルペアを聞かせるだけでは、その違いに気づけない学習者もいるよね。
Ⓟ そら、ワシのことや。今でも「ear」と「year」や「right」と「light」の違いて、あいかわらず聞き分けられへんもん。どうすりゃいいのさ、この…♪
Ⓙ 著作権に触れるから、歌はやめようね。違いに気づかない学習者の場合はね、発音時の口の形・舌の位置・呼気の有無・喉の震え・**緊張**と**弛緩**の感覚等を観察・内省し、発音したり聞き分けたりする方法がある。それから、パソコンを利用し、音声波形・ピッチカーブ等に基づいて、日本人の音声を比較・観察しながら練習させる方法もある（才田他　1992：118-

119)。

Ⓟ いろいろあるな。一つずつ試してみて、自分に合いそうなもんを探せばええんやな。

Ⓙ そういうこと。ついでに、発音と聞き取りの関係についても触れておこうか。

Ⓟ そんな、聞き分けられへん音は発音し分けられへんてことやろ。

Ⓙ 残念でした。発音し分ける方がずっとやさしいんだよ。キミだって、「right」と「light」の違いは発音しわけられるでしょ、いくらなんでも。でも、この二つの違いが聞き分けられないって、さっき言ってただろ？。

Ⓟ なるほど。だから、聞き取れへんかったことを書いてもろたら、なーんや初級レベルの語句やんか、なんてことになるんやな。

Ⓙ だから、指導するときは「発音できるのに聞き取れないなんて」とイライラしないことだね。じゃ、次に、リスニングの仕方には二つあるって話に移ろう。

Ⓟ ワシ、ひとつ知ってるで。「ビルドアップ」やろ、「ビルドアップ」！

Ⓙ 筋肉を増強してどうする！　「**ボトムアップ**」ですよ、「ボトムアップ」。リスニングをするときに一音一音漏らさず全部聞こうとするのが「**ボトムアップ**的な聞き方」。それに対して、全体的なところを捉えて、それから細かなところへと進む「**トップダウン**的な聞き方」。

Ⓟ ほな、ワシは、「**ボトムアップ派**」やったんやな。そやから「ひとつのことばに引っかかると次が分からなくなる」んやな。

Ⓙ そうなるね。才田他（1992：120-121）は、**ボトムアップ**的な聞き方をする学習者の指導法として、次のような方法を提案しているよ。

1. 聞けるという自信を持たせ、選択的聞き方・トップダウンの聞き方の活用を促す練習をする。
    a. 全部聞けなくても答えが分かるタスクを与える。
    b. 何を聞けばいいのかを明確に指示し、関連のない部分を無視できるよう練習する。
    c. 内容についての細かい質問でなく、全体を聞いてタイトルをつけるなどの、大意把握の練習をする。
    d. 途中まで聞かせ、その後の展開を予想させる練習を行う。
2. タスクは、文脈その他からヒントが与えられる形にする。
3. 正解に辿り着くストラテジーについてクラス全体で話し合う。
4. 解答の検討をするときには、1音ずつ確認する作業も織り込む（ボトムアップ派を安心させ、トップダウン派を刺激するため）。

B. リスニングの指導

Ⓟ なるほど。こんなことをいろいろとやってると、いい聞き方が身につきそうやな。

Ⓙ じゃ、最後になるけど、「**リスニング**が苦手な学習者への指導」にも、いくつかのポイントがあるんだよ。

Ⓟ あ、こら、よう聞かな。

Ⓙ 「何度聞いても聞き取れない、分からない」という**リスニング**が苦手な学習者について、樋口（1996：66-67）が面白いことを言ってる。すなわち、「何度聞いても聞き取れない学習者」には、「話し手が発話した全ての語が聞き取れなければ発話内容を理解できないと思い込んでいるタイプ」と「発音が聞き取れない、あるいは発音と意味が結び付けられないタイプ」の二つがあるというんだ。で、そのタイプ別の指導法があるんだって。

Ⓟ ほう、ほう。

Ⓙ 「全て聞き取れなければダメと信じているタイプ」には、「聞き取れた語や語群から全体的な意味を推測することがリスニングである」という確信を与えることが大切で、「音の認識や意味との結びつけに困難を覚えるタイプ」には、（1）リスニングの練習量を増やす、（2）聞き取りにあたっての困難点や方略を指導する、（3）語彙力や文法力を高めさせるなどの対処が必要、ということなんだ。

Ⓟ ワシは、最初のほうのタイプやからな。細かいとこ、こだわらんと聞く練習せな。

Ⓙ ボク自身はね、これに加えて、「自分が持っている、その音／単語の聞こえ方についてのイメージを解消させる」というのもあると思うんだけど。

Ⓟ それはどうゆうこと？

Ⓙ 現在自分が持っている誤った音のイメージが残っちゃってると、それがじゃまになって、聞こえるものも聞こえなくなるってこと。日本語なら、促音、長音はもとより、母音の無声化やガ行の鼻濁音の入る語句について、**ネイティブ**の発音をしっかり聞いて正しいイメージを持っていないと、まったく違った音に聞こえるんだよ。このことについては川口（2001）に興味深い記述があるから見てみるといいね。

Ⓟ なぁるほど。カタカナ発音で英語を覚えてると、聞き取りができひんのと同じか。

Ⓙ **リスニング**が苦手な学習者に対する具体的指導法として、英語教育の分野では、斎藤他（2000：108-110）が、次のような具体的指導法を紹介しているよ。

1. 句や節単位に1〜2秒のポーズを入れて提示する。
    例：I lived in New York（ポーズ）when I was a child（ポーズ）.
2. ディクテーションを実施する。
    理由：「聞き取ったことを書く」という作業が、聞き取り困難な箇所に学習者の注意を

　　　　　　集中させる。
3．リスニングポイントを明示する。
　　　理由：まとまりのあるストーリーやダイアログを聞かせる前に、ストーリーの概要やトピック、場面などについて簡単に説明しておくと、推測力を働かせずっと容易に聞き取ることができる。

Ⓟ リスニングには、いろんなやり方があるのが分かって、勉強になったわ。これでワシも、聞き取りの…。

Ⓙ そう、三冠馬！

Ⓟ あちゃ！　鼻の差で先に言われてしもたわ！　ヒヒーン！！

第3章　日本語の授業の実際（4技能の指導：理論と実践）

C. ライティングの指導

1. ライティングの指導とは？

Ⓙ 技能別指導編の第3弾は、ライティング、つまり「書き」を扱おうね。
Ⓟ あ、作文か。
Ⓙ それだけでもないんだな。**ライティング**の指導は、次のように大きく三つに分けられるって、言われてるんだよ。

・文字の指導
・文の指導（作文指導）
・文章の指導

Ⓙ 以下、これに沿って、一つ一つ見ていこう。

2. 文字の指導

Ⓙ **ライティング**の指導は、やっぱ文字から始まるよね。それについて、ちょっとした思い出話があるんだけど。
Ⓟ 伺いましょ。
Ⓙ ボクが英語圏の日本語学習者に教えていたときの話だけど、「〈ひらがな〉をマスターしたと思ったら、次は似ているようでちょっと違う〈カタカナ〉が出てきて、それがやっと終わったと思ったら、何百何千の〈漢字〉だってぇ！　信じられない！」という、学習者の嘆き節を何度も聞いたことがあるんだ。その時から、「日本語学習者にとって、特に**非漢字圏**の学習者（中国語・韓国語圏ではない学習者）にとって、日本語の文字をマスターすることは大きなハードルとなっていることも少なくない」と思うようになった。それで、いきなり文字をどんどん導入して学習者を圧倒しないように配慮しようと思うようになったんだ。
Ⓟ なるほど。最初から怖がらせたんでは、学習意欲が落ちると。
Ⓙ このことについて調べてみると、名柄他（1991：187）が、**文字指導**においては次のような配慮が必要だって言ってたんだ。

C. ライティングの指導

文字学習が嫌いな学習者を作らないように努力する。
　・成人対象の場合、文字についての歴史的背景や成立課程について話す。
　・学習者の母語と比較対照する。

平仮名／片仮名／漢字についての説明をする。
　・日本語には、平仮名、片仮名、漢字の三つの異なる文字がある。
　・3種類の文字が、どんな場合にどのように使い分けられているのか。
　・これから学習しようとしている文字（平仮名で始める場合は平仮名）はどのようにして作られ、どんな特徴を持っているか。

Ⓟ「3種類の文字」て書いてるけど、ほんまは4種類やで。「JR」「CD」「g（グラム）」「m（メートル）」「VS」なんかのローマ・アルファベットかてあるで。

Ⓙそうそう、そのことも言っておいたほうがいいよね。でね、こういった説明が終わったら、いよいよ文字を導入する段階に入るんだけど、「ひらがな」「カタカナ」「漢字」の導入は、いつごろどういう順番で行なったらいいと思う？

Ⓟなんやいろんな説がありそうやな。

Ⓙうん。このことについて、名柄他（1991：186）は、次のように言ってるよ。

・学習者が、少なくとも中級まで学習する意志がある場合は、初級段階のはじめから文字を導入するのが普通。
・欧米の教育機関では、ローマ字で学習を始め、それから徐々にひらがな／カタカナに移行する形式を採っているところもある。

Ⓟ日本国内やったら、ひらがなから教えるのが主流やろ。

Ⓙそうだね。でも、一つ面白い導入順序があるから紹介しとくね。アメリカの、特に高等教育機関で現在でも多く採用されている、「**ジョーデン・メソッド**」と呼ばれる教え方では、文字の導入を以下の順序で行なっているんだよ。

ローマ字→カタカナ→ひらがな→漢字

Ⓟわぉ！　なんでこんな順番になっとんねん？

Ⓙ**ジョーデン・メソッド**は、**オーディオ・リンガル・メソッド**（Audio-Lingual Method）の流れを強く汲む教え方なんで、「話す・聞く」が「書く・読む」に先行する形で日本語学習が進

んでいくんだ。だから、日本語の文字の前に発音を再現しやすい**ローマ字**から入ることになっている。ただ、その**ローマ字**を使って学習者に「kore」「sore」「are」のように書かせることはさせない。あくまでローマ字は、「話す・聞く」ための記号のような扱いになっているんだ。そのローマ字の使い方も、ボクらがよく知っているヘボン式ではなくって、例えば「わたし」は「watasi」、「なんじかん」は「nan-zikan」という風に特殊な表記法となっている。

Ⓟ ま、それはいいわ。そやけど、カタカナが先てゆうのは？

Ⓙ それには、こんな理由があるんだよ。

・人の名前や固有名詞はカタカナで書くことが出来る。それゆえ、学習者が自分自身の名前や出身地を、日本語でどう書くのかを早期に知ることには意味がある。
・成人の日本人が通常漢字で書く日本語は、学習者にも最初から漢字で書かせるべきである。例えば、「せんせい」ではなく「先生」と書かせるべきである。
・漢字が導入されるまでは、動詞を「あります」「います」「します」などの動詞に限定して読み書きさせ、名詞は、カタカナで書き表すものに限定する（例「テニスはしますが、バレーボールはしません」）。この形式で、全てのひらがな・カタカナの定着を図ったあとで、漢字をシステマティックに導入していく。

Ⓟ なるほど。**非漢字圏**の学習者を想定しての指導法かと思ってたら、けっこう普遍的な考え方なんやな。ワシ、最初とか２番目のとかそのとおりやと思うな。さすが、ジョーダン先生。

Ⓙ 「ジョーダン」じゃなくて、「ジョーデン」！ ジョーデン先生、その読み方はお嫌いらしい。

Ⓟ 「冗談じゃない」ってか。

Ⓙ あ、シャレになっていたのか！ この導入順序は、教師や教科書以外からの日本語のインプットが限定されている教育環境を前提としてるから、日本国内でそのまま応用するのはちょっと難しいかもしれない。でも、「日本の国語の授業で、ひらがなから始まっているから、日本語教育もひらがなから」という考えでいいのかどうか、考えさせてくれることは確かだよね。

Ⓟ そや、ワシの言うたとおりや。

Ⓙ じゃあ、次に**ひらがな導入**の方法を具体的に見ていこうね。まずは、導入順序からだけど、ひらがなをどういう順番で導入していくかについて、石田（1987：14）は大きく分けて、次の二つの方法があると言っている。

C. ライティングの指導

・五十音表に従って、あ行から順に指導していく方法
・単語を使って教えていく方法

🅙 前者には「後に動詞の活用を学習する際や辞書を引くときに役立つ」というメリットが、後者には「学習者の興味を刺激し、学習意欲を高める働きがある」と石田は言ってるんだ。

🅟 この「動詞の活用を学習する際に役立つ」て、何やの？

🅙 動詞の活用を「五段」「一段」「変格（不規則）」で分けて教えるとき、「五段」動詞って「書かない・書きます・書く・書けば・書こう」って変化だから、活用する部分は「か・き・く・け・こ」の順番になっているでしょ？　だから、「マス形」が「き」の動詞は、「書く」と同じ活用をするっていう覚え方ができるってことさ。

🅟 おお、なるほど。「国文法」も捨てたもんやないな。

🅙 そういうことだね。じゃ、続いてひらがなの「読みの指導」に入ろう。文字の指導は、「**読み**」**の指導**から「**書き**」**の指導**へと移行していくことが普通だからね。

🅟 はい、はい。

🅙 「**読み**」**の指導**方法として多用されるのは、ひらがなとそれが表す音を提示し、その二つが一致するように指導する方法だね。具体的にどう提示するかっていうと、**黒板**や**ホワイトボード**に直接書く、**フラッシュ・カード**や**オーバーヘッド・プロジェクター**を使用する、という形式がほとんどだろうけど、こんな変わった指導方法もある。

🅟 そらまた、どんな？

🅙 まずは、ひらがなが作られた元の漢字と合わせて教え、漢字との形の相似によってひらがなを思い出しやすくする方法。例えば、ア行だったら次のような組み合わせを示すわけだ。

安→あ、以→い、宇→う、衣→え、於→お

🅟 これは**漢字圏**学習者向けやな。それから、**非漢字圏**学習者やったら、ジャパノロジー専攻の漢字怖がらんヤツ向けやな。使える範囲が限られるな。教師が草書体知らんと、教えられんしな。

🅙 それなら、これはどうだ？　音と形の結びつきによって、ひらがなを思い出しやすくする方法なんだけど、巷では「**アソシエーション（連想）法**」って呼ばれているやつ。例えば、次のような絵を見せる。

Ⓙ それで、このカードを見せながら、教師が同じようなポーズを取ってね、

> An old lady is walking with a stoop. A stone hits her on the back.
> Ooph! う for ooph!

と熱演するんだ。こうすることで、ひらがな一つ一つに「思い出すためのストーリー」のようなものが生まれるというわけ。

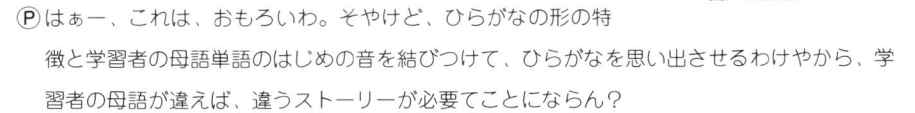

Ⓟ はぁー、これは、おもろいわ。そやけど、ひらがなの形の特徴と学習者の母語単語のはじめの音を結びつけて、ひらがなを思い出させるわけやから、学習者の母語が違えば、違うストーリーが必要てことにならん？

Ⓙ そうなるよ。同じ母語でも地域によって、「ピン」とくる話はいろいろだろうから、違うストーリーの方が効果的になることもあり得るよね。

Ⓟ なるほどな。でも、そのほうがオリジナリティが出ておもろいわな。

Ⓙ ストーリーを詳しく知りたいんだったら、『Teaching Hiragana in 48 minutes』（The Japan Forum with Professor Hiroko C. Quackenbush, 1994）を見るのもいいかもよ。これは英語の音と「アソシエート」しているんだけど、ロシアやドイツでも、それぞれの母語の学習者用のものが出ているよ。例えば、ロシア語版（Nalita Erofeeva, 1995, Moscow）はこんな感じだよ。

МЭЭ-МЭЭ блеет старый козел.
メェメェとじいさんやぎが鳴く

Ⓟ それぞれの言語でいろんなストーリーがある、ゆうことやな。そやけど、これで五十音表上のひらがなが読めるようになったとしても、こんなん、みんないわゆる「**直音**」やんか。

C. ライティングの指導

「**濁音**（テンテンの付いたもの）」「**半濁音**（丸の付いたもの）」「**長音**（伸ばす音）」「**促音**（小さいツ）」「**拗音**（キャ、キュ、キョなど）」なんかは、どうするんや。
Ⓙ それについては、日本語教育学会編（1990：333-334）がこんな順序を提唱してるよ。

直音→濁音→長音→促音→半濁音→拗音

Ⓙ これを見てみると、日本の国語教育での順序と違ってて、**半濁音**の導入がずいぶん後に回されているのが特徴的だよね。これは、ひらがなで書き表す単語の中には、半濁音すなわち「ぱ」「ぴ」「ぷ」「ぺ」「ぽ」で始まることがほとんどなくって、「いっぱい」「いっぽん」など**促音**の直後に**半濁音**が使われる、っていうことによるものなんだ。
Ⓟ たしかに、「パン」「ピン」「プリン」「ペン」「ポイント」なんか、みんなカタカナ語やな。
Ⓙ 次に、ひらがなの「書き」の指導だけど、「全部読めるようになってから書き方に入るのか、それとも少しずつ同時進行でいくのか」という選択を、教師はしなくちゃいけない。さっきの**アソシエーション法**なんかは、「まずは読みだけを優先して」という立場に立っているんだけど、石田（1987：16）は「読み書きを同時に教えるほうがいいのではないか」と主張してるんだ。「学習初期は、学習意欲が高い」とか「書くことによって、字形の認識も高まる」とかが、その理由みたいだね。
Ⓟ 「鉄は熱いうちに打て」と。
Ⓙ そういうこと。「書き」の指導で、次に気をつけなくちゃいけないのは、字形のよく似ているひらがな。
Ⓟ 「ろ」と「る」、「は」と「ほ」なんかはよう似てるからな。混同するやろな。
Ⓙ そうそう。混同しやすいひらがなとして石田（1987：16-17）が挙げたのは、もっとあって、こんなペアなんだ。

「い」と「り」、「あ」と「お」、「ろ」と「る」、「わ」と「れ」、「め」と「ぬ」、「ぬ」と「ね」、「な」と「た」、「は」と「ほ」、「ち」と「さ」、「さ」と「き」

Ⓟ ほう、「い」と「り」とかもかぁ。日本人とは感覚が違うてるな。
Ⓙ だろ？ 他の字の影響で間違えやすいひらがなとして、こんなペアも挙げてある。

「ま」と「ほ」：「ま」の縦線が突き抜けることからの影響で、「ほ」の縦線を突き抜けて書いてしまう

「た」と「な」：「た」の場合は左の部分が右の部分とかなり平行しているのに対し、「な」の左
　　　　　　　の部分は上に浮いてくる。「な」の左の部分を右の部分と平行に書いてしまう

Ⓟ これは、おもろいなぁ。まだ、他にもある？
Ⓙ そのひらがなの形自体が難しくて書きにくいものもあるよね。石田（1987：17）は、こんな
　ものを挙げてるよ。

「を」と「と」：左上の部分を右下の部分に乗せずに横に並べて書いてしまう
「え」と「ん」：「ん」の最後の線をきちんと引かずに筆を止めるので「h」を右に傾かせた形に
　　　　　　　なってしまう
「て」と「そ」：縦の線をカーブさせないでまっすぐに引いてしまう
「が」　　　：　「か」の右肩に点を３つ並べてしまう

Ⓟ きれいにひらがなが書けるようになるための、何かいい方法てないんかな？
Ⓙ 日本人の子ども用なんだけど、「**木山式**」ってのがある。
Ⓟ なに、それ？
Ⓙ こんな風に補助線を入れて、字形の仕組みを分かりやすくしてから、書きの練習に入るって
　方法だよ（木山 1998：46-47）。

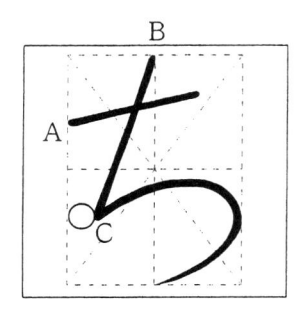

1. 「ち」の書き始めの位置は、左の壁についたＡです。
2. 二画目の書き始めＢから、「つ」の書きはじめまでは、斜めの線です。「ち」の下部は「つ」
　　です。
3. 「つ」の書き始めの位置はＣです。
4. ＣはＡより、文字の内側の位置にあります。ですから、○の空きができます。
5. 「ち」の二画目の書き始めの位置Ｂと、「つ」のはらいの位置は、たての中心線上で並んでい

C. ライティングの指導

- Ⓟ えらい細かい説明やなぁ。
- Ⓙ うん。でも、「お手本」となるひらがなの仕組みが分かっていると、それを真似して書くのは書きやすそうじゃない?
- Ⓟ まぁ、わけも分からずに「これに似せて書け」ゆうよりは、ずっと親切やけどな。
- Ⓙ じゃあ、そろそろカタカナに行こう。**カタカナの指導**も、**ひらがなの指導**とおなじように、「**読み**」**の指導**から「**書き**」**の指導**へと移行していくことが普通だし、読みの指導方法についても、「**黒板**、**ホワイトボード**、**フラッシュ・カード**、**オーバーヘッド・プロジェクター**を使って、カタカナとそれが表す音を提示し、その二つが一致するように指導する方法」がオーソドックスなのもひらがなと同じ。
- Ⓟ ほな、ひらがなみたいに「カタカナが作られた元の漢字と合わせて教える方法」もあるってわけやな。
- Ⓙ そうそう。カタカナの場合はこうなる。

阿→ア、伊→イ、宇→ウ、江→エ、於→オ

- Ⓟ なぁるほど。てゆうことは、カタカナにも「**アソシエーション法**」があるわけや。
- Ⓙ ご明察! 例えばね、こんな絵が、カタカナ「カ」の導入に使われるんだよ。
- Ⓙ これを見せた上で、教師が絵と同じようなジェスチャーをして、

Cut the bread with a sharp knife. カ for CUT!

と言って、カタカナ「カ」とCUTの 'CU' の部分の音との結びつきを作るんだ。
- Ⓟ なるほど。ところで、「**直音**」以下、「**濁音**」「**半濁音**」「**長音**」「**促音**」「**拗音**」をどの順番で導入するかについても、ひらがなとおんなじなん?
- Ⓙ うん、日本語教育学会編(1990:334)では、基本的にはひらがなと同様で、「ファ・フィ・フェ・フォ」及び「ティ・ディ」などは例外的なものと捉えて、一番最後に導入するのが望ましいと言ってるけど…。

Ⓟ ワシ、この意見には賛成できひんなぁ。

Ⓙ あ、それ分かる。つまり、カタカナって、もともとがひらがなみたいに「動詞の活用」に役立つようなものじゃなくって、外国語の音を転記させるためのものなんだから、「ファ」とか「ディ」とかは、例外的なものではなくて、必要不可欠なものだと捉えるべきだと思う、ってことでしょ？

Ⓟ お、分かってるやんかぁ、わが心の友よ！（ムギュ〜！）

Ⓙ 抱きつくなってば。で、そうなると、ひらがな五十音表とは別の、次のようなカタカナ表を用意する必要も出てくるよね。

Vowels	ア	イ	ウ	エ	オ
K	カ	——	ク	ケ	コ
G	ガ	——	グ	ゲ	ゴ
KY	キャ	キ	キュ	キェ	キョ
GY	ギャ	ギ	ギュ	ギェ	ギョ
KW	クァ	クィ	——	クェ	クォ
GW	グァ	グィ	——	グェ	グォ
S	サ	スィ	ス	セ	ソ
Z/DZ/DS	ザ	ズィ	ズ	ゼ	ゾ
SH	シャ	シ	シュ	シェ	ショ
J/DJ	ジャ	ジ	ジュ	ジェ	ジョ
T	タ	ティ	トゥ／チュ	テ	ト
D	ダ	ディ	ドゥ／デュ	デ	ド
CH	チャ	チ	チュ	チェ	チョ
TS	ツァ	ツィ	ツ	ツェ	ツォ
N	ナ	——	ヌ	ネ	ノ
NY	ニャ	ニ	ニュ	ニェ	ニョ
H	ハ	——	フ（フゥ）	ヘ	ホ
HY	ヒャ	ヒ	ヒュ	ヒェ	ヒョ
F	ファ	フィ	フ	フェ	フォ
P	パ	ピ	プ	ペ	ポ
B	バ	ビ	ブ	ベ	ボ
PY	ピャ	ピ	ピュ	ピェ	ピョ
BY	ビャ	ビ	ビュ	ビェ	ビョ
M	マ	——	ム	メ	モ
MY	ミャ	ミ	ミュ	ミェ	ミョ
Y	ヤ	——	ユ	イェ	ヨ
R/L	ラ	——	ル	レ	ロ
RY/LY	リャ	リ	リュ	リェ	リョ
W	ワ	ウィ	——	ウェ	ウォ
V	ヴァ	ヴィ	ヴ	ヴェ	ヴォ
N/NG (end)	ン (also ング for ending NG and ン for NG at the beginning of a word or a name)				

C. ライティングの指導

Ⓟ なるほど、「タ・ティ・トゥ・テ・ト」が［T＋母音］、「チャ・チ・チュ・チェ・チョ」が［CH＋母音］と考えるわけやね。徹底して外国語音転記用にできてるんやな。

Ⓙ これはこれで合理的だよね。じゃ、続いてカタカナの**「書き」の指導**に行こう。これについても、「まずは読みだけを優先して」という立場と「読み書きを同時に」という立場が存在しているのは、ひらがなと同じ。それから、学習者が混同しやすい文字として、カタカナの場合は、次のようなものが挙げられてるよ（石田 1987：18、名柄他 1991：192）。

「シ」と「ツ」、「ン」と「ソ」、「ク」と「ワ」、「メ」と「ナ」、「ル」と「レ」、「フ」と「ヲ」、「ヒ」と「モ」、など

Ⓟ ワシの経験やと、「シ」と「ツ」を混同して、こんな文字を書く学習者がけっこう多いと思うんやけど。

Ⓙ うん、よく見かける誤表記だね。で、こんな混同が生じた場合の対処だけど、ひらがなは既に導入済みの場合の話として、例えばこんな方法があるんだ。

1、「シ」の点々とチョンは、縦にまっすぐ揃える。

2、「ツ」の点々とチョンは、横にまっすぐ揃える。

3、「シ」の点々は左から右に、チョンは下から上に書く。

4、「ツ」の点々とチョンは上から下に書く。

5、「シ」の点々の左端とチョンをつなぎ合わせてごらん。ほぅら、ひらがなの「し」になる！

6、「ツ」の点々の上の部分とチョンをつなぎ合わせてごらん。ほぅら、ひらがなの「つ」になる！

Ⓟ これ、使えるな。

Ⓙ ひらがなと比べると、カタカナの場合は、地下鉄やバスの中吊り広告や、レストランのメニューなど、学習者の身の周りのものが活用しやすいよね。だから、そういった視覚情報を元に、そのカタカナことばの意味を覚えながら字形を学習させていくことも、初級の場合は特に効果的だと言えるよね。

Ⓟ カタカナはイヤやゆうてたら、生活できんゆうことも分かるやろしな。

Ⓙ さあて、そろそろ**漢字の指導**に行こうか。

Ⓟ いよいよ、敵の総大将、登場！

Ⓙ クリアしがいのある強敵だね。それに、漢字については、ひらがなやカタカナとはちょっと違って、**漢字圏**（中国語・韓国語圏）の学習者と**非漢字圏**の学習者とを区別して考えなくちゃいけないって要素が入ってくるしね。

Ⓟ でもな、韓国人学習者は、もう**非漢字圏**みたいなもんやないんか。

Ⓙ 確かに、新聞も看板も圧倒的にハングル優位だからね。初級の学習者なんか見ていると、**非漢字圏**学習者と同じような形の漢字書くしね。でも、まぁ、まだ漢字教育はされているし、漢字が表記として残ってはいるし、中国人と**非漢字圏**の学習者の間ぐらいの位置なんだろうね。それはそれとして、名柄他（1991：195-196）は、**漢字圏**学習者の場合には、以下の指導が必要だと言ってるんだ。

・正しい発音の指導
　　日本語の発音に近いが同じではない語彙の場合、母語の発音に頼ってしまうため、発音がかえって習得しにくい。このような場合は、漢字に振り仮名を付けさせるなどの指導が必要。

・日本語の漢字の意味の指導
　　母語でも日本語でも同じ漢字を使った語彙が存在している場合、母語での意味と日本語での意味が同じであると学習者は理解する。ところが、意味が違っている場合がある（例えば「電車」「検討」）。意味の違いがある場合は、それを認識させる必要がある。

・日本語の漢字の書き方の指導
　　同じ漢字が、国によって書き方に違いがある場合がある。その場合は、日本語の書き方を提示し習得してもらう必要がある。（例えば、繁体字の「體」（体）、簡体字の「机」（機）など）

Ⓙ これに加えて、中国語でも韓国語でも行われない、日本語の一大特徴である「音・訓の使い

C. ライティングの指導

分け」についても、触れておく必要があるだろうね。

Ⓟ そや、そや。一つの漢字に読み方が二つ以上が当たり前なんて、韓国語でも信じられん話や。

Ⓙ でね、漢字のふりがなだけど、「**音読み**」のふりがなは「カタカナ」、「**訓読み**」のふりがなは「ひらがな」っていう風に徹底しておくといいと思う。

Ⓟ 「台所」は「ダイどころ」、「荷物」は「にモツ」か。そら、分かりやすいわ！

Ⓙ じゃあ、次に**非漢字圏**の学習者の漢字指導に行ってみよう。かれらの場合、漢字という表記システム自体をはじめて体験するわけだから、まずは「興味を持ってもらうこと」や「システムの説明」などの工夫が必要なんだね。名柄他（1991：196-198）は、漢字の導入に際して、こんな工夫を挙げてるよ。

・象形文字の利用により興味を持たせる
　　漢字が音だけでなく、意味をも表す文字であることを示す。
・いくつかの部分が組み合わさって漢字が成立していることの説明
　　漢字の多くが、いくつかの部分が組み合わさって成り立っていることを示す。
・部首の提示
　　部首を示すことで、漢字の形を整理しやすくする。

Ⓟ あー、これな、基本的な漢字にしか応用できひんのとちゃうか。だって、「経済」なんかは、「経る」と「済む」でなんでeconomyになるんか、とかな。

Ⓙ 実は、説明できないことはないんだよ。中国古典の「経世済民」という熟語の話に遡って説明をするのなら。でも、時間がもったいないでしょ？　だから、意味についての説明は、すべての漢字に適応するわけじゃなくて、漢字の習い始めで「興味を持ってもらう」ためだと考えたらいいんじゃない？

Ⓟ まぁ、それやったらええけどな。「漢字の多くが、いくつかの部分が組み合わさって成り立っている」とか「部首を示すことで、漢字の形を整理しやすくする」ゆうんは、どんな漢字についてもそのとおりやしな。

Ⓙ **非漢字圏**の学習者対象の漢字の練習方法として、名柄他（1991：198-200）は、こんな方法をすすめてるよ。

・フラッシュカード及びOHP上の漢字を繰り返し読ませる
　　漢字の認知練習のために、カードに書かれた／OHP上に映し出された漢字を繰り返し読ませる。

・書き取り

　音と文字を結び付けるために、教師が読んだもの、あるいはテープで流すものの書き取りをする。いわゆる「ディクテーション」である。

・漢和辞典

　比較的引きやすい辞書を紹介する。

・ゲームの利用

　漢字学習を楽しいものにするために、ゲームやクイズを使う。

・コンピューターの利用

　漢字学習は個人個人で速さが異なるので、自分のペースで学習できるコンピュータのソフトがあれば、紹介/導入する。

Ⓙ 他にも「イメージを通して漢字を覚える方法」っていうのがあるよ。
Ⓟ ほう、どんなふうにすんの？
Ⓙ 例えばね、こんな感じ(エロフェエワ 1995：160)。

Ⓙ こんな感じで、漢字をイラスト化けして、そのイメージを通して学習すると、記憶に残りやすいってこと。
Ⓟ なるほどな。これなら、くっきり、しっかり頭に残りそうや。
Ⓙ 次は、「ストーリー作りによって覚える方法」。
Ⓟ 例えば、どんな？
Ⓙ 例えばね、曜日の「日月火水木金土」と並ぶと、どれがどの漢字でどの曜日か迷ってしまうことって少なくないでしょ。そこで、こんなストーリーを作る(高木 1995：223)。

月の下で出会って、火のような恋をして、…土になるまで愛し合うことを誓い合って、日曜日に結婚した。

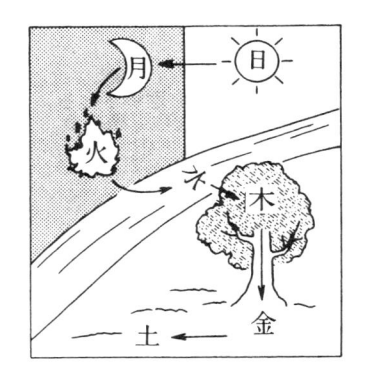

Ⓟ これ、おもろいわ。こういうの好きやねん。

🅙 あと「唱えことば」ってのもある。酒井（1995：81-82）によると、これは字形を思い出させるための短文作りのアイデアなんだ。たとえば「命令」という単語の「命」と「令」を学習させるときに次のような「漢字早おぼえカード」を渡すんだけど、それぞれのカードの下に書いてあるのが「唱えことば」。これを覚えて唱えれば、字形が意味を持って思い出せる。文による説明は、字源に即したものでもいいし、創作でもいいんだよ。この例も、両方とも一部は字源に従っているけど、一部は創作なんだ。

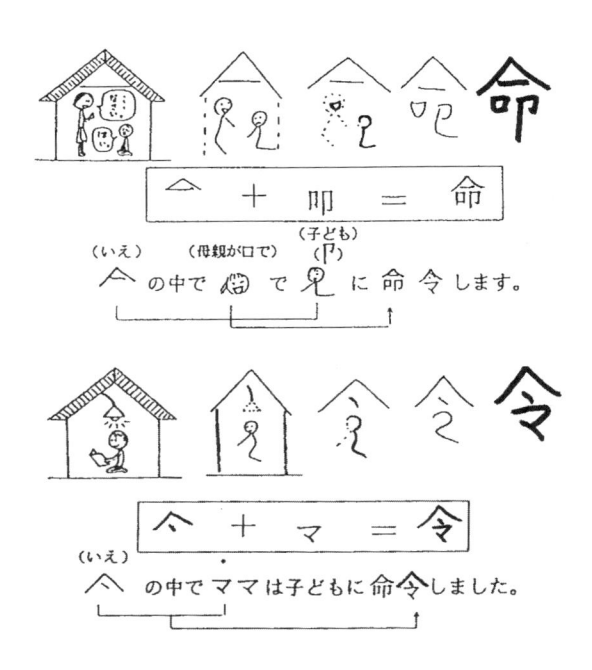

第3章　日本語の授業の実際（4技能の指導：理論と実践）

- Ⓟ いろいろあるもんなんやなぁ。ただやたらに何度も書かせるばっかりが能やないと。
- Ⓙ そゆこと。あ、ところでね、ひらがなやカタカナや漢字の指導方法について、主張が分かれているものがあるから紹介しとかなきゃ。
- Ⓟ まずは「**筆順**を教えるべきかどうか」やろ？
- Ⓙ そのとおり！　最近はパソコンの普及で、実際に「字を書く」機会が減ってきているでしょ。そこで、学習者の更なる負担となっている**筆順**まで教える必要はなく、とにかく「文字を読んで意味が分かる」ことを優先した方がいいのではないか、という考えがあるんだ。
- Ⓟ ふん、そら分かるわな。
- Ⓙ でもその一方で、**筆順**を教えることは大切だという主張もちゃんとある。例えば、石田（1987：16-31）は、こんな風に主張してるんだ。

・ひらがな・カタカナを速く奇麗に書くためには、筆順の知識は必要不可欠。
・初級できちんとやっておかないと、（書き取りをしたり、講義のノートを取ったりするために速く書く力が要求される）中級レベルで、漢字の筆順を覚え直すのは遅すぎる。

・以下の理由で、少なくとも初級の前半を終えるころまでには、漢字の正しい筆順をきちんと指導しておかねばならない。
　　・字形の間違いを防ぐ。
　　・（知っていると）速く書ける。
　　・将来辞書を引く際に必要とされる、画数の数え方が分かる。
　　・崩して書かれた字の判読にも役立つ。

- Ⓟ なるほど。「将来のために」ゆうわけか。
- Ⓙ 主張が分かれているのは、**筆順**だけじゃない。「**左利き**の学習者」にどのように対処するのかについても、主張が分かれているんだ。日本語の表記システム自体が右利きを想定して作られているので、「**右利き**に直した方がいい」という主張が出てくるんだけど、それにはこんな理由も言われてる。

・慣れてしまえば楽なので、はじめから右利きで書く練習をすればよい。
・両手を上手に使うことができれば、両方の脳の活性利用にもつながるので、右利きで書けるようにする方がいい。

C. ライティングの指導

- Ⓟ 簡単に言うけどな、慣れるまでが大変なんやで、利き手を変えるゆうんは。
- Ⓙ そうだね。この意見とは反対に、「**左利き**の学習者はそのままにすべきだ」という主張があって、「**右利き／左利き**は、学習者個人のアイデンティティにも関わってくる問題なので、あえて指導はしない方がいい」という考えなんだ。
- Ⓟ どっちも一理あるなぁ。こら、どっちが正しいゆうのを判断するのは難しいなぁ。
- Ⓙ ボクもそう思うんだけど、このことについて、石田（1987：31）は、「**左利き**はそのままにする」という立場で、こんな提案をしているよ。

・左手で書く場合には、筆順に従うと書きづらくなる場合がでてくるので、原則を一応示し、形に響くような極端に逸脱した書き方は避けるように指導すればいい。

- Ⓙ 次に、文字を指導するにあたっては、学習者が書く文字の「**字形の逸脱**」をどの程度まで認めるのかという問題に関する議論を紹介しよう。はねなかったり、画が少なかったり逆に多かったり、というのを教師によって「これはいい」「これはダメ」という基準が異なっていたり、または同じ教師の基準が一貫していないようでは、学習者は混乱してしまうでしょ。
- Ⓟ そらそうや。
- Ⓙ このことについて、小林（1998：27-29）は、標準とすべき「規範形」と、規範形とはズレているが同じ字として認められる「許容形」とを、区別して考えることの大切さを指摘しているんだ。例えば、こんなのが「規範形」で、こんなのが「許容形」だそうだ。

	糸の例		女の例
規範的な形	糸	規範的な形	女
許容してよい形	糸	許容してよい形	女　女（十分成就）
指導すべき形	糸	指導すべき形	女（おおむね成就）

🇯 いずれにしても、基準をしっかりと持っておくってことが大切だよね。

🅟 でも、そやったら、その「モデルとなるひらがな／カタカナ／漢字」をどれにするかって決めとかんとな。「**明朝体**」と「**教科書体**」と「**ペン習字**」と比べたら違う文字みたいやん。

🇯 そうだよね。それから、線のつながりをどのように意識させるかについても、決めておく必要がある。「り」か「リ」か、「ふ」か「ふ」か、なんかは、線がつながっていない方がいいということも教える必要がある。また、字のバランスの認識も重要。「い」が「レ丶」にならないように気をつけるよう指導する必要がある。最後には、日本人の筆記のバラエティにどう対処するのかも決めておく必要がある。たとえば、「を」が「𛂦」になっているのに対してとか。

🅟 字ひとつ書くんでも、いろいろと配慮すべきことがあるんやなぁ。

3. 作文の指導

🇯 じゃあ、そろそろ「文字」から「文」に移ろうか。

🅟 やっぱり、「書き」は「**作文**」やね。

🇯 ただ、「**作文**」と言っても、文のレベルのものと文章のレベルのものがあるんで、とりあえず文レベルのものから行こう。

🅟 「文の**作文**」と聞くと、ワシが真っ先に思い出すんは、中学・高校の英語の授業の「composition」やな。

🇯 Compositionの授業で広く行われている指導法としては、日本語を英語に訳す練習があるよね。これを日本語教育の分野で考えると、学習者の母語の文を日本語に訳す練習ということになる。日本語教育の場合、学習者の母語がバラバラである場合は、「彼らの母語での作文を日本語に訳す練習」を行なうことは困難だけど、海外などで媒介語が使用できる場合には、日本語訳イコール作文指導となってしまう可能性もけっこうあると思う。

🅟 そやけど、外国語の短文の日本語訳って意味あるんか。日本の英語教育の場合やけど、和文英訳て、「彼女の帽子は彼のより大きいです」みたいなアホみたいなんが多いやろ。

🇯 日本の英語教育で文レベルの和文英訳が多いことに関しては、金谷（1993）が、こんな理由を挙げているよ。

・教師自身がまとまりのある文章を書かされた経験がない。
・「学習者は書けない」と教師が信じている。
・文章の書かせ方を教師がよく分かっていない。

- 文章を書かせた後の処理が面倒だと教師が思っている。
- 文章を書くことによって英語の力が伸びるかどうか、教師が疑問に思っている。

Ⓟ なんや、ミもフタもない話やなぁ。ワシら、こんな程度の考えで教育されてたんか。海外の日本語教育でも同じ事情やったら、日本語訳の「**作文**」は早よやめんとあかんな。

Ⓙ うん、でも実際のところ、日本の英語教育と同じでなかなかんやめられないのかもしれないね。松井（1993）は、このような翻訳練習の長所と短所について、次のように述べているよ。

長所
- 文法事項を的確に理解させるための効果的方法である。
- 語彙や表現力に幅を与えることができる（教師が語彙や表現形式を網羅的に与えれば、語彙力・表現力を伸ばすことができる）。

短所
- 作文本来の自己表現性や創造性がない。
- 母語の干渉が強い。

Ⓟ なんやこれ見てると、「日本語に訳す練習」て、「作文の練習」やなくて「文法の練習」みたいに見えるけどな。

Ⓙ そうだね。ところで、1文レベルで作文の練習をする方法として、日本語翻訳のほかに「**制限作文（Controlled Composition）**」というものがあるんだけど、知ってる？

Ⓟ 「制限時間」内に書くってことかいな？ あるいは、「制限速度」で書くとか？

Ⓙ 「春の全国交通安全週間」じゃないんだからね。小室（2001：51-52）によれば、「**制限作文**」というのは「書く形式や内容に一定の制限を設けて作文を課す指導法」って定義されてるんだけど、要するに、スピーキングでの口頭ドリルを作文で行っているようなものなんだ。野田（1991）は、**制限作文**の例として、こんなのを紹介してるよ。

- 変更（Alternation）
  平叙文を疑問文に、能動文を受動文に書き換える練習（例、山田さんは田中さんを叩きました→田中さんは山田さんに叩かれました）
- 完成（Completion）
- 質疑応答（Q & A）
- 置換（Substitution）

キューとして出された語を入れて、文を書き換える練習（例、私はこれが正しいと思います＋田中さん（キュー）→田中さんはこれが正しいと思っています）
・結合（Sentence Combining）
２つの文を１つの文に結合する練習（鈴木さんの家は大きいです＋鈴木さんの家はきれいです→鈴木さんの家は大きくてきれいです）
・文拡張（Sentence Expansion）
・ディクテーション（Dictation）

Ⓟ なんか、これあんまり、おもろないな。制限作文て、なんかええことあるんか？
Ⓙ 奥村（1991）によると、こんなことが長所なんだって。

・学習者の達成感を与え、学習の動機助けに役立つ。
・学習参加がしやすく、創造性が発揮しやすい。
・学習のポイントが明確で、焦点化しやすい。
・文型・文法構造の定着が図りやすい。
・題材や手掛かりが与えられるので、書く内容に困らない。
・作文の事後処理が比較的容易である。

Ⓟ 「創造性」ゆうてもなあ…。「質疑応答」や「文拡張」のときにちょっと出てくるだけで、あとは、文法練習やんか。これは、短所のほうが深刻なんとちゃうか。
Ⓙ **制限作文**の短所については、北内（1985：133-134）がこんな風に言ってるよ。

・実質的には、文字を介しての文法学習に陥りやすい。
・制限の度合いを決定する確かな方法・基準がなく、自由作文への移行が可能であるか疑問が残る。
・教師・教材作成者の狙いに沿って書くことを強いられ、学習者の意思がおろそかにされやすい。

Ⓟ ほら、言わんこっちゃないやん。結局これ、「文法」の練習やないか。まだ、「作文」て呼べんのとちゃうか？
Ⓙ そこで、制限つきながら学習者の自由度がもうすこし上がるようにした練習もある。「**ディクト・コンポ（Dicto-Compo）**」なんかがその一つ。

Ⓟ それは何や？

Ⓙ **ディクテーション**させた文の一部の続きを書かせるってやつ。

Ⓟ 「文拡張」の一部を**ディクテーション**にしたもんやな。「続き」を書かせるゆうのは、学習者の創造性が出るし、ディクテーションのおかげで集中もするし、いいアイデアやな。これやったら、文章レベルの作文でも応用できるな。

Ⓙ それから、「**作文**」と言ってもどのみち「**文法指導**」なんだから、文法項目を取り込みながら、学習者の創造性・個性を発揮できるような活動を心がけるべし、という考えもある。それには、学習者の生活に根付いた文脈のある文を書かせるといいんだ。川口（2004a、2004b）がそういう提案をしている。例えば、条件節のタラを勉強しているときに「10万円もらったら何をしたいか」という課題で作文させると、学習者によって書くことがだいぶ違ってくる。使役の練習にときには「自分のこどもにさせたいこと、させたくないこと」、使役受身のときには「子供のときにさせられていやだったこと」というように、学習者個々人の経験や考え方が出てくるように作文の課題を考えておくと、文法・語彙の学習にもなるし、表現行為としての作文の意味も出てくるってことなんだ。

Ⓟ これやったら、表現して人に知ってもらいたいと思うようなことが自然に書けるわなぁ。

Ⓙ そういうこと。これなら、作文する動機も高まりそうでしょ。

4. 文章の指導

Ⓙ さあ、続いて1文レベルの指導を超えて「**文章の指導**」へと行こう。ある程度長い文章を書くための指導法にはいろいろあるんだけど、ボクがいいなぁと思っているのは、「**自由作文**」「**パラグラフ・ライティング**」「**プロセス・ライティング**」ってとこかな。

Ⓟ ほな、一つ一つ紹介して、もらいましょ。

Ⓙ ほいきた。まずは「**自由作文（Free Composition）**」から始めよう。加瀬（1994）は、自由作文を「自分の思想感情をはじめ、表現したいことを自由に」目標言語で書くこと、と定義しているんだ。

Ⓟ 「自由に」がキーワードやな。でもなあ、「自分の思うがままに自由に書いていい」っていろいろなことが書けそうなんやけど、実際書いてみたら難しいってこと、ないやろか？

Ⓙ それは考えられるね。そんな困難を克服するために、若林・根岸（1993）が、こんなことを「自由作文を課す場合に明示すべきもの」として挙げてるよ。

- トピックは何か
- 誰に対して書くのか
- 何のために書くのか
- どのように（長さ・文体など）書くのか

Ⓟ 確かに、こうゆう枠組みがあったほうが書きやすそうやね。

Ⓙ でしょ？　でね、明確な課題が与えられると、学習者は「自由にどんどん」作文し始めるんだけど、誤りもたくさん出てくることになるよね。それらの誤りへの対処ってとっても大切なんだけど、それについては、あとで出てくる「**否定的フィードバック**」の項で取り扱うことにして、次の「**パラグラフ・ライティング**」に行くね。橋内（1995）は、**パラグラフ・ライティング**を「ある程度まとまった量の文章を書くために必要な構成と展開法を学び、書く練習」と定義しているんだ。一方、樋口（1996：96-98）はもっとシンプルに「少しずつ長い文章へとつなげる工夫」と定義して、こんな活動例を紹介してるよ。

<u>「1文作文から2文・3文作文へ」移行していく練習</u>
- 2文で原因と結果を表す練習
  　ケアロハさんはハワイ出身です。雪を見たことがありません。
- 3文で「導入→展開→結論」を表す練習
  　比嘉さんは沖縄出身です。今北海道に出張中です。毎日「寒い」と言っています。

<u>クイズ作り</u>
- 既習の文型・文法事項を使用して、数文からなるクイズ作りに取り組む練習
  　ボクは白くて冷たいです。暑いところは好きではありません。普通頭にバケツをかぶっています。動けません。子どもたちはボクのことが大好きです。僕も子どもたちが大好きです。ボクは誰でしょう？（答え：雪だるま）

<u>Picture description</u>
- 4コマ漫画を描写する練習

1. 洋子は朝早く起きました。彼とピクニックに行きます。とってもいい天気です。
2. 洋子はお昼ごはんのサンドイッチを作りました。とってもおいしいサンドイッチになりました。「健も喜んでくれる」と洋子は思いました。
3. 洋子は健と一緒に山に登りました。昼になりました。「お昼ごはんを食べましょう」と洋子は言いました。
4. 洋子はサンドイッチの箱を探しました。でも、箱はありませんでした。家に忘れてきたのです。洋子は泣きました。

<u>枠組みを指定した自由作文</u>

・内容の枠組みを学習者の母語で与え、文章を書かせる練習

　「次のような情報を盛り込んで、夏休みの思い出を書こう」

　　・夏休み中に出かけた場所を一つ紹介しよう。

　　・誰といつ行ったのか書こう。

　　・そこでした事を書こう。

　　・そこに行った感想も付け加えよう。

Ⓟ こうゆう活動やったら、「**書き**」**の練習**って感じがするわな。

Ⓙ そうだね。この「枠組みを指定した自由作文」だけど、もう少し上級になってくると、「前置き」「問題提起」「仮説」「検証」「反論への反論」とかいう風な構成も考えられるね。

Ⓟ 最近流行の「**アカデミック・ライティング**」てヤツやな？

Ⓙ そうだね。まぁ、**アカデミック・ライティング**にかぎらず、文章を書くときには、目的ってものがあるよね。目的別に「どんな情報をどんな順序で書けばいい」という決まりごとがあるでしょ。それを練習することも大切だよね。

Ⓟ そういう練習する教材てあるん？

Ⓙ 最近いろいろ出てるよ。例えば、野田・森口（2003：56-57）は、こんな練習を紹介してる

よ。

わかりやすいマニュアル
1．ファクスの送りかたの説明
沢村さんのおじいさんの家には、ファクス付きの電話機があります。電話は親機からも子機からもかけられます。沢村さんは、おじいさんに「ファクスの送りかたがわからないから、簡単な説明を書いていってほしい」と頼まれ、次のようなメモを書きました。

紙を差し込んで電話番号を押し送信ボタンを押す。家の中で誰かが電話を使っている場合は、通話中の赤いボタンが点灯するので注意すること。ファクスで送ると見にくくなることがあるので、原稿は濃いめに書いておくこと。紙は、送る方を上にすること。

[問題1]
この説明を読んだだけでは、おじいさんはなかなかファクスを送ることができませんでした。この説明の問題点をできるだけたくさんあげてください。

[問題2]
この説明をわかりやすく書き直してください。追加したほうがよい情報は、想像で適当に補ってかまいません。

2．中華料理店の接客マニュアル
島田くんは、中華料理店でアルバイトをしています。これまでアルバイトの店員は島田くんを含めて二人だけだったのですが、営業時間を長くしてお客さんも増えてきたため、あと二人雇うことになりました。島田くんは、店長に言われて、新しいアルバイト店員のために、次のような接客マニュアルを作りました。

客への接客マニュアル
・自分が接客中でないときに来店客があればどこにいてもいらっしゃいませと大きな声で言う
・店に入ってきて案内を待っている客がいたら、どちらでもお好きなところへどうぞと言う。
・レジに客が来たらすぐにありがとうございましたと言う
・客がテーブルについたら、人数分の水と伝票を持っていく
・まず客の数を書く

C. ライティングの指導

- 注文を聞いて各メニューのオーダー数を書く
- 注文を復唱する
- レジに向かって歩いている客を見つけたら、すぐにレジに入る
- 声を出しながらレジを打つ
- レジの打ち方はレジのマニュアルを見る

[問題3]
新しいアルバイト店員は、このマニュアルを見ても、なかなか仕事のしかたを覚えられないようです。このマニュアルの問題点をあげてください。

[問題4]
このマニュアルを、はじめての人にもわかりやすく書き直してください。

Ⓟ はぁ、これは、「説明文」の練習になってるんやな。

Ⓙ ご明察！ 説明するためには、「どんな情報をどんな順序で書けばいい」ということを考えることが必要だから、そのための練習になってるんだよ。**パラグラフ・ライティング**は、こんなふうに文章レベルの**作文**に有効な指導法なんだけど、実施上の問題点もある。高田（1994）及び鷹家（1994）が、こんなことを指摘してるよ。

- 母語でも論理的な文章が書けない学習者に、目標言語で文章を書かせるのは困難である。
- 目標言語を1文すら書けない学習者にパラグラフが書けるかどうか不安がある。
- 自らパラグラフ・ライティングの経験のない教師が指導できるのか疑問がある。
- 多くの学習者の作文の添削をするとなると、教師側の負担が大きい。
- 入試などで取り上げられない場合、教師も学習者もパラグラフ・ライティングを軽視してしまう傾向がある。

Ⓟ なんや、実施上の問題点として教師の指導能力や負担感が入ってるのは、寂しい気いするな。語学教育なんて、どのみち手間のかかるもんやろ。プロやったら、覚悟せんかい！

Ⓙ まあ、でも、1クラス30名もいたら、添削もたいへんだからね。じゃ、そろそろ、次の「**プロセス・ライティング**」に移ろうか。これは、一口で言うと、「書く過程を通じて学習者が自己発見をするライティング」ということになるかなぁ。

Ⓟ 「自分探し」の旅ってヤツか。ああ、ロマンチック、ポエチック。

Ⓙ ちょっと、違うと思うんだけど。玉井（1994）は、**プロセス・ライティング**の五つの段階を、

こんな風に挙げてるよ。

・ブレーンストーミング
　　学習者が自分にとって最も意味のあるテーマを発見する段階
・草稿
　　学習者が決めたテーマについて、草稿を書く段階
・推敲
　　学習者が読者になったつもりで自分の文章を見直し、修正を加える段階
・編集
　　スペルチェック、動詞の活用、インデント、句読点など文章全体の体裁面での修正をする段階
・発表
　　作品を他の学習者の前で発表させたり、読み物としてクラスに提示する段階

Ⓟ なんや、えらい時間かかりそうやなぁ。

Ⓙ そうだね。教師の役割も「学習者が書きたいことを見つけそれを発展させていくプロセスを、徹底的にサポートする」というようなものになるよね。

Ⓟ なんや「**プロジェクト・ワーク**」みたいやな？

Ⓙ そうだね。**プロセス・ライティング**をよりコミュニカティブにするために、**プロジェクト・ワーク**の中に組み込むことだって可能だよね。

Ⓟ あんな、この「推敲」の段階なんやけど、ここで教師が介入して、よりよい表現を示唆することって、めっちゃ指導上大切やと思うねんけど。

Ⓙ うん、それはそうなんだ。でも、「示唆」って「これを使え」というのとは違うんだよね。指導の大切なポイントはいくつかあるんだけど、それについて川口（1994, 1995）は、こんな実践例を紹介しているんだ。

Ⓟ 伺いましょ。

Ⓙ まずね、「示唆」にするための前提条件として、学習者が既習の文型を使って作文してくる、ということではなくて、学習者自身が興味のある話題について書くということ。プロセス・ライティングなら、「推敲」の前の「草稿」の段階がこれにあたる。この草稿の段階がとても大切。どうしてかって言うと、学習者自身が話題を選んで書くっていうことは、その書かれたものの文脈が個々の学習者独自のものだってことで、だから、そこで教師の示唆に従って、ある表現を別の表現に取り換えたり新しい表現を挿入したりしても、文章の内容が分か

らなくなることはないでしょ？
Ⓟ なるほど。
Ⓙ 次のポイントは、「示唆」のし方。「こういう場合はこんな表現の方がいいと思う」というのを学習者に伝えるわけだけど、重要なのは、「文章を書いた学習者本人に文脈や表現意図を口頭で確認しながら進めていく」ということ。確認後、「こんな表現があって、この表現にはこういう機能があって…。」という説明に移る。
Ⓟ なるほど。それが「示唆」ゆうわけか。「指示」とちゃうねんな。学習者を表現者としていったん受け入れたあとで、その表現をよりよくする手助けをするゆうことやな。
Ⓙ そうそう。このプロセスによって、学習者にとっての教師が、「**自己表現の支援者**」という立場になるんだ。
Ⓟ それ、なんか、**CLL（Community Language Learning）** の教師の役割と似てるなぁ。
Ⓙ 確かにそうだね。ところで、**プロセス・ライティング**に戻るけど、これの評価には「**ポートフォリオ評価**」（横溝2001, 2002、川村2003, 近刊）が向いていそうだね。
Ⓟ そら、またなんで？
Ⓙ だって、**ポートフォリオ**評価には、こんな特徴があるでしょ（横溝 2002：177）。

・学習項目の決定に学習者が参加する。
・学習者が自分の学習プロセスを学期を通して内省し続ける。
・教師と学習者間の話し合いが学期の途中で何度も持たれる。

Ⓟ あ、ほんまや、この特徴、**プロセス・ライティング**のと似てるわ。
Ⓙ そう。「教師が学習者の学習に寄り添う形で、学びが促進される」という共通点があるよね。どちらも時間がかかるというところも共通点だけどね。

5. 中・上級レベルの日本語学習者の文章に見られる問題の傾向と対策

Ⓟ **プロセス・ライティング**についてやけど、これって**中・上級**の学習者向けの指導法やろ？
Ⓙ まぁ、そうだろうね。
Ⓟ 中級以上の日本語学習者って、初級の時とは抱えてる問題も違うわなぁ？
Ⓙ そうだね、そんな感じがする。石田（1988：211-214）は、**中・上級**の学習者が抱える問題として、こんなのを挙げてるよ。

第3章　日本語の授業の実際（4技能の指導：理論と実践）

・デス・マス体とダ・デアル体の混用

・ダ体の濫用（ダとデアルの使い分け）

・話し言葉と書き言葉の混用（特に接続詞など）

・語彙・表現の選択と文体の問題

・引用と自分の意見の混同

・段落の切り方に関わる問題

Ⓟ そやったら、「作文」ゆうても、論文を書くときなんか、こういう問題が特に深刻になるんやないかなぁ。

Ⓙ そうそう。確かに、日本語で論文を書くスキルは、日本人にとっても習得に時間と根気が必要なものだよね。

Ⓟ となると、日本語学習者の場合はもっと大変てゆうことになるやろ。どうしたらええんや？何やええ方法はないのんかぁ。わぁー、だれか助けてくれぇ！

Ⓙ パニクらない、パニクらない。根気よく指導することが基本だよね。

Ⓟ そんな無責任なこと言うてないで、何かええ教材とか具体的指導法とかないのん？　ウワーン。

Ⓙ はい、坊や、泣かなくてもいいのよ。例えば、論文の書き方を基本から紹介した『論文ワークブック』（浜田・平尾・由井 1997）なんかの活用もいいかも。

Ⓟ それだけ？　ウエッ、ウエッ。

Ⓙ じゃあ、これはどうだ？　日本人英語学習者用に書かれた、『英語論文すぐに使える表現集』（小田・味園 1999）の活用。

Ⓟ それって、どう活用すればええの？　グスッ、グスッ。

Ⓙ 論文調の表現が、日本語と英語とで対照してあるんで、英語から日本語という逆方向で活用すれば、日本語学習者（特に英語母語話者）にも役立つんじゃないかな。例えば、こんな感じで2言語の表現の対照がされてる（小田・味園 1999：152-153）。

・〜は、すべての場合に適用される。

　　~holds in all cases.

　　　　第一の法則は、どんな状況であってもすべての場合に適用される。

　　　　The first rule holds true in all cases under any condition.

- AはBにあてはまるが、Cにはあてはまらない。

    (A) applies to (B), but not to (C).

    彼の仮説は英語にあてはまるが、フランス語にはあてはまらない。

    His hypothesis applies to English, but not to French.

- ～は、この場合にはあてはまらない。

    ~does not apply to this case.

    法規第3条は。この場合にはあてはまらない。

    The third article of the regulations does not apply to this case.

- 逆のことは、～について言える。

    The converse holds for~.

    逆のことは、次のような場合について言える。

    The converse holds for the following case.

- 同じことが～にも適用される。

    The same applies to~.

    同じことがその事業にも適用される。

    The same applies to the business.

- ～の適用範囲は広い。

    ~has a wide application.

    この文書の適用範囲は広い。

    This document has a wide application.

Ⓟ 用法だけやなくて、例文も対照してあるのがいいね。ニコ、ニコ。

Ⓙ 笑顔が戻ったね。この教材は、「こんなことを論文調で表現したいけど、表現が思い浮かばない」という学習者にとっては、強い味方になりそうだね。

---

1) 特定のトピックを巡って研究・調査を行い、その結果を例えば報告書にまとめ上げる活動（岡崎・岡崎1990：290）。

第3章　日本語の授業の実際（4技能の指導：理論と実践）

D. リーディングの指導

1. リーディングの指導法の種類

(J) さぁ、4技能の最後、「**リーディングの指導**」に行こう。ひと口にリーディングの指導って言うけど、どんな指導方法を想像する？
(P) そらまぁ、いろいろあるわな。
(J) 高山（1995：76）はね、こんな指導法を挙げてるんだ。

- 音読を伴う指導
- 母語への翻訳を伴う指導
- フレーズ・リーディングを利用した指導
- スキーマを利用した指導
- 速読練習を伴う指導
- 多読指導

(J) 以下、これに従って、一つ一つ見ていこう。

2. 音読を伴う指導

(P) **音読**て、日本語を「声を出して読む」ゆうことやね。
(J) そうそう。
(P) これって、けっこう多用されてるんとちゃうか。ワシの学生時代を思い出してみても、英語の「リーディング」の授業で、大きな声を出して英語読んでたしな。
(J) そうだね。**音読**は、大きく分けると次の三つの形態に分けられるそうだよ（高山　1995：79-80）。

- 斉読（Chorus Reading）
- 自由読み（Free Reading, Buzz Reading）
- 個人読み（Individual Reading）

D. リーディングの指導

ⓟ ひとつひとつ、説明して。

ⓙ うん。まずは「**斉読**」。これは、教師が読み上げた後やテープを聞いた後に、あるいは同時に、学習者が一斉に音読する方法。

ⓟ 英語の授業やったら、「Repeat after me！」で、みんなでいっせいに読むゆうヤツやな。

ⓙ そうそう。けっこうなじみの深いもんだよね。「**斉読**」は、「短時間で多くの学習者に読ませることができる」「読めない学習者もつられて読めるようになる」などの長所がある一方で、「声の大きい学習者につられて誤った発音をしてしまう」「読んでいない学習者がいても気がつきにくい」などの短所も指摘されてるんだ。

ⓟ 次の「**自由読み**」は？

ⓙ これはね、時間を区切って、学習者個人個人が自由に声を出して読んでいく方法で、「他人に引きずられることなく、各自が自分のペースで音読の練習ができる」けど、「教師が学習者の発音の誤りを発見しづらい」という点もある。

ⓟ ほな、最後の「**個人読み**」は、ある個人を指名して、クラス全員の前で音読させる方法やな。

ⓙ うん。この方法にはね、「聞き手に内容がよくわかる読み方をする練習になる」「教師にとって、学習者がどのような発音上の間違いを犯しやすいのかを知るのに役立つ」などの長所もあるけど、発音に自信を持てないでいる学習者などにとっては、辛い時間になってしまう可能性もあるって言われてるんだ。

ⓟ どの形式も一長一短あるわけや。

ⓙ そうだね。

ⓟ で、そもそも「**音読を伴うリーディングの指導**」の目的って何なんやろな。

ⓙ 新里(1991)は、その目的として、こんなものを挙げてるよ。

- 音声を文字に結び付けるため
    母語とは異なる音韻体系・表記体系を持つ目標言語の文を読むためには、音声と文字の融合練習に十分時間をかけるべき。
- 理解のため
    音読することによって、目標言語の音声を再現し、その音声と意味とを照らし合わせながら、理解に到達していく。
- 表現のため
    音読することによってスピーキング力を付ける。

ⓟ あのな、ここに挙げてある目的て、「リーディング能力」の向上と関係あるんかいな？　だ

って、「音声」とか「スピーキング力」とか、別の能力の向上に役立ちそうには書いてあるけど、「**リーディング能力**」のこと「理解のため」に、ちょこっと書かれてるだけやんか。
- **J** 確かにそうかもね。「**音読を授業ですべきかどうか**」については、否定的な主張も少なくない。たとえば、高山（1995：78-79）は、3点の問題点を挙げてるんだ。

・音読は内容理解を妨げるのではないか
　　発音する方に注意を奪われて、意味の把握の面には神経が回らず、結果的には意味理解が損なわれるのではないか。
・音読はリーディング・スピードの向上を妨げるのではないか
　　読みの速度の向上を妨げ、その結果、優れた黙読習慣形成をも妨げるのではないか。
・音読は望ましい大意把握の読みの習慣を妨げるのではないか
　　音読により学習者は、「句」よりも文のより小さな単位である「語」に注意がいってしまい、一度により多くの情報を獲得するような読みの習慣形成が妨げられるのではないか。

- **P** うん。これは納得できるな。
- **J** **コミュニカティブ・アプローチ**では「なぜ読むのか」を考えることを重視しようといっているんだ。「読者はそれを読むことによって**インフォメーション・ギャップ**を埋めることができるからこそ読む（ホワイト 1984：100）」んじゃないのかな。だとすると、「情報を得るために声を出して読む」っていうのが、通常のコミュニケーション活動に含まれるのかってことが問題になってくる。このことに関連して、駒井（1987：14）は、こんなことを言ってるよ。

私たちは、上述のように、日常生活で随分いろいろのものを「読み」ます。でも普通の教育を受けた日本人が―何か欠陥があったり、特別な環境で育ったりしたため、日本語が読めない人を除いて―日本語を読むときのことを考えてみると、ごく特別の場合、たとえば病人や子供に本を読んであげる場合や、目の悪い人に遠いところにある看板や標識を読んであげる場合以外は、実際に声を出して読むことはありません。また、言語学や音声学などの授業以外では、音読したときの音声そのものに興味があって音読するとか、文の文法構造が知りたくて読むということはなく、内容を理解して知識を得るとか内容そのものを楽しむために読むのではないでしょうか。その上、私たちは、日本語で書かれたものを読んでいる間、音声とか文法構造には全然注意を払わないばかりか、その存在に気付くこともなく、意識の上ではただただ内容だけを追って読んでいるのです。すなわち日常生活上の「読む」という行為

では、「音読」することは珍しく、「黙読」して内容を理解すること、すなわち「読解」を行っているわけです。これは、1冊の本を読む場合も、Tシャツに印刷された語句を読む場合も同じはずです。

Ⓟ これは、えらい説得力があるなぁ。そやけど、**音読**てなんでこれほど多用されるんやろ。
Ⓙ 斉藤孝さんの『声に出して読みたい日本語』が大ヒットしたことも影響を与えたかもしれないな。それと、日本国内の英語教育での話なんだけど、「**音読**」は、これまでずっと多用されてきた指導法のひとつだったよね。
Ⓟ そやから、ワイが学生の時もそうやったって。
Ⓙ それが、最近になって、また大きく注目されるようになってきたんだ。どうも、英語の達人と呼ばれる人たちの多くが共通して「徹底的に**音読**した経験がある」といっていることがその始まりみたい。英語による「実践的コミュニケーション能力」の育成が叫ばれる今日、「どうすれば英語の達人のように英語が身につけられるのだろう」という関心から、達人の多くが実践してきた音読をやってみようという流れになってきたらしいよ。
Ⓟ へぇ、そうなんや。なんか、それについて言うてる人、おるん？
Ⓙ 例えばね、國弘（2001：21-22）がこんなふうに言ってる。

「先生、英語がなかなかうまくならないのですが、どうやったら話せるようになりますか」と質問されることがあります。こんな質問を受けた場合、「あなたは、声を出して読んでいますか」と私は逆に聞き返すようにしていますが、「はい」と元気な返事はなかなか戻ってきません。ほとんどの人が「いいえ…」と言って口ごもります。声を出さないで英語を勉強している人の英語力はかわいそうなほど伸びません。英語を本当に身に付けようとするには、英語を理解する基礎回路の構築が先決です。建築に例えれば基礎工事です。家を建てる時、基礎工事することなしに、柱を立てたり屋根を造るなんてことはしないはずです。英語の勉強もまったくこれと同じです。基礎回路ができていない段階で、雑多な新しい知識を吸収しようとしても、ざるで水をすくうようなものです。単語や構文などをいくら頭だけで覚えたとしても、実際の場面では使えません。この基礎回路を身に付ける最も簡単で効果的な方法が「音読」なのです。目で見たことを口から音声で発する、つまりヴェルニッケ中枢（言語理解領野）とブローカ中枢（言語運動領野）の間でinteractionを引き起こしてやることです。身体の1つでも多くの感覚を使って、運動記憶に訴えてこそ、言語を自分の身体の中へ取り込む、すなわち内在化させることが出来ます。いったん内在化させた言語能力は、肉体の中の血となり肉となって、広範囲な応用力を発揮します。

Ⓟ ははあ、頭を使うだけやなくて、身体も使た方がええ、ゆうことやな。そやけど、ここでいう「英語の力」て、**リーディング能力**のことだけを言うてる気いせえへんなあ。**音読**がリーディング能力の向上に役立つゆう、理論的な裏づけはないんかいな？

Ⓙ それだったら、森（2003：8-9）が、次のような理論的裏づけを紹介しているよ。

- リーディングのプロセスには、ボトムアップ・プロセス（単語の認識から1文、1文から文章という流れで理解していく）とトップダウン・プロセス（まずトピックについて、自分の持っている背景知識を活性化し、先を予測しながら読み進める）という、二つのプロセスがある。
- 1980年代以降の研究で、流暢な読み手（黙読を流暢に行う者）は「先を予測して読み飛ばしている」のではなく、ひとつひとつの単語をすばやく認識し、「自動化」しているということが明らかになってきた（このことは、流暢な読みにおける、ボトムアップ・プロセスの重要性を示している）。
- 母語におけるリーディングでの「自動化」に注目してみると、その言語に熟達していない時や、なじみのない単語を読む時には、心の中での音声化（つづりをまず音になおし、それから意味を理解すること）が起こっている。熟達するにつれて、単語のつづりから音と意味が同時的かつ自動的に喚起され、意味を認識できるようになる（つまり、熟達するまでには、多かれ少なかれ「つづりから音、そして意味」というプロセスを経るのである）。
- 目標言語におけるリーディングの場合にも同じことが起こっているとすると、つづり字規則（つづりと音の連関）がわかり、単語の音読ができるようになることが、将来の「自動化」につながる第一歩であると考えられる。
- 別の見方をすれば、熟達した読み手は、目で読んでいる文を心の中ですばやく音声化し、読んだ順に作動記憶へ保存していき、その情報を適宜取り出しながら、すばやい情報処理を行っていると考えられる（それ故、目標言語学習者を指導する場合、まず文の音読ができるようにさせることが基本である）。

Ⓟ なるほどな。「読む」時に頭の中で何が生じてるんか調査してみると、「黙読しているように見えても、実は心の中で『音声化』している。しかも、読む能力が高い人ほど、このプロセスが自動化している。だから、授業で『音声化』する機会をたくさん与えて、その達人たちの自動化プロセスに近づけようとする」ゆうことなんやな。そやけど、これ、いわゆる「声に出して」読むゆうのとイメージがちがうわなぁ。日本語教育の分野では、どうゆう意見があるんやろな。

J 日本語教育の分野での**音読**支持の立場には、英語教育の場合とは違う理由もあるんだ。たとえば、石田（1988：194-195）は、こんな理由で「読解はまず**音読**から入るべし」と言ってる。

・非漢字系学習者にとっては、漢字の知識が読解上の核となるので、読解にはいる前にその教材に含まれる漢字の読み方と意味を教えておくほうがよい。
・漢字系学習者の場合には、日本語の漢字の読み方を正しく覚えさせないと、いつまでも自国語の漢字に頼る癖が抜けず、そのために意味を取り違えることが起こる。

P これは、確かに、日本語教育の事情を反映した支持理由やな。
J ただ、**音読**批判論も強力で、尾崎（1992：114）は、「**範読**」（教師が声を出して読み上げること、つまり模範リーディング）と**音読**は、読解力の意味でのリーディング能力の向上には結びつかないと、次のように言っている。

教師の範読を聞くことで学習者は文中の意味の切れ目が分かる、教師は音読を聞いて学習者が文章を理解しているかどうかが判断できるなどと言われている。しかし、範読を聞くこと、音読することで読解力が伸びるとは言えない。むしろ、音読には弊害が多い。
第一に、読解の際の眼球運動を観察すると、何語かをまとめて視野に入れていることが分かる。音読の癖がつくと、一語一語に目が止まり読みが遅くなるだけでなく、読解そのものが阻害されると言われている。第二に、音読の際に息継ぎが間違っていれば、文意を正しくつかんでいないと推測することはできるだろうが、正しい息継ぎで読んだからといって、意味も正しく理解しているとは言えない。音読は理解確認の方法としては不十分だ。第三に、学習者が実生活で音読（朗読）を行うことはほとんどないから、音読の訓練をする必要はない。最後に、教師の範読を聞きながら、目で文字を追いつつ意味解釈も同時に行うというのは非常に難しい作業だし、日常生活でもほとんど必要とされないことである。また、教師の範読を学習者がどこまで集中して、正確に聞いているかも分からない。このように考えると、読解力を伸ばすために範読、音読をすることは意味がないだろう。

P まぁ、**音読**支持派も批判派もそれぞれ一理あるゆう感じやな。ほな、どうしたらええんかな。
J 「**音読**」と「**読解力**」の関係の研究は、どれも仮説の域を出ていないから、科学的にどちらのほうとも言い切れないのが現状だね。今のところ、個々の教師の教育理念に従って選ぶしかないようだね。

3. 母語への翻訳を伴う指導

Ⓙ 学習者の母語への**翻訳作業**、つまり「**訳読**」も、「**音読**」と同じで、**リーディング**の授業で多用される方法だよね。「次の文、○○さん、読んで訳してください」と、**音読**とセットで使用されることも少なくない。

Ⓟ うん。ワシが受けた英語の授業でも、いつもこんな感じやった。そやけど、なんで日本の英語教育って、こんな**訳読**が多用されてるんやろ？

Ⓙ そのことについては、安藤（1991）が、こんなことを言ってるよ。

・入試に和訳問題が出る。
・訳をせず、目標言語だけで授業をしても、学習者がついてこない。
・訳読に取って代わる有効な教授法が分からない（訳読なら、力量の乏しい教師でも教えられるし、多人数教育という悪条件にも対処できる）。

Ⓟ なんか、現実的過ぎて夢のない話やなぁ。

Ⓙ 日本語教育の場合は、学習者全員が使用できる共通言語、つまり**媒介語**が使用できるかどうかによって、授業中に訳読を行なえるかどうかが決まってくるよね。で、共通言語がある場合に授業で**訳読**をするメリットについて、酒井（1990）はこんな点を挙げてるよ。

・学習者にとって、予習及び学習の方法が明確である。
・一文ずつ訳をしていく学習は、それ自体が能動的なものであるし、知的作業になる。
・教員にとって簡便で（指名して訳させると、その訳を通して学力のチェックと訳し方のミスを容易に発見しやすい）、かつ（そのミスを通して）適切な指導を学習者に与えやすい。

Ⓟ う〜ん、やっぱりちょっと教師側の都合ゆう感じがするなぁ。デメリットのほうを言うてる人はおらんの？

Ⓙ **訳読**の欠点については、土屋（1983：144-145）がこんな風にまとめてるよ。

・訳しても内容がつかめない
・直読直解を妨げる
・訳が習慣となる
・内容が分かっても訳せない

・授業が単調になる

- Ⓟ 「**直読直解**」て、たとえば「（英語を勉強しているときに）英語で考える」みたいなことか。
- Ⓙ まあ、そんなとこだね。これらの欠点に加えて、小菅（1991）はこんな点も指摘してるよ。

・訳読式の授業では、（母語に訳す際に）奇妙な母語が氾濫し、学習者及び教師がそれをおかしいと思わなくなる。
・訳読式の授業では、文法・語法・単語・訳し方などの知識は与えられるが、リーディングのスキルそのものがまったく教えられない。

- Ⓟ こう見てくると、**訳読**否定派が優勢なように思えてくるんやけど…。
- Ⓙ **訳読**支持派は、ちょっと形勢不利だよね。ただ、訳読を100パーセント否定するのではなくて、部分的な取入れについての主張も少なくないんだよ。たとえば、塩澤（1992）は、全文を訳すのではなくて、他の方法に比べてより有効なところ（例、「I found the book interesting.」と「I found an interesting book.」の違いなど）に限って、理解のための訳をすることを提案しているんだ。それから、金谷（1994）は、**訳読**の問題を「難しすぎる文を訳させる際には『読んでいる』という実感が伴わない」ことと「時間の無駄が多い」ことだとした上で、「本当に必要だと思われる箇所だけを訳読させ、それ以外は、個別にその場で読ませていったほうが、実質が確保されるのではないか」とも主張してるんだ。
- Ⓟ どっちも、「訳させるところを限定しろ」ゆう意見やね。
- Ⓙ 「訳のさせ方」についての意見もあるよ。浅野（1994）は、「文の意味を訳させるのに、なぜ『口頭』でやらせるのか」って言ってる。というのは、「口頭で即座に母語に訳すのは、一種の同時通訳であり、大変高度な技術である」からなんだって。
- Ⓟ ワシも、英語の授業でその場で「訳せ」言われて、変な直訳日本語になったことあるなぁ。まったく、訳読てゆうのは、教室の中でどうしてもせんとあかんもんなんかなぁ。
- Ⓙ それに対する一つの答えになるかと思うんだけど、「媒介語訳を『先渡し』する方法」（山田2001、金谷他2004、山田2004）があるよ。
- Ⓟ 「先渡し」？
- Ⓙ 一言で言うと、「訳読式で進める授業では、学習者が目標言語に触れる時間が非常に限られたものになるから、媒介語訳を『先渡し』してしまおうよ」というやり方なんだ。こうすると、訳読に費やされる時間が節約できるから、浮いた時間で（目標言語の）同じ文を繰り返し読み理解を深め、学習者の頭に残る量（intake）を増やそうとするんだ。

Ⓟ もうちょっと具体的に言うて。

Ⓙ 訳を先渡しした後は、「新出語句・熟語などを、文脈の中で確認し理解する活動」「筆者の主張を読み取る活動」「本文内での各パート・パラグラフの役割を考える活動」「パート・パラグラフ間の時間経過や場所移動を考える活動」「本文で使われた語句・語彙・表現を自分の言葉として使わせ、それを鑑賞・評価・点検・修正する活動」などが続くんだ。この方法で行なうと、学習者が目標言語に触れる量が大幅に増大するらしい。

Ⓟ へー、おもろいな。英語の授業で、「和訳後渡し」や「授業中全和訳」はあったけど、**「和訳先渡し」**には出会ったことないわ。

Ⓙ 日本語教育の教科書を見てみると、学習者の母語の対訳版があることが少なくないでしょ。だから、この「母語訳先渡し」は、日本語教育でも可能性がありそうだよね。特に、まだ原文の逐語訳をやってることの多い、外国の大学なんかでは、取り入れてもいいんじゃないかな。

4. フレーズ・リーディングを利用した指導

Ⓟ 「フレーズ」て、日本語で言うと「句」ってことかな？

Ⓙ そうだね。**「フレーズ・リーディング」**については、「黙読の際に意味を理解するために、意味単位ごとに文を区切り、その区切った単位ごとに語順のままで意味を把握する読み方（相澤 1993）」っていう定義があるよ。でね、その中には、学習者の母語にできるだけ訳さないで内容を理解することを目指す場合と、積極的に母語に訳しながら読む場合とがあるみたいだよ。

Ⓟ ふうん。そやけど、「意味単位ごとに文を区切って語順のまま訳していく」なんて、効果的な方法なんかな？

Ⓙ 文全体の訳読をしようとすると、ひとつの文の中で行ったり来たりしないと、文全体がきちんと訳せないよね。

Ⓟ そらそうや。言語によっては、語順かて違うし。

Ⓙ だから、文の始めからすーっと意味のまとまりごとに訳していって、文全体の意味をつかんじゃおう、という考えが出てくるわけだ。

Ⓟ なあるほど。

Ⓙ 英語教育で例を挙げるなら、こんな感じかな（森田 1990：35）。

At first　最初

> the people thought　人々は思った
>
> the barbers who went to the King　王様のところに行った床屋さんが
>
> are living happily　幸せにすごしてる
>
> as the King's own barbers.　王様自身の床屋さんとして
>
> But later　でも、後で
>
> they began to think,　人々は考え始めた
>
> They may already be dead　床屋さんはすでに死んじゃったのかもしれない
>
> because　なぜなら
>
> none of them　床屋さんの一人も
>
> have returned yet.　まだ戻ってきていない。

Ⓟ 確かに、ぶつ切りで訳していっても、全体的な意味は取れるもんやな。

Ⓙ 高校で学んだ漢文の授業では、「返り点」が中国語につけられていたよね。あの返り点って、日本語っぽく訳すためのヒントだったと思う。でも、その返り点を取っちゃうと、中国語にそのまま触れることになる。この**フレーズ・リーディング**って、そんなもののようだね。

Ⓟ なるほどな。ところで、「意味のまとまり」で切る言うけど、どの辺で「意味のまとまり」にするんやろ？

Ⓙ **フレーズ・リーディング**には「**SIM方式（Simultaneous Interpretation Method）**」「**RIC方式（Rapid Interpretation Course）**」「**桐原方式**」「**茅ヶ崎方式**」「**記号研方式**」なんかがあるようなんだけど、「意味のまとまり」については統一見解はないみたい。

Ⓟ そうやとしても、「こんな感じだ」ゆうぐらいのガイドラインは欲しいなぁ。

Ⓙ そう。じゃあ、英語教育の分野で、名和（1992a：78）が、フレーズの区切り方の原則を紹介してるから、それを見てみよう。

> ①文法的に緊密な関係をもつ語群は区切らない
> 　　The girl you see by the gate ／ seems to be very sad.
> 　　The photo on the wall ／ is the Picture of our pet dog.
> 　　We gave him something to eat and drink.
> ②関係詞や接続詞のあとには休止を置かず、置く時は前に置く
> 　　What do you call a child ／ whose parents are dead?
> 　　I'd like to go to a place ／ where it isn't so hot in summer.
> 　　I had to wait ／ till they came hack.

③長い主語のあとに休止を置く

　A great many people ／ gathered around the statue.

　The boy given first prize in the contest ／ came from Wales.

④長い直接目的語、目的格補語の前で休止を置く

　He bought his daughter ／ a pair of nice green shoes.

　I found his dog ／ lying asleep at the door.

⑤同格語句や挿入語句は前後で区切るが、短い場合は前に続けてもよい

　Tchaikovsky, ／ writer of this music, ／ was a Russian.

　Our teacher, Mr. Jones, ／ lives in the suburbs of Tokyo.

⑥同じ語句の繰り返しを避けるために省略した個所は、通例休止を置く

　Some people like meat ／ and others ／ fish.

⑦いくつかの語句を列挙する場合は、通例休止を置く

　Who are you going to invite, ／ Tom, ／ Jack, ／ or Ned?

Ⓟ ふむふむ。これなら分かりやすいわ。でも、この**フレーズ・リーディング**の区切り方の原則て、日本語教育にはどれくらい使えるんやろか。

Ⓙ 基本的には、同じように使えると思うけど、日本語には「係助詞」のハという、文のレベルを越えて意味をまとめる文法要素があるから、そのためのルールを別に作らなくちゃ。たとえば、上の名和のルールに続けて、ルールを作って…。

⑧トピックの「ハ」がある場合には、つぎのトピックの「ハ」が出てくるまで、そのあとに大きい休止をおく。

　　中村さんは／／早稲田大学の学生です。／来年／中国に留学します。

Ⓟ あ、なるほど。「学生です」も「留学します」も、ハのついた「中村さん」の話やと。

Ⓙ それから、日本語は「（私の）妹（が生んだ子）は男の子よ」の（　）のことばみたいに、「文脈依存」で省略される要素が多いから、それをどう扱うかとか、もっといろいろなルールを考えないとだめだろうね。でも、「日本語の**フレーズ・リーディング**」という研究がなされていないから、まだすぐに参考にできるものはないのが現状だね。

Ⓟ やっぱり、なんでも英語教育のほうが先に行ってるんやなぁ。

Ⓙ うん。**フレーズ・リーディング**の長所について、Gillet and Temple (1982) はこんな風に言ってるよ。

D. リーディングの指導

- **一回の固視で多くの情報を得る**

    文を読んでいくとき、視線が止まったところで情報が取り込まれる。フレーズで読むと、そのフレーズをひとつの項目として処理ができる。

- **ストーリーを覚えやすい**

    「山田さんは田中さんからもらった本を昨日なくした」は「もらった昨日田中さんからなくした本を山田さんは」よりも、意味のまとまりごとに覚えられるから、覚えやすい。

- **ストーリーを思いだしやすい**

    思い出すときには一語一語思い出すのではなくて、意味のまとまりとしての語句を思い出す。それゆえ、フレーズ・リーディングをすれば、記憶しやすく思い出しやすい。

- **語やアイディアを推測しやすい**

    In recalling a meaningful sentences ／ many more than five (　　) ／ may be remembered という文のなかの(　　)が見えにくかったり消えていたりしても、慣れた読み手であれば(words)だろうと推測できる。フレーズ・リーディングをすれば、分からなくても、または全部読まなくても、フレーズの語句を推測し意味を捉えられる。

Ⓟ なあるほどな。

Ⓙ ところで、リーディングから少し離れることになるかもしれないけど、「**シャドーイング (Shadowing)**」って聞いたことある?

Ⓟ アンタ、そらいくらなんでも、離れすぎやで、いきなりスポーツの話やなんて。

Ⓙ え、なんでスポーツなの?

Ⓟ えっ、だから「シャドーボクシング」…。

Ⓙ 「シャドーボクシング」じゃなくて、「シャドーイング」!! テープ等から流れてくる音を耳だけで拾って、それをテープと同時に、自分で口頭再生する練習法なんだよ。具体的には、こんな感じを想像すればいい(東京SIM外語研究所 1982:17)。

テープ	学習者
At the edge	At the edge
of a great forest,	of a great forest,
there lived	there lived
a brother and sister	a brother and sister
named Hansel and Gretel.	named Hansel and Gretel.

Ⓟ ちょっと待った。これやったら、「**音読**」の中の「**斉読**」と同じやんか。

Ⓙ テープなどから流れてくるのを聞いたら「間髪入れずに」学習者がリピートを開始するという点が違うかなぁ。中嶋（2000a：74）が「『影踏み』で鬼が影をどんどん追いかけるように、音を追いかける」って、金谷（2002：61）も、「テープを途中で止めてそこまでの英語を声に出して言ってみる、そして、またテープをまわすというのではなく、テープはそのまま流したままにしてそれを追いかけて発音していく」って説明してるように。

Ⓟ なんや、混乱してきたで。

Ⓙ 「耳に入ってくる音を、ほんのコンマ何秒か遅れながら再生する（静1999：44）」ってので、イメージつかめない？

Ⓟ もうひと声！

Ⓙ 「聞こえてくる音声を、ほぼ同時にあるいは少し遅らせて、できるだけ正確にくり返すこと（鳥飼2003：8）」ってので、どうだ？

Ⓟ なんとなく、分かってきたで。もひとつ、お願い。ちょっと、やってみて。

Ⓙ それなら、…、オイ！　ボクがやったって、読者の皆さんには音が伝わらないじゃないか。

Ⓟ そらそやな。

Ⓙ 鳥飼（2003：9）が文字化したものがあるから、それで勘弁してね。こんな感じ。

ニュース音声 ：[mɑːz ðə red plǽnìt meid its klousest pæs tu ði əːθ]
　　　　　　　Mars, the red planet, made its closest pass to the earth.

あなた ：（少し遅れて）Mars, the red planet, made its closest pass to the earth.

Ⓟ ははあ、こんなんなるんかぁ。分かった、分かった。で、やってる人は、どんな気持ちになるんやろ？

Ⓙ それについては、金谷（2002：62）が、こんなふうに言ってるよ。

やってみたことのない人だと、この活動のよさはなかなかわからない。聞いているテープの音をくり返すだけだから、大変簡単な活動だと単純に考えてしまいがちである。聞いたとおりに音をコピーすればよいだけのように思えるからである。しかし、この活動が内容の理解と密接な関係にあることはやってみるとわかる。テープの中身が理解できない箇所では、その部分をくり返して自分で言ってみることは大変に難しい。聞いて大体のことが理解できる程度では、なかなかテープについて行くことが出来ない。細部までキチッと自分で補えていないと（あるいは、細部を自分で瞬時に補うことができないと、といった方が正確かもしれ

D. リーディングの指導

ないが)、Shadowing はできない。real time で口頭英作文をしてゆくようなものである。したがって、自分が耳にしたことをもとにしてかなりのスピードで英語の文を作る力がないと、なかなかテープをうまく追いかけていけない。慣れない人は音を片端から口に出して言おうとするが、うまくなると、句ぐらいの単位でまとめて発音する。つまり、少し「溜めて」から出すという形の行動をするのである。このことからも、この活動が理解を下敷きにしていることがわかる。また、理解するときも、その過程をスピードアップすることが要求される。モタモタしていると次の文が始まってしまうからである。このように、この活動は real time processing を促すための活動でもあるわけである。

Ⓟ やってみんと分からへんのかぁ。しかも、ほぼ完璧に理解してないと、テープについて行けへんのやろ？ ほな、何を**シャドーイング**させればいいんやろ？ 授業のどのタイミングでさせたらいいんやろか？

Ⓙ 金谷(2002：63)は、「もうすでに意味が一通りわかっているテープを使って」「読解授業の最後のところ」で行なうことを提案してるよ。

Ⓟ そうかぁ。それやったら、内容ももう分かってるやろし、大丈夫そうやな。一番最後にみんなで大きい声出して、授業を終わるってゆうのもいい感じやんか。でもな、この**シャドーイング**をやっていいことって、「授業に活気が出る」こと以外に何かあるんやろか？

Ⓙ 小金沢(2003：4)によれば、シャドーイングにはこんな効果がある。

・音のつながり、音の変化（音の脱落も含めて）、スピードに慣れ、リスニング能力を伸ばす。
・語彙や熟語、様々な表現などを、目標言語のまとまりの中で身につける。
・正しいイントネーションや発音を身につける。
・文字を見ないで、目標言語を継続して話す能力をつける。
・集中力をつける。

Ⓟ これって全部、スピーキングやリスニング関係のことちゃうの？

Ⓙ そうだね。**シャドーイング**によるリスニング能力向上のことだったら、玉井(2003)を見てみよう。

私がシャドーイングという訓練法に出会ったのは、会議通訳養成の学校に通った時です。一回1時間半を週2回、逐次・同時通訳と併せてシャドーイングの訓練を受け、3ヶ月位して

> TOEFLを受けてみると、テープがゆっくり聞こえるという経験をしました。560～580点あたりで壁に張り付いたようになっていたスコアが630点近くになってしまい、一体これは何だ、と自分で自分の結果に驚いたわけです。

Ⓟ ほうっ。3ヶ月でこれだけ伸びるってゆうのは、確かにすごいわな。でも、**リーディング能力**の向上のほうは、どうなん？

Ⓙ 「リーディング能力の向上にどう効果的か」ってことになると、さっき見た、森(2003：8-9)の「黙読しているように見えても、実は心の中で『音声化』している。しかも、読む能力が高い人ほど、このプロセスが自動化している。だから、授業で『音声化』する機会をたくさん与えて、その達人たちの自動化プロセスに近づこうとする」に戻ることになるだろうね。

Ⓟ あ、なるほど。音声化するものを意味のまとまりにすることで、文の意味理解にも結び付けようゆうことなんやな。

Ⓙ そうそう。鳥飼(2003：12)も「復唱ができれば、理解力がアップする」って言ってるしね。ところで、**シャドーイング**と呼ばれる活動には、いろんなバリエーションがあるらしいんだ。柳瀬(2002)は、そのバリエーションについてこんな風に言ってるよ。

a. スピードに関してのバリエーション
   ・速いスピードと遅いスピードなど、複数のスピードを用意してテープ等を再生させるもの
   ・テープ等ではなく、教師が自ら学習者の程度に合わせてスピードを調節し英語を自ら発声し、学習者に再生させるもの
b. 再生単位に関してのバリエーション
   ・全文を一気に提示するのではなく、一文ごとにポーズをとって英語を提示し、学習者の再生の遅れに対応するもの
   ・一文全てを一気に提示するのではなく、チャンク（意味のかたまり）ごとにポーズをとって英語を提示し、学習者の再生の遅れに対応するもの。
c. 再生方法に関してのバリエーション
   ・学習者が英語を聞いて、心の中だけで音をできるだけ明確に再生（再認）すること（メンタル・シャドーイング）
   ・学習者が英語を聞いて、口の動きだけはできるだけきちんとしながらも無声で再生すること（サイレント・シャドーイング）

D. リーディングの指導

　d. ペア活動に関してのバリエーション
　　　・ペアで活動して、一人が再生するのをもう一人が、その再生の音と唇の様子をチェックしてあげるもの
　e. テキスト（書かれた文書）を使うかどうかに関するバリエーション
　　　・音声を聞き再生する際に、テキストを見ることも許されるもの（アイ・シャドーイング、もしくは paced reading）
　f. 英語に関するバリエーション
　　　・歌あるいはゲームで、メロディーのついた英語を耳にすると同時に再生するもの（歌などを聞きながら一緒に歌うこと、あるいはゲームで皆同じ英語を唱和すること）
　　　・映画の台詞を、映画を見ながら同時に再生するもの

(P) ようけあるんやな。

(J) これらのバリエーションを相互に組み合わせると、さらに細かいバリエーションができるよね。また、それに加えて「バリエーションをどういう順番で、どのくらい繰り返して行うか」「シャドーイングの前に、どのような学習や活動をすませておくのか」についてもいろいろなやり方が考えられそうだよね。教師はどれを選ぶか判断しないといけない。

(P) うん、うん。

(J) こういった判断は、学習者の力、使用する文の特徴、訓練の目的、学習環境、指導者の実力等などの様々な要因を考慮する中で、総合的かつ実践的になされていくものなんだ。だから、柳瀬（2002）も言っているように「万人に対応できる唯一絶対のシャドーイングのやり方」っていうのは、探したって見つかりっこない。

(P) まぁ、教育ゆうんは、どこも「基本はケース・バイ・ケース」や。相手は人間なんやから。

5. スキーマを利用した指導

(P) ところで、最近よく耳にする「**スキーマ（Schema）**」て何やの？

(J) 根岸（1995：42）は、「構造化・階層化された知識の総体」って言ってるよ。

(P) よけい分からんわ。

(J) じゃ、こう言えばいいかなあ。ボクたちが文や文章を読む時には、自分の「**背景的知識**」を活用して理解を深めようとするよね。

(P) 「背景的知識」？

(J) その文や文章に書かれてある内容をちょっとでも知っていたり、その文体に慣れていたりす

ると、理解しやすいって言うこと。

Ⓟ ああ、たとえば、ワシ、野球が好きで野球のことよう知ってるから、英字新聞に書かれててても野球のニュースについてはよく分かるとか、そういうことかいな。

Ⓙ そうそう。そういった背景的知識を持っていないということは、書き手が前提としている知識を読み手が所有していないことを意味するでしょ。だとすると、読み手は読んでいく際に、大きなハンディキャップを背負ってしまうことになってしまう。

Ⓟ それはよく分かるなぁ。英字新聞でも野球のことはよう分かるけど、料理のレシピのコーナーは、何が書いてあるんかチンプンカンプンやもんな。

Ⓙ で、スキーマは大きく「**内容スキーマ**」と「**形式スキーマ**」に分けられるんだ。**内容スキーマ**というのは、書かれてある内容についての**背景的知識**のこと。**形式スキーマ**というのは、文・文章がどのような形式で書かれているのかについての**背景的知識**のこと。では、まずは、内容スキーマから見ていこう。

Ⓟ はいよ。

Ⓙ **内容スキーマ**を利用した指導法について考えるときに重要なのは、どのようにして内容についての**背景的知識**を入れるのか、入った知識をどのように活用させるのか、という点なんだ。たとえばCarrell（1988）は、こんな風な具体的指導法を提唱してるよ。

・スキーマを与えるためのプレリーディング活動（読みに入る前に、その文章の背景となる知識を与えるための活動）
    a. 映画・スライド・絵を見る
    b. フィールド・トリップを行う
    c. 実演する
    d. 実体験する
    e. クラスでディスカッションやディベートをする
    f. ロールプレイをする
    g. 文章を前もって見る
    h. 文章に出てくるキーワードの導入と話し合いをする
    i. キーワードやキーコンセプトから連想をさせる
    j. 関連する内容の文章を事前に読ませる

Ⓟ いろいろあるもんやな。

Ⓙ 高山（1995：90-91）も、こんな指導法を提唱してるよ。

D. リーディングの指導

- スキーマを活性化させるための指導１：組織的な指導法
    a. 読みに入る前に、ある作業（例、読むための目的の設定・トピックに関わる既存の経験の共有）をさせる。
    b. 活性化された背景的知識に照らして文章を読ませる。
    c. 読み手が事前に持っていた知識と読んだ文章から得た新情報を統合させるために、読んだ後での作業（例、文章についての討論・各自の解釈の記入）をさせる。
- スキーマを活性化させるための指導２：テキスト・マッピング
    説明文から中心となる内容を選びだし、文章の構成が分かるように図式化する。
- スキーマを活性化させるための指導３：予測することの指導
    a. 文章を一文ずつ見せて、あるいは一節ずつ見せて、読み手に次の内容を予測させる。
    b. パラグラフの最初と最後の文だけ見せて、その間の内容を組み立てさせる。
    c. 順序をバラバラにしたパラグラフを元の順序に直させる。
    d. ２つの文章を１つに混ぜ合わせたものを元の２つに分けさせる。
    e. 文脈から推測して、クローズテキストの空所を埋めさせる。
- スキーマを活性化させるための指導４：奇妙な単語を埋め込んだ文章及び意味のない文章の利用
    a. 読み手になじみのあるトピックの文章の中に、奇妙な単語・句・文を入れておき、読み手に意味の取れない部分で読むのを止めさせ、なぜ意味が取れないのかを考えさせる。
    b. 意味のない語を含む文章を読ませ、背景的知識を用いることにより、それらの語があるにも関わらず、文章が理解できることを実感させる。

Ⓟ なんか具体的にイメージできひんなぁ。日本語教育での実践とか教材とかはないのん？

🅙 そうくると思った。では、例として、産能短期大学日本語教育研究室編の『日本語を学ぶ人たちのための日本語を楽しく読む本・中級』（1991：70-74）を見てみようね。

読む前の準備

1 次の漢字は、これから読む文章に出てくる漢字です。a〜cの中から正しい読み方を一つ選んで○をつけてください。

(1) 実験　　a．じつげん　　b．じっけん　　c．じつけん
(2) 図　　　a．ず　　　　　b．え　　　　　c．と
(3) 番号　　a．ばんご　　　b．ばんごう　　c．ばんこう
(4) 目的　　a．もってき　　b．もくてぎ　　c．もくてき
(5) 同調　　a．どうちょう　b．どちょう　　c．どちょ
(6) 間違う　a．あいだちがう b．まちがう　　c．かんちがう
(7) 結果　　a．けつか　　　b．けか　　　　c．けっか
(8) 集団　　a．しゅうだん　b．しゅだん　　c．しゅうとん
(9) 圧力　　a．あっりょく　b．あつりき　　c．あつりょく
(10) 率　　 a．そつ　　　　b．りつ　　　　c．ひき

2 上の言葉の中で、「する」がつくものに○をつけてください。

3 これから読む実験には、次のような質問があります。
『下の2枚の絵を見てください。Aというカードに一本の線があります。Bのカードには3本の線があります。Aの線と同じ長さの線は、Bのカードの何番でしょうか』
あなたは、何番だと思いますか。

カードA

カードB
1 ───────
2 ───────
3 ───────

話し合ってください

1 次のような場合、あなただったら、どうしますか。

(1) 1人の友だちが、ある映画を見に行きました。そして、「とてもおもしろかった」と言いました。あなたは、その映画を見に行こうと思うでしょうか。

(2) 3人の友だちが「とてもおもしろい」と言った場合はどうでしょうか。

(3) 5人の場合は？

(4) 10人の場合は？

D. リーディングの指導

2 何人ぐらいの友だちが「とてもおもしろい」と言ったら、あなたは、その映画を見に行こうと思うようになるでしょうか。

▶ 話し合ったら、先に進んでください。
この問題についての説明は、これから読む文章の中にあります。

読んでみましょう

まず、一度、次の質問を考えながら、全体を読んでください。
同じ質問が文章の後に、もう一度書いてあります。答はa〜dの中から一つ選んでください。
(1) この実験の目的は何ですか。
(2) この実験から、どんなことがわかりますか。

みんなって何人？

「みんなが持っているからボクもほしい」
と子供が言う時、子供に
「みんなって、だれとだれ？」
と聞いてみると、
「タダシちゃんと、ハナ子ちゃんと、カズオちゃん」
というように、3、4人の名前が出てきますが、だいたい3、4人で終わりです。
その時に、
「3人だけ？」
と言うと、子供は怒り出すかもしれません。つまり、3人というのは少ない数ですが、子供には、3人というのは「みんな」なのです。

大人でも、同じようなものです。「みんながゴルフを始めたので..」という時の「みんな」は、ゴルフをする人全部（日本では数百万人）ではありません。自分のまわりの人の3、4人なのです。

アッシュというアメリカの学者が、「みんな」というのは何人かを、実験をして調べました。その実験は、次のような実験です。

〔アッシュの実験〕
1　あなたが実験室に行くと、5人の人がいます。あなたは、6番目のいすにすわります。そして、もう1人来ます。全部で7人になりました。
2　そして、実験が始まります。
　① 実験者は、大きなカードを見せます。カードは2枚あります。
　② Aのカードには、1本の線が書いてあります。
　③ Bのカードには、3本の線があって、1、2、3、と番号が書いてあります。
　④ 「Aのカードの線と同じ長さの線は、Bのカードの何番でしょうか」と、実験者はみんなに聞きます。
　⑤ そして、1番の人から、順番に声に出して答えます。
　⑥ あなたは、6番目のいすにすわっているので、6番目に答えます。

カードA	カードB
———	1 ——— 2 ——— 3 ———

3　答は、明らかに「2」です。あなたは、かんたんだと思っています。でも、1番の人も、2番の人も、「3」だと言いました。そして、あとの3人も「3」だと答えました。
4　あなたが、答える番です。あなたは、「2」と答えますか、それとも、みんなと同じように「3」と答えますか。

　他の人が自分と違うことを言った時、あなたが、どう答えるか、それを調べるのが、この実験の目的だったのです。
　実は、他の6人は、わざと、間違った答をしたのです。
　他の人と同じ答をすることを「同調」と言います。間違った答を言う人が何人になると、同調する率が高くなるでしょうか。

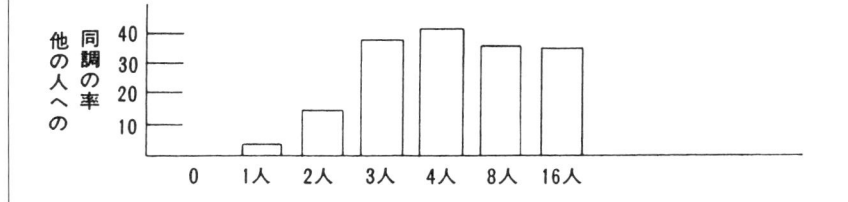

他の人への同調の率

（棒グラフ：0人=0、1人=約5、2人=約15、3人=約38、4人=約40、8人=約35、16人=約35）

この実験は、6人が間違った答をする実験です。アッシュは、その他に、1人、2人、3人、4人、8人、16人で、実験しました。その結果が、上の図です。

1人の場合は、多くの人が自分の意見を言います。

2人になると、同調する人が15％ぐらいになりますが、まだあまり多くありません。

ところが、3人になると30％以上に、急に増えます。そして、4人以上になっても、同調率はあまり増えないのです。

この実験から、次のようなことがわかります。私たちが、集団の圧力を感じて他の人と同じ意見を言うようになるのは、3人以上の人が同じことを言った時であること。また、3人以上になっても、あまり集団の圧力には違いがないこと、この2つです。子供も大人も、3人が問題のようです。

斉藤　勇「人間関係の分解図」誠信書房より

質問

(1) この実験の目的は何ですか。
 a．線の長さを区別することができるかどうかを調べる。
 b．この実験の方法がいい方法かどうかを調べる。
 c．自分の意見をすぐ変えるのは、どんな性格の人かを調べる。
 d．自分の意見と違う人が何人になると、影響が大きくなるかを調べる。

(2) この実験から、自分と違う意見の人の影響について、どんなことがわかりますか。

自分の意見と違う人が
 a．多くなるほど、影響は大きい。
 b．3人になると、影響が急に大きくなる。
 c．4人になると、影響が急に大きくなる。
 d．8人以上になると、影響は少なくなる。

▶ ここまでできたら答をチェックしてください。
　クラスで勉強している人は、他の人の答と比べて、答をチェックしてください。
　一人で勉強している人は、別冊の解答を見て、答をチェックしてください。

『日本語を学ぶ人たちのための日本語を楽しく読む本・中級』p.70-74 より転載

Ⓟ **内容スキーマ**を活性化させるための活動ゆうのは、このうちのどれなん？

Ⓙ 「読む前の準備」の3と、「話し合ってください」だろうね。「読む前の準備」の1の漢字の読みや2の「する」がつくものを探すのも、「文章に出てくるキーワードの導入」と考えれば、**内容スキーマ**を活性化させるための活動に入れられるかもね。

Ⓟ なるほど。こうゆう活動をやってから読みに入ると、確かに「**スキーマ**」みたいなもんはできそうやね。

Ⓙ そうだね。ところで、もうひとつの「**形式スキーマ**」だけど、「文章の修辞的構造に関する**背景的知識**」って、高山(1995：96)は言ってるよ。

Ⓟ 「文章の修辞的構造」て何なん？

Ⓙ 文章の構成（語句、文、パラグラフなどのアイディアをあらわす技巧）とか、展開法（アイディアの配列）なんかのことだよ。谷口(1992a：15)は、「文字、綴り、文法、パラグラフの構成、談話にいたるまで、全ての言語的な知識に関するもの」って、広～く**形式スキーマ**を定義して、こんな風に言ってるんだ。

> 例えば、bとdの判別、thoroughとthroughの綴りの違い、I look forward toの次にはsee youではなく、seeing youがくるなどの文字や文法に関するスキーマは形式スキーマである。また、パラグラフにおけるトピックセンテンスの位置やディテイルズの展開に関する知識も形式スキーマである。さらには、日本の昔話の「一寸法師」と「たにし長者」において、主人公は最初は小人、親切な人に巡り会う、危険を乗り越える、立派な若者に変身する、結婚して幸せになる、という共通のパターンをとるが、このように同じ文化の中で共通するストーリーグラマー（story grammar）も形式スキーマである。

Ⓟ ひゃ～っ、何から何まで入ってしまうくらいの広い定義やな。

Ⓙ **形式スキーマ**を活性化させるための指導ということになると、パラグラフ・レベルのものが多いんだ。パラグラフ、つまり段落の全体の意味をつかもうとする読み方を「**パラグラフ・リーディング**」と言うんだけど、パラグラフ・リーディングの具体的指導法については、斎藤・鈴木(2000：145-146)が、こんなステップを挙げてるよ。

a. 「そのパラグラフの中で言いたいことを最も簡潔に示している文」イコール「トピック・センテンス」であると説明し、具体例を挙げる。

　　[例（後 2000：135-136）]

D. リーディングの指導

> 加奈子は私たちの学校で人気があります。クラスメートに親切です。歌もうまいし、色んなスポーツもします。学校のイベントのためにも一生懸命働きます。

という段落を与え、以下のようにまとめた例を提示する。

> トピックは：　加奈子
> 言いたいことは：　学校で人気がある
> トピック・センテンスは：　加奈子は私たちの学校で人気があります。

b.　「トピック・センテンス」の具体的内容を表している文が、上記の例であれば、「加奈子は私たちの学校で人気があります」に続く三つの文であると示す。
c.　教材を与えて、学習者にトピック・センテンスとその具体的内容を表している文を指摘する練習をさせる。
d.　段落の要約を言わせたり書かせたりする。

Ⓟ ふむふむ。段落で一番大事な部分を発見して、段落全体で言いたいことをまとめるてゆう練習なんやな。

Ⓙ そうだね。ところで、「文章の展開の仕方が言語によって異なる」っていうことを、Kaplan（1966）が指摘しているんだけど、そのことに関連して、鈴木（2003：14）はこんな風に言ってる。

会話のように文がいくつかまとまってできた言語単位を談話と呼ぶが、この談話という単位で比較分析をすると、その展開には文化差があるといわれる。たとえば、アメリカのトーク番組を見ると、司会者のインタビューぶりが非常に積極的で、時にはゲストの話を遮るほど矢継ぎ早に質問をすることに気づく。また、韓国人留学生からは、アルバイトに遅刻したので謝るより先にその理由を詳しく説明したら、雇用主の日本人に「言い訳ばかりで謝ろうとしない」と激怒されたという体験談をよく聞くが、これも、母語における談話展開の違いが誤解の原因になった代表例といえよう。

Ⓟ ああ、こうゆうことってけっこうある、ある。

Ⓙ こんな現象を「**プラグマティック・トランスファー**」、それを研究する分野を「**中間言語語用論研究**」っていうんだけど、別の見方をすると、**形式スキーマ**の重要性を主張していると

言ってもよさそうだよね。

Ⓟ そうやね。

Ⓙ 日本語学習者が文章を読んでいる限りはあまり表面化しないんだけど、「書く」段階になると、母語のやり方に従ってパラグラフを展開していき「何か日本語的ではない印象を与える」文章を書く可能性が出てくる。そんな時は、**形式スキーマ**を利用した指導によって、このような問題を解決する必要がある。スピーキングについても同じことが言える。

Ⓟ そらそうや。なんかええ教材や参考になる実践報告はないの？

Ⓙ いろいろ探したんだけど、この分野の研究自体が新しく、まだ教材にはなってないみたい。実践報告も見つからなかったよ。

Ⓟ そうか…。もう少し研究が進むのを待つしかないんか。

Ⓙ う〜ん。「ライティングの指導」のところで出てきた、『日本語を書くトレーニング』での「**パラグラフ・ライティング**」が、それに近いのかもしれないけど…。

Ⓟ しからば、しばしの間待つことにしよう。完成までの猶予を与えるものとする。

Ⓙ 何でそんなに偉そうなんだ！　ま、いつものことか…。で、またリーディングに戻るけど、**スキーマ**を利用したリーディング活動の目的について、伊藤（1992c：42）はこんな風に言ってるよ。

・全体から部分へという巨視的な展望を保つ。
・予測・推論の能力を高める。
・試行錯誤を繰り返しながら、問題意識を持ち、主体的に活動できる。
・分析力と統合力を高める。
・形式・内容スキーマを利用する推論活動では、読み取った内容を長期記憶に定着させることができる。

Ⓟ なんかカタ〜イ言葉が並んでるけど、要するに、**内容スキーマ**と**形式スキーマ**をしっかりと活性化させておけば、読んで理解できる程度がぐっと上がるゆうことやろ？

Ⓙ 平たく言えば、そうだろうね。

6. 速読練習を伴う指導

Ⓟ 「**速読**」て速く読むことやんな。

Ⓙ もう少し専門的に定義すると、高山（1995：101）は「遅読に相対する読みで、ふだん何気

D. リーディングの指導

なく読むときの速さよりも、努力して読む読み方」、谷口（1992a：200）は「幾分易しい教材に焦点を当て、理解度を落とすことなく速く読み取る読書術」って言ってるよ。

Ⓟ 結局「速く読む」てゆうことやんか。

Ⓙ まあ、そう言えばそうだけどね。でね、**速読**のための方法についてなんだけど、「リスニングの指導」の時に出て来た「**スキャニング**」と「**スキミング**」の再登場ということになる。「スキャニング」と「スキミング」の違い、ちゃんと覚えてる？

Ⓟ おお、思い出そうと思ても忘れられんわ。

Ⓙ アンタ、その、校正ミスかと思われるようなギャグはやめなさい。読解での**スキャニング**の定義については、高梨（2000：8）が「必要な情報をすばやく把握させる検索読み」と定義してる。で、速読を指導する際のポイントだけど、まずは「学習者にとってふさわしい文章を準備する」ことから始まるよね。

Ⓟ 確かに、興味のないもん、難しすぎるもんを「速く読め」言われたらツライわな。

Ⓙ 速読教材を用意するときに気をつけるべきこととして、小菅（1988：186-187）がこんなことを言ってるよ。

・未習の語彙・文法項目が多すぎないこと
・内容にまとまりがあること
・興味ある内容であること
・適度な長さであること

Ⓟ まあ、分かるけど、ちょっとイメージが湧かへんなあ。

Ⓙ そう？　じゃあ、ひとつ教材を紹介しようね。三浦・坂本（1997：120）の速読文章はこんな感じだよ。

第3章　日本語の授業の実際（4技能の指導：理論と実践）

EPISODE 43　夫のお小遣い

　テレサは今年日本の大学で勉強しながら、本田という家族の家でホームステイをしている。ホームステイをしていると、日本人の習慣がよく分かるようになる。今まで、アメリカ人の書いた日本についての本を何冊も読んだが、そういう本に出ていないようなことも、本田さんの家に住むことで見たり聞いたりできる。同じ大学に留学しているアメリカ人の中には、寮やアパートに住んでいる人たちもいるが、その人たちは日本人の習慣についてあまり知らないようだ。だからテレサは、そういう人たちに、自分の本田家での経験について、よく話してあげている。

　本田家に住むようになってびっくりしたことはたくさんあるが、その一つは、ホストファミリーのお父さんが、お母さんから毎朝お小遣いをもらって出かけるということだった。お父さんは、大体昼食代として毎日2000円ぐらいもらっていく。時々、仕事の後で同僚と飲みに行かなければならない時は、お母さんと交渉して、もっともらっていくらしい。

　テレサは、いつかそのことについて、お母さんと話したことがある。すると、お母さんは驚いて、「えっ！アメリカでも同じじゃないの？」と言った。「そんなことはありませんよ。私の家では、父がお金を扱っていて、月末の支払いなんかも、みんな父がやっています。お小遣いは、父が母に上げているんですよ」とテレサが言うと、お母さんは、「へえ?!　アメリカは女性の強い国だから、家のお金も妻が扱っているんだとばかり思っていたわ。何だ、日本の女性も別に弱いわけでもないのね」と言って喜んだ。

　その晩お父さんが帰ってきた時、お母さんがそのことを伝えると、お父さんは「そう、じゃこれから、家でもアメリカ式にしようか」と提案した。しかし、それはお母さんに「だめだめ」と簡単に否定されてしまった。

◇ **提案する**；て「いあんする：(ir-V／tV) to propose; suggest

D. リーディングの指導

単 語 表

お小遣い（お「こ」づかい）；N	spending money ; allowance	
寮（りょ「う）；N	dormitory	
昼食代（ちゅ「うしょくだい）；N	lunch money	昼ご飯に使うお金
月末（げ「つまつ）；N	the end of the month	月の終わり
支払い（し「はらい）；N	payment	
否定する（ひ「ていする）；ir-V/tV	to deny	

『速読用の文化エピソード』p.120、122より転載

Ⓟ この文章って、どれくらいのレベルの学習者用なん？
Ⓙ 中級だよ。
Ⓟ ふうん。確かに興味持ちそうな内容で、まとまりがあって、長さもええ程度やな。
Ⓙ そうだね。
Ⓟ 本文の後に、単語がいくつか「振り仮名」と「意味」と一緒に載ってるんは、これがないと、漢字をどう読むかについての「読みリスト」を配備しんとあかんくなるからか？
Ⓙ そう。で、これを5～7分ぐらいの速さで読む。
Ⓟ けっこう速いんやね。そのペースで速読していくには、どうゆうことをしたらええんかな？
Ⓙ それについては、安藤（1979, 1989, 1991）がこんなことを言ってるよ。

・読み物の内容に全意識を集中させる。
　　姿勢を正す／肩の力を抜く／心を静める
・読む速度の目標を立て、それを越えるように努力させる。
　　まずは音読の速さから
・全部理解しようとする「完全主義」を捨てさせる。
　　まずは、70～80％が目標
・「目が行きつ戻りつする訳読」を禁止する。
・逐語読みではなく、フレーズ・リーディングにつとめさせる
・予測しながら読むことにつとめさせる

Ⓟ なるほど。いわゆる「**精読**」とは違う読み方やゆうことを、徹底する必要があるてことやな。
Ⓙ そういうこと。

7. 多読指導

- Ⓟ「**多読**」とは、たくさん読むことと見つけたり。
- Ⓙ「**多読**」の定義には量以外の要素もあるんだ。新井(1991)は、「細かい部分の内容把握には多少目をつむっても、できるだけ多くの目標言語に接し、そこに書かれてある内容の概要や要点を効率よく理解する読み方」、塩澤(1986)は「精読によって得た知識や技能を活用して、多量の英文を内容理解を中心に進む言語活動」って言ってる。
- Ⓟ「細かいところにはそんなにこだわらないで、できるだけたくさん読みましょう」ゆうことかいな。
- Ⓙ まあ、そんなとこ。ところで、山本(2000:278)が、学校での授業で通常行われている「**精読**」について、「**精読＝遅読＝少読**」になってないかって書いている。
- Ⓟ ははっ、こら言い得て妙やね。
- Ⓙ 精読自体が悪いというわけではないけど、それとは異なる「**速読＝多読**」という視点での指導も必要じゃないかと主張してるんだ。
- Ⓟ まあ、その主張は特に新しいとは思わへんけど、**速読**と**多読**がセットになってるゆうことは、速読と多読に共通点があるゆう前提がそこにはあるわけで、そやから、その前提が、「細かいところにはそんなにこだわらないで、まあ、できるだけ『速く／たくさん』読みましょう」ゆうことになるんやろな。
- Ⓙ そうそう。そのことについては、金谷(2002:91)も、「速く読めるようにすることと、たくさん読ませるのとはコインの両面である。速く読めれば、たくさん読めるし、たくさん読まされれば、速く読まなくてはならないからである」って言ってるよ。
- Ⓟ そやろうな。ところで、多読の目的って何やろ？
- Ⓙ **多読**の目的については、塩澤(1986)が３つの点を挙げてるよ。

   ・多量の目標言語を読ませる（教科書だけでは、量的に不足）
   ・多量の技能を教える
      黙読
      直読直解（目標言語で読んだものを母語に訳さずに、目標言語で理解する）
      フレーズ・リーディング
      パラグラフ・リーディング
      スキミング
      スキャニング

・独力で読む経験と自信を与え、読む楽しさを味あわせる（家庭での自主学習により）

Ⓟ 「多量の技能」ゆうのがおもろいな。いろんな読み方を総動員して、たくさん読もうゆう意気込みみたいなもん感じるな。

Ⓙ 確かにそうだね。ところで、**多読**の実施のし方だけど、「教室内」と「教師外」に分けられそうなので（高山1995：107-108）、それぞれ別々に見ていくことにしよう。まずは教室内から。塩澤（1994）が、教室内での**多読**指導の手順の一例をこんな風に示してるよ。

a. **Pre-reading**
   ・スキーマを活性化させ、読む動機づけをする
   ・未知の語句や文法事項は説明して読みの障害を取り除き、内容理解に専念できるようにする

b. **While-reading**
   ・テキストのテープを聞かせてから、学習者に黙読させる
   ・１回目は、全体をざっと読ませて、概要を言わせる（スキミング）
   ・２回目は、質問を与えて、答えを探させる（スキャニング）

c. **Post-reading**
   ・目標言語による、真偽問題・選択問題を課す

Ⓟ 「読む前」「読んでいる間」「読んだ後」ゆう３段構えやな。

Ⓙ そうだね。教師の目が届かない教室外の**多読**指導だと、「**事前指導**」と「**事後指導**」がとても重要。

Ⓟ 確かに、ただ、「とにかくたくさん読め」言われても、戸惑ってしまうもんな。

Ⓙ そう。明確な指示が必要。でね、名和（1992a：81）は、「教室外」の場合は、特にこんな指示が**事前指導**として必要だと言ってるよ。

a. 精読と違って、話の内容を６〜７割つかめたら、後は自分の想像力で補って読む。
b. 話の流れをつかむことに主眼を置き、自問自答しながら読み進む。
c. 未知の語は前後関係から推測するようにして、辞書を引くことはしない。
d. 最初の方はゆっくり読んで状況をつかみ、後はできるだけ速く読むように心掛ける。

Ⓟ **事後指導**はどうなん？

第3章　日本語の授業の実際（4技能の指導：理論と実践）

🅙 こんな**事後指導**が必要（名和 1992a：82）。

> a. 読む過程に焦点を当てた自己評価をさせる。
>   - 大筋がつかめたかどうか
>   - 単語や構文などの難易度はどうだったか
>   - 面白いところはどんなところだったか
>   - 全体を読むのにどのぐらいの時間がかかったか
> b. 簡単な読後感を書かせたり、話させたりする

🅟「事後指導＝テスト」になってへんとこがええな。

🅙 そうだね。「事後指導＝テスト」になっちゃうと、たくさん読むこと自体がいやになっちゃうよね。

🅟 あー、テストはいやや。プルルルル！

🅙 また、トラウマかい？　ところでさ、村野井（2004：30-31）がね、**第二言語習得研究**の結果から、**多読**指導を補完する三つの学習活動を提唱してるよ、こんなふうに。

> a. 深い言語処理を促す読後活動
>   たくさん読むことによって言語処理の量を確保しながらも、深い言語処理を促す指導を多読に組み合わせることが、限られた学習期間の中で効果的・効率的に学習者を支援するためにはどうしても必要となる。たとえば、読むものをすべてを読み流すのではなく、学習者が特に強い興味を持つテクストに出会った場合には、内容要約などの読後活動（Post-reading Activities）を行い、テクストとのより深い関わり、つまり深い言語処理を促すことも必要なことであると思われる。（中略）深い理解や内容に関わる産出を伴った読後活動も多読に組み込む形で行って、記憶保持を決定する情報処理の量と質の両方を保障することが効果的であると考えられる。
>
> b. インプットとアウトプットをつなぐ活動
>   バランスのとれた運用能力を伸ばすためには、文字と音声、理解と産出を融合させた活動を組み込んだ多読・多聴が必要となる。
>
> c. 補助としての文法記述活用
>   多くの実証的研究において、学習者が目標言語を使う過程でわからない言語形式や使

D. リーディングの指導

えない言語形式があることに気づいたときに、教師からの支援や良質の文法記述などの補助があるとその言語形式の習得が促進されることが示されている。排除すべきなのは意味理解活動と切り離された単語の暗記だとか、何を建てるのかすらわからずにレンガを積むように、文法項目を1つ1つ覚えていくような文法学習である。教師の示す文法説明や学習英和辞書・文法書に記載されている文法記述は、学習の対象物（Object）ではなくて言語習得を促す補助（Aid）であるととらえるならば、多読を行う上でも大きな助けになりうると考えられる。

Ⓟ「深い言語処理を促す読後活動」ゆうんは、さっきの**事後指導**のことやな。ほんで、「**インプット**と**アウトプット**をつなぐ活動」ゆうのは、読むだけやなくて、聞いたり話したり書いたりすることと組み合わせるゆうヤツやな。

Ⓙ どうしたの？　えらく冴えてるじゃん。技能の組み合わせは、「4技能の統合」でゆっくり見ていこうね。

Ⓟ さよか。ほなら、「補助としての文法記述活用」ゆうのんは、ええと…何やろ？

Ⓙ もう限界？　それはね、「意味重視の言語活動において学習者が語彙や文法などの言語形式につまづいたときが、言語能力を伸ばすもっとも重要な瞬間であるという推測にもとづいた指導理念（村野井2004：31）」であるところの…。

Ⓟ あ、思い出したで。確か、…フォークソング…、え？　何やったかな？

Ⓙ **フォーカス・オン・フォーム**（Focus on Form）！

Ⓟ あ、それや、それや。ちょっと、説明してーや、そのフォークソングなんやらを。

Ⓙ フォーカス・オン・フォーム！　ハワイ大学のMichael Long氏が主唱している**TBLT**（Task-based Language Teaching）っていうのがあるんだけど、その教え方では、**ニーズ分析**に基づくシラバス作成が行われるんだ。

Ⓟ ふむふむ。

Ⓙ 学習者に**ニーズ分析**を行って、学習者にとって必要なタスクを抽出して、「**タスク・シラバス**」を構成するという点から考えると、**学習者中心のアプローチ**だよね。

Ⓟ ちょっと待て、フォーカス…はどこ行ったんや？

Ⓙ でね、選ばれたタスクを学習者にさせてみると、そのタスク遂行のためのコミュニケーション活動の中で、必要な文法とかが出てくるだろ？　それを学習項目として取り出して、指導する方法のことだよ、**フォーカス・オン・フォーム**って。

Ⓟ なんや、分かったような分からんような感じやな。具体的には、どうすんの。

Ⓙ （文法などの）言語材料の指導が授業過程の最後の段階に来ることにその特徴があるんだけ

第3章　日本語の授業の実際（4技能の指導：理論と実践）

ど（和田 1999：48）。

Ⓟ そやから、その指導はどんなんなんよ。ドリルはするんか？　**媒介語**は説明で使うんか？ほんでから…。

Ⓙ それはボクには答えられないなあ、そんなに詳しいわけじゃないし。でもね、提唱者であるLong氏自身が、言語形式の抽出方法とか、その指導法について特に言及していないんだよ。それで、教室の中で実際にどんな教室活動を行うのかがはっきりと見えていない、というのが現状なんだ。

Ⓟ これからの研究の発展次第ゆうやつか。

Ⓙ まあ、そんなところだろうね。次に、**多読**のための教材だけど、こんな点に気をつけて選定するといいって言われてるよ（伊藤他 1985、藤原 1991）。

<u>教室内指導</u>
- 主として、既習の言語材料で構成されていること
- 題材は学習者の興味、関心を歓喜するようなものであること
- 時間内に読み終えられる程度の量であること
- 構文や語句の注のつけ方に配慮がはらわれていること

<u>教室外指導</u>
- 学習者が興味を持ちそうな内容であること（ある程度の予備知識があり、親しみがもてること）
- 構文が複雑でなく、未知の文法事項を含まないこと
- 手紙・活字・挿し絵など、視覚的な配慮があること
- やたらと注が多くないこと
- 値段が手ごろであること

Ⓟ 「興味が持てて、ちょうどいいくらいの難しさで、読みやすい、手に入れやすい」ゆうことやな、まとめると。

Ⓙ そうだね。

8. 学習者のレベルに合わせたリーディング

Ⓟ 一口に「**リーディング**」言うても、いろんな指導方法があるゆうのがやっと分かってきたわ。
Ⓙ それはよかった。そのいろんな指導方法だけど、どれを採用するかは、学習者のレベルによっても影響を受けるよね。そこで、佐野他（1988：85-86）は、「読み」活動を「Reading for Language」と「Reading for Information or Pleasure」とに分けて、こんな風に言ってるんだ。

> 初心者のうちは、当然 reading for language の占める割合が多くなります。具体的には、耳で聞いて理解したことや、すでに口頭で練習したことを、再度文字を通して接することによってより確実にし、目標言語の表記法に親しませます。いわば本格的な読みの基礎訓練が主たるねらいです。しかしこの基礎訓練の中にも本来のリーディングの要因を取り入れると同時に、できるだけ早いうちに reading for information or pleasure の経験も与える必要があります。一方目標言語力がある程度伸びれば、目的を意識し、一般的知識や推理力を働かせ、全体から部分をとらえる「読み」の指導が必要になってきます。（中略）要約すれば、初心者のうちは「学習」主眼の reading for language が中心ですが、「獲得」も生じさせる工夫が必要であり、一方上級者には「獲得」を主体とした reading for information or pleasure が大きな意義を持ちますが、そこでも「学習」が一定の役割を持つということなのです。

Ⓟ 要するに、「**Reading for Language**」ゆうのが「言語能力をつける学習のための読み」、「**Reading for Information or Pleasure**」ゆうのが「情報や楽しみを得るための読み」で、両者のバランスを取るのが大切やゆうことね。
Ⓙ ご明察！

9. 読解ストラテジー

Ⓙ これまでいろんな「読み方」の指導方法を見てきたけど、その最終目的って何だろう？
Ⓟ そら、最終的には、学習者が自分一人で読んで理解する技術を身につけることやろ？
Ⓙ そうだね。その技術を「**読解ストラテジー**」と呼ぶんだ。**読解ストラテジー**は、日本語学習者も自分の母語では自然に身につけているもんなんだけど、日本語を学習するとなると、そのことを忘れてしまいがち。そこで、いろんな指導法に触れることで、それを思い出してもらって、読む時に積極的に活用できるようになってもらいたいというわけ。

Ⓟ 涙ぐましい努力やなあ。

Ⓙ そうだね。**読解ストラテジー**の例を、三牧（1996：80）は、こんな風に挙げてるよ。

・題や見出しから連想し、記憶の中の概念と結び付ける。
・キーワードを見つける。キーワードはテキスト中に繰り返し現れる。
・トピック・センテンスを見つける。トピック・センテンスは、段落の最初か最後を探せば見つかることが多い。
・段落などのまとまりごとに大意を要約しながら読む。
・今読んでいる部分が、全体や前の部分とどのような関係にあるかを考えながら読む。
・大意を素早くつかむ。
・テキストに書かれている情報だけでは理解しにくい場合には、推測する。
・知らない語句は、前後の文脈から意味を推測する。重要な語句について、その推測が失敗であったことが明らかになったり、どうしても分からない場合には辞書を引いて意味を確認する。
・重要な情報にアンダーラインや印をつけて強調する（ハイライティング）。
・要点をメモしながら読む。
・事実と登場人物の意見、筆者の意見とを区別する。

Ⓟ いやあ、いっぱいあるなあ。

Ⓙ そうだね。三牧（1996：81）は、「学習者に母語の読解の際には利用しているはずのいくつかの**読解ストラテジー**を思い起こさせ、意識化させ、さらに積極的に読解授業の中に**ストラテジー教育**を取り入れることが重要」と主張してるんだ。

Ⓟ 「自分の母語では自然にやってることを目標言語でもやってみよう」キャンペーンやな。

Ⓙ 交通標語だったら、言ってる間に事故を起こしそうだね。

10. リーディング・チュウ太

Ⓙ 「リーディング・チュウ太」っていうのがあるんだけど、知ってる？

Ⓟ 名前は聞いたことあるで。

Ⓙ 川村よし子・北村達也コンビが開発した、日本語読解支援システムなんだ。

Ⓟ どんなふうに支援してくれるん？

Ⓙ 日本語学習者だけでなく、教師にとっても役に立つ情報がたくさん得られるんだよ。こんな

機能があるんだ。

・日日辞書ツール
　　テキスト内の単語の意味を日本語で説明する
・日英辞書ツール
　　テキスト内の単語の意味（英訳）と読み方がわかる
・日独辞書ツール
　　テキスト内の単語の意味（独訳）と読み方がわかる
・語彙チェッカー
　　日本語能力試験を基準にして単語の難易度を判定する
・漢字チェッカー
　　日本語能力試験を基準にして漢字の難易度を判定する

Ⓟ もうちょっと具体的に説明してみて。

Ⓙ いいよ。日本語学習者は、自分が読みたい文・文章を選んで、それをコピー＆ペーストでチュウ太に入力する。それで、このツールやチェッカーのどれかを選べばいいんだ。辞書ツールを使えば、辞書を引かなくても文や文章が読める。また、語彙チェッカーや漢字チェッカーを利用すれば、自分が知っておくべき語彙や漢字を覚えているか、チェックができるというわけ。これを教師の側から見ると、学習者に教材を用意するときにその教材のレベルが判定できることになる。「難しすぎず、やさしすぎない」レベルの教材を選ぶことができる。

Ⓟ ひゃあ、こら、便利や。ところで、この「チュウ太」て、英語の「tutor」にカケてんのかな。

Ⓙ たぶんそうだろね。もし、利用したいなら、このURL〈http://language.tiu.ac.jp/〉へどうぞ。

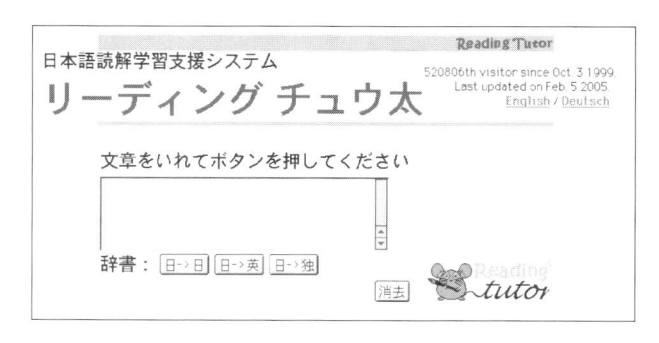

第3章 日本語の授業の実際（4技能の指導：理論と実践）

E. 4技能の統合

- Ⓟ ヤレヤレ、やっと「話す」「聞く」「書く」「読む」の4技能が終わってホッとしたわ。
- Ⓙ いやいや、ホッするのはまだ早い。「**4技能の統合**」ってのがある。
- Ⓟ ああ、分かってるって。四つの技能のバランスを考えて、教室の中で「この授業はスピーキングの練習です」「次の授業はリスニングです」ゆうように、四つの技能を偏りなく伸ばしてこうゆうことやろ？
- Ⓙ ブー、残念でした。今のは、4技能を「総合的に」伸ばしていくやり方のことね。それは、ボクの言ってる「4技能の統合」とは、少し意味が違うのね。
- Ⓟ 分かった、分かった。もったいぶらんと、早よ教えてーや。
- Ⓙ はい、はい。4技能の統合っていうのはね、四つの技能を分けて練習していくのではなくて、「四つの技能を伸ばす活動が一つの授業の中で組み合わさって出てくる形式」のことなんだ。
- Ⓟ は？
- Ⓙ 「目がテン」だね。**4技能の統合**の考えの根本にあるのは、「実生活でのコミュニケーションは、どんなものか」という問いなんだ。実生活では、技能同士がつながっているのが普通でしょ？ この点については、バーン（1984：130）がこんなことを言ってる。

> 実生活では、一つの技能はごく自然に次の技能へと移行していく。例えば、読むことは話すことへと進むし、その逆も起こる。簡単な例をあげてみると、新聞で求人の広告を読めば、それについて誰かと話し合うだろう。（中略）あるいは電話をかけて、その仕事について問い合わせるかもしれない。その後、その仕事をしたいと申し込む手紙を書くかもしれないし、そうなれば誰かがその手紙を読んでさらに返事を書くことになる。このようにして「読む→話す（＋聞く）→書く→読む→書く」という関連が生まれてくる。つまり各種の言語技能の運用を含む一連の活動が成立するのである。

- Ⓟ なんや、これ、どこぞで聞いたことあんで…。ええと…、「特定のトピックを巡って研究・調査を行いその結果を例えば報告書にまとめ上げる活動（岡崎・岡崎1990：290）」って…。あっ、「**プロジェクト・ワーク**」か！
- Ⓙ そうそう。**プロジェクト・ワーク**をやろうとすると、自然に**4技能の統合**になっていくんだよね。事実、岡崎・岡崎（1990：126）は、以下のような活動を、**プロジェクト・ワーク**の典型的な流れとして挙げている。

E. 4技能の統合

- オリエンテーション
- タスクを理解する
- 学習者がアイデアを出し合い、教室外活動の段取りを決める
- 教室外の活動に必要な言語の練習をする
- 教室外活動の準備をする(インタビューに関わる練習)
- 教室外活動(日本人にインタビューし結果を記録)
- 情報を持ち帰ってまとめ報告しあう
- 集めた情報をもとに資料を作る
- 完成品を発表する報告会を行なう
- フィードバックのための討論と事後の手当てを行なう

Ⓙ この典型的な流れについてだけど、ボクとしては、三つ目の「学習者がアイデアを出し合い」は、学習者が単独で**プロジェクト・ワーク**を行うこともあるんで、「学習者がアイデアを出し」にした方がいいと思う。また、七つ目の「情報を持ち帰って報告しあう」は、「情報を持ち帰って報告しあう、または教師に報告して助言を求める」にしてもいいかと思ってるんだけどね。

Ⓟ ふうむ。それにしても、プロジェクト・ワークでは、けっこう複雑なことを、日本語で行わんとあかんのやなぁ。とすると、4技能の統合て、中級以上のレベル限定なんのかな。

Ⓙ 確かに**プロジェクト・ワーク**は中級以上の学習者を対象に行われることが多いけど、「**4技能の統合**」って考えは、初級でも応用できるよ。例えば、ボクは初級の学習者対象にこんな授業をしたことがあるよ(使用教科書は『Situational Functional Japanese』第7課、横溝 2004:402-404)。

I. 以下の文を読ませて、質問に英語で答えさせる。

> お元気ですか。日本の生活はどうですか。今日はビッグ・ニュースがあります。来月、JALのツアーで日本に行くんですよ。東京には三日から二十日までいますから、会いましょう。東京ディズニーランドに行きたいんですが、毎日やっているんですか。教えてください。手紙、待ってます。
>
> ジョン・スミス

1. What is the big news written in the letter?
2. a. What dates will John Smith be in Tokyo?
   b. What does he want to do?
   c. What does he want to know?

II. 手紙を読んで得たリクエストに応えるため、104に電話をして、電話番号を聞く（書き留める）。

III. その電話番号を使って電話をかけ、オペレーターに定休日や会場時間について質問し、答えを書き留める。

IV. 電話を通じて得た情報について、ジョン・スミスさんに手紙を書く。

Ⓟ なあるほど。プロジェクト・ワークやないけど、4技能の統合になってるわなぁ。

Ⓙ こんな流れでやると、「読む→話す＋聞く→話す＋聞く→書く」という形で、初級でも4技能を統合した授業ができるでしょ。こういう授業って、「**意味のあるタスク（Meaningful Tasks）**」の提供だなあとボクは思うんだ。

Ⓟ コラ、ちょっと待て。「意味のあるタスク」て言うたけど、本当の意味での「**意味のあるタスク**」ゆうのは、「学習者個人にとって意味がある」ものであるはずやろ？　とすると、この活動で行うことが普遍的に、どの学習者にとっても「意味がある」と言うのはちょっと無理がないか。

Ⓙ お、鋭く切り込むね。まあ、厳密に言うときっとそうなんだろうけど、それはこの活動の次の段階で行えばいいんじゃないかな、「スピーキングの指導」のところでも見た通り。

Ⓟ ま、それでもええか。で、**4技能の統合**をやると、学習者にとって何か「いいこと」はあるんか？

Ⓙ それによって「学習者の動機づけ」が高まるから、その結果「定着」が促進すると言われているよ。

Ⓟ それやったら、なんでこれまで、あんまり行われて来えへんかったんやろ？

Ⓙ それには、こんな理由が考えられるよ。

・言語についての知識のみを教えることが主流であった当時は、4技能を統合する必要性が感じられなかった。
・「読み」「話し」等と技能別に分けたほうが、クラスが編成しやすい。
・中・上級になると、ある特定の技能だけを伸ばしたいという学習者の希望が増えて

Ⓟ なるほど。「泥棒にも三分の理」ゆうわけか。

Ⓙ それ、絶対たとえが違うと思うぞ。でもボク自身は、4技能を統合した授業は、もっと行っていいと考えてるんだ。

Ⓟ そら、大賛成や！

Ⓙ ところでね、これまで**4技能の統合**を、「実際のコミュニケーション活動を授業に組み込んで行く試み」として捉えて説明してきたんだけど、「コミュニケーション能力が育つように全部まとめて教えよう」という考えで4技能を統合した授業をすべきだという、もうひとつの捉え方もあるんだよ。

Ⓟ は？

Ⓙ あ、はは。また、「目がテン」状態になってるね。これは、つまり、4技能全部まとめて教えると、コミュニケーション能力自体が向上するって考えで、その代表が**Content-based Approach**と呼ばれるものなんだ。

Ⓟ あっ、それ、なんか聞いたことあんで。

Ⓙ これには、「学習内容の伝達に付随して目標言語が習得されていく」という考えが、その理論的基盤になっているんだ。**Content-based Approach**に基づく学習形態としては、次のような五つの具体的実施方法があるんだ（塩川1995：299-301）。

a. **イマージョン・プログラム**
   第一言語を持つ子供たちに、第二言語を使用して行なう学校教育（例、カナダでのフランス語教育）。

b. **LSP（Language for Specific Purpose）**
   「特定の分野の内容＝知識・情報を伝達すること」に授業の焦点を当てながら、目標言語の習得を目指す外国語教育。

c. **テーマを基礎にした指導（Theme-based Instruction）**
   講座全体のシラバスとの関連、言語材料、学習者の関心などを考慮して話題やテーマが精選され、語学教師がこれらの話題から生ずる言語活動を導く方法。

d. **保護された講座（Sheltered Course）**
   目標言語が第一言語でない学習者だけを対象にした、第二言語によるコース（例、アメリカやカナダでの心理学のコースで、授業を英語以外の言語で行う等）。

e. 言語指導を付属した講座（Adjunct Language Instruction）

Content subject（内容教科）の講座に第二言語の講座を付属させて、学習者に両方履修させる方法

Ⓟ さっき見た**プロジェクト・ワーク**て、この中の「テーマを基礎にした指導」になるんやね。

Ⓙ そうだろうね。ところでね、岡崎（2002）は、**内容重視**の教育の「内容」の見直しを主張しているんだ。

Ⓟ ほうほう。

Ⓙ 日本社会は、これからますます多言語化・多文化化されていくでしょ。

Ⓟ ああ、そう言われてるわな。「**共生社会**」なんてのも、この頃よう聞くしな。

Ⓙ そんな社会の中では、「**共生言語としての日本語**」、つまり「日本語母語話者と非母語話者、あるいは非母語話者間のコミュニケーションの手段としての日本語（岡崎2002：58）」が必要とされる。この「**共生言語としての日本語**」は、日本人同士が使う日本語とは違うものであってもいいだろう、と考えるわけ。だとすると、「日本人同士がコミュニケーションのために使っている日本語を、そのまま『共生言語としての日本語』にはできないだろう」という発想が出てくる。

Ⓟ あ、そうゆうことか。なんや、話見えてきたで。

Ⓙ 「**共生言語としての日本語**」の場合は、「相互のやり取りを通して母語話者と非母語話者の両者で創造する（岡崎2002：59）」ことが必要になってくる。

Ⓟ は？

Ⓙ また、ちょっと「目がテン」だよ。

Ⓟ とゆうことは、これを教えるべきとか学ぶべきとかいう、一般的な学習内容とか項目とかは、予め設定できひんゆうことか？

Ⓙ そうなるね。

Ⓟ ほな、何を学ぶことになるねん？　**サバイバル・ジャパニーズ**みたいなもんか？

Ⓙ 学ぶものは、日本語だけとは限らなくなるね。

Ⓟ は？　は？　は？

Ⓙ 目がなくなっちゃうね、こりゃ。岡崎（2002：64）では、母語話者と非母語話者（あるいは非母語話者同士）の間でのやりとりによって獲得される「気づき」「変容」「自己成長の実感」こそが、学ぶべき「内容」だということになる。だとすると、日本語教師の役割も変わってくるわけで、岡崎（2002：60）では、「**共生言語としての日本語**」教育における教師の役割として、次の三つを挙げている。

E. 4技能の統合

1. 両者の接触場面を調整して設定する
2. 両者の交流が円滑に促進され、双方向の学びがあるような触媒となる
3. 特に非母語話者の立場に立った、母語話者に対する啓蒙活動を行う

Ⓟ なんや、いわゆる「日本語教師」のイメージとは違うてくるなあ。

Ⓙ 確かにね。ところで、さっき、**コミュニカティブ・アプローチ**での考えを受けて「四つの技能を偏りなく伸ばしていこうとする方法」を「**4技能の総合**」って言ったけど、「ことばを総合的に学ぶ」ということについて、細川(1999)はちょっとまた違う捉え方をしている。

Ⓟ まだ、あるんかいな。それは、どんなもんなん？

Ⓙ 学校教育での「**総合的学習**」の考え方を日本語学習に応用してみようという考えなんだ。日本社会そのものを学習者自身の問題として捉えたプロジェクト・ワークを通して、主体的にそして積極的に学習者の表現力を伸ばすことを目指していこうとする。その中で、学習者は「日本語を学びつつ、文化を体得する、担当者はそれを側面から支援する」と言っている。日本社会や文化について学習者自身が調査し、考えを深め、それを表現する、という形で「日本語能力の向上」とともに「自分にとっての日本社会や文化の位置づけの明確化」も実現しようという考えなんだ。

Ⓟ 文化と言語の「一石二鳥」やな。となると、これも「テーマを基礎にした指導(塩川1995)」に分類されるゆうことになるな。

Ⓙ そうなると思う。だって、プロジェクト・ワークの形式をとっているし。

Ⓟ へー、けっこうおもろいな。

Ⓙ 細川(1999：190-191)は、この活動のねらいと、実際に観察されたことを、こんなふうにまとめてるよ。

<u>ねらい</u>＝ことばによる文化体得

・日本語による論理と説得の思考形成
・単に「異文化」を理解し適応するのではなく、地域や社会としての「異文化」観を超え、「個の文化」を自らの問題として捉えなおそうとすることによって、社会と自分を結ぶ視点が生まれる。
・表現能力を中心とした総合的な言語運用能力の定着

<u>観察されたこと</u>

・社会を内側から見る

第3章　日本語の授業の実際（4技能の指導：理論と実践）

・自己変容に気づく
・「典型的な日本人」の幻想

Ⓟ 一口に「日本語教育」言うても、ほんまいろんな目的ややり方があるもんなんやな。

Ⓙ そういうことだね。

Ⓟ 「人生いろいろ、日本語教育もいろいろ」ゆうわけか。

Ⓙ 日本語教育って、本当に奥深い分野だよね。

Ⓟ そやな。ワシらはさしずめ、「日本語教育ジャングル探検隊」みたいなもんなんかな。

Ⓙ それはどうか分からないけど、もっともっといろんなことをこれからも見ていこう。

Ⓟ よっしゃ！　で、次は？

Ⓙ 続きは下巻で、ということで。

Ⓟ ズルッ。あ〜、ヒトがはりきっとんのに、ズッコケさせんといて！

参考文献

🌱…初心者向けの文献
☞…本書中、大きく紹介している文献

序章：「教える」って何だろう？

☞青木直子（2001）「教師の役割」青木直子・尾崎明人・土岐哲編著『日本語教育学を学ぶ人のために』世界思想社，182-197
岩井俊憲（1999）『子ども・生徒・学生をうま〜く動かす心理学』学事出版
🌱尾崎明人（2001）「日本語教育はだれのものか」青木直子・尾崎明人・土岐哲編著『日本語教育学を学ぶ人のために』世界思想社，3-14．
佐藤富晴（1997）「何のために教師なんて必要なのだろうか？」沼田裕之・増渕幸男編著『〈問い〉としての教育学』福村出版，97-110．

第1章：日本語教師について考えよう

A．ビリーフスと教育哲学

秋田喜代美（1997）「子どもへのまなざしをめぐって：教師論」鹿毛雅治・奈須正裕編著『学ぶこと教えること：学校教育の心理学』金子書房，51-73．
浅倉美波・遠藤藍子・春原憲一郎・松本隆・山本京子（2000）『日本語教師必携　ハート＆テクニック』アルク
🌱浅田匡（1998）「教師の自己理解」浅田匡・生田孝至・藤岡完治編著『成長する教師：教師学への誘い』金子書房，244-255．
足立尚子・鎌田実樹・茂住和世（2002）「音読に対する教師の意識：マイナス面を中心に」『2002年度日本語教育学会春季大会予稿集』193-198．
今村和弘（1996）『わざ：光る授業への道案内』アルク
内田紀子・小池圭美（2002）「日本語教育実習における実習生の成長：教育実習への提言」岡崎眸編『内省モデルに基づく日本語教育実習理論の構築』平成11-13年度科学研究費補助金研究基盤研究（C)(2) 研究成果報告書，124-135．
岡崎眸（1996）「教授法の授業が受講生の持つ言語学習についての確信に及ぼす効果」『日本語教育』第89号，25-38．
🌱岡崎眸（1999）「学習者と教師の持つ言語学習についての確信」宮崎里司・J.V.ネウストプニー共編『日本語教育と日本語学習：学習ストラテジー論にむけて』くろしお出版，147-158．
梶田正巳（1986）『授業を支える学習指導論』金子書房
梶田正巳・石田勢津子・伊藤篤・水野りか・杉村伸一郎・中野靖彦・石田裕久（1988）「学習指導様式の国際比較：日本・オーストラリア・韓国」『名古屋大学教育学部紀要：教育心理学科』第35巻，137-162．
梶田正巳・石田勢津子・宇田光（1984）「個人レベルの学習・指導論（Personal Learning and Teaching Theory）の探求」『名古屋大学教育学部紀要：教育心理学科』第31巻，51-93．
梶田正巳・石田勢津子・田中俊也・神谷俊次（1986）「マイコンを使った学習様式の診断」

『名古屋大学教育学部紀要：教育心理学科』第33巻，49-75.
河村茂雄・田上不二夫（1998）「教師の指導行動・態度の変容への試み（1）：教師特有のビリーフと指導行動・態度との関係」『カウンセリング研究』第31巻2号，126-132.
河村茂雄・田上不二夫（1998）「教師の指導行動・態度の変容への試み（2）：教師のビリーフ介入プログラムの効果の検討」『カウンセリング研究 第31巻3号，270-285.
グッドソン，アイヴァー・F.（2001）『教師のライフヒストリー：「実践」から「生活」の研究へ』藤井泰・山田浩之訳，晃洋書房
倉地暁美（2004a）「カルチャー・ステレオタイプの危険性・逓減の必要性を認識しない教師とボランティアに関する分析」『広島大学日本語教育研究』第14号，9-15.
倉地暁美（2004b）「カルチャー・ステレオタイプの問題性に対する認識を持った教師とボランティアの反応」『国際化情報社会における日本語教師養成システムの開発研究』平成15年度広島大学大学院教育学研究科リサーチ・オフィス研究成果報告書，5-18.
小熊利江・スニーラット ニャンジャローンスック（2000）「大学院での日本語教育実習がもたらす教育観の変化：日本語教師と日本語の授業に対するイメージを中心に」『日本語教育学会秋季大会予稿集』166-171.
小熊利江・スニーラット ニャンジャローンスック（2002）「教育実習を通して起こる認識の変化：日本語教育を専門とする大学院生の場合」岡崎眸編著『内省モデルに基づく日本語教育実習理論の構築』平成11-13年度科学研究費補助金基盤研究（C）（2）研究成果報告書，114-123.
才田いずみ（1999）「日本語教育実習と実習生の日本語授業への態度」『日本語教育実習における実習生と学習者の態度変容の研究』平成9～10年度文部省科学研究費補助金基盤（C）研究成果報告書，9-30.
才田いずみ・小河原義朗（1999）「日本語教育の実習生と現職教師の態度構造比較」『日本語教育実習における実習生と学習者の態度変容の研究』平成9～10年度文部省科学研究費補助金基盤（C）研究成果報告書，31-32.
斎藤栄二・鈴木寿一編著（2000）『より良い英語授業を目指して：教師の疑問と悩みにこたえる』大修館書店
斎藤亨子（2002）「日本語教師の『文化』概念と，その教室相互作用との関係」『2002年度日本語教育学会秋季大会予稿集』86-91.
内藤哲雄（1997）『PAC分析実施法入門：「個」を科学する新技法への招待』ナカニシヤ出版
八田玄二（2000）『リフレクティブ・アプローチによる英語教師の養成』金星堂
久冨善之編（1988）『教員文化の社会学的研究』多賀出版
藤田裕子・佐藤友則（1996）「日本語教育実習は教育観をどう変えるか：PAC分析を用いた実習生と学習者に対する事例的研究」『日本語教育』第89号，13-24.
三井豊子・丸山敬介（1991）「授業評価システムの試み」『自己評価，自己研修システムの開発をめざして』 文部省科学研究補助金研究：日本語教師の教授能力に関する評価・測定法の開発研究，62-80
三原祥子・影山陽子・澤田尚美・矢部まゆみ（2002）「教師の自己研修における協働アクション・リサーチの可能性：PAC分析による検証」『2002年度日本語教育学会春季大会予稿集』185-192.
山崎準二（2002）『教師のライフコース研究』創風社
山崎準二（2003）「教師の発達と力量形成：ライフコース研究から考える」『日本語学』10月号，6-16
やまだようこ（2000）『人生を語る：生成のライフストーリー』ミネルヴァ書房
☜横溝紳一郎（2004）「『いい授業』って何だろう？」『月刊日本語』5月号，4-5.
☞リチャーズ，J.C.・ロックハート，C.（2000）『英語教育のアクション・リサーチ』新里眞男訳，研究社
若原直樹（1999）「感性と表現力を磨く」藤岡完治・澤本和子編著『授業で成長する教師』ぎ

ようせい，73-83.
若林俊輔（1983）『これからの英語教師：英語授業学的アプローチによる 30 章』大修館書店
Bailey, K. M.（1996） The best laid plans: Teachers' in-class decisions to depart from their lesson plans. In K. M. Bailey and D. Nunan (eds.), *Voices from the language classroom* (pp.15-40). New York: Cambridge University Press.
Bowen, T. and Marks, J.（1994） *Inside teaching*. Oxford: Heinemann.
Breen, M. P. and Littlejohn, A.（2000） The significance of negotiation. In M. P. Breen and A. Littlejohn (eds.), *Classroom decision-making: Negotiation and process sullabuses in practice* (pp.5-38). New York: Cambridge University Press.
Brown, H. D.（1994） *Teaching by principles: An interactive approach to language pedagogy*. Englewood Cliffs, NJ: Prentice Hall Regents.
Head, K. and Taylor, P.（1997） *Readings in teacher development*. Oxford: Heinemann.
Katz, A.（1996） Teaching style: A way to understand instruction in language classroom. In K. M. Bailey and D. Nunan (eds.), *Voices from the language classroom* (pp.57-87). New York: Cambridge University Press.
Kohonen, V., Jaatinen, R., Kaikkonen, P. and Lehtovaara, J.（2001） *Experiential learning in foreign language education*. Essex, England: Pearson Education Limited.
Parrott, M.（1993） *Tasks for language teachers*. New York: Cambridge University Press.
Randall, M. with Thornton, B.（2001） *Advising and supporting teachers*. New York: Cambridge University Press.
Richards, J. C.（1990） *The language teaching matrix*. New York: Cambridge University Press.
Richards, J. C.（1998） *Beyond training*. New York: Cambridge University Press.
☞Scrivener, J.（1994） *Learning teaching*. Oxford: Heinemann.
Tudor, I.（1996）*Learner-centeredness as language education*. New York: Cambridge University Press.
Wright, T.（1987） *Roles of teachers & learners*. Oxford: Oxford University Press.

B．日本語教師の資質について

朝尾幸次郎（2003）「『教えない』という仕事もある！？」『英語教育』5 月号，11-13.
浅倉美波・遠藤藍子・春原憲一郎・松本隆・山本京子（2000）『日本語教師必携　ハート＆テクニック』アルク
天野正輝編（2002）『教育評価論の歴史と現代的課題』晃洋書房
家本芳郎（1990）『私語・おしゃべりの教育学：私語は指導の出発点』学事出版
五十嵐耕一・西尾珪子・水谷修・古川ちかし（1993）「日本語教師の専門性を考える」『日本語学』3 月号，71-86.
市川博（2002）「激動する社会における教師の新たな専門職性の確立へ」日本教師教育学会編『講座教師教育学 III　教師として生きる―教師の力量形成とその支援を考える』学文社，13-34.
石上普保（1994）「海外ではどちらが有利か：レベル別で微妙に違うそれぞれの役割と適性」『月刊日本語』9 月号，18-24.
伊津野朋弘（1984）「教師の力量」伊津野朋弘・東京学芸大学教師教育研究会編『未来に生きる教師：教師のそなえるべき資質・力量はどうあるべきか』エイデル研究所，3-15.
伊津野朋弘（1986）「教師の資質と養成教育」『日本教育経営学会紀要』第 28 号，12-22.
伊津野朋弘（1996）「『教育者に求められる教養』に関して」『日本教師教育学会年報』第 5 号，8-26.
伊藤とく美（2003）「カウンセリングを授業に役立てる」『月刊日本語』7 月号，17.

稲垣忠彦（1985）「教員の出会うむずかしさと研修」稲垣忠彦・柴田義松・吉田章宏編『教育の原理Ⅱ　教師の仕事』東京大学出版会，259-267.
岩川直樹（1994）「教職におけるメンタリング」稲垣忠彦・久冨善之編『日本の教師文化』東京大学出版会，97-110.
磐崎弘貞（2001）「現代の英語教師に必要なスキルとは」『英語教育』6月号，11-13.
牛山恵（2003）「ジェンダーの視点からの教師力」『日本語学』10月号，56-66.
英語教員研修研究会（2002）『現職英語教員の教育研修の実態と将来像に関する総合的研究』平成13年度科学研究費補助金基盤研究（B）研究成果報告書
大谷泰照（2003）「学校で外国語を教えるとはどんな仕事なのか」『英語教育』5月号，16-18.
岡秀夫・赤池秀代・酒井志延（2004）『「英語授業力」強化マニュアル』大修館書店
岡崎敏雄・岡崎眸（1997）『日本語教育の実習：理論と実践』アルク
岡田礼子（2003）「今どきの大学生を教えるという大仕事」『英語教育』5月号，20-22.
岡本呻也（2004）『「人間力」のプロになる：誰もここまで教えてくれなかった仕事ができる人の基本メソッド』実業之日本社
奥田純子（2003）「彼らのヤル気を育てるために」『月刊日本語』7月号，14-16.
奥田夏子（1985）『英語教師入門』大修館書店
小柳和喜雄（2004）「教師の自己成長と教員養成におけるアクション・リサーチの潜在力に関する研究」『教育実践総合センター研究紀要』第13号，83-92.
カーゼルマン，C.（1976）『教師のタイプ：類型学的研究』玉井成光訳，早稲田大学出版部
梶田叡一（1985）『自己教育への教育』明治図書
梶田正巳（1995）「教師の教育力を伸ばす」祖父江孝男・梶田正巳編著『日本の教育力』金子書房，91-99.
片山嘉雄（1994）「英語教育教師論」『新・英語科教育の研究』片山嘉雄・遠藤栄一・佐々木昭・松村幹男編，大修館書店，335-343.
金崎鉄也（2004）「学習臨床的アプローチによる教師の実践力に関する研究」『日本教師教育学会年報：子ども・青年の現状と教師教育の課題』第13号，105-119.
☞金谷憲編著（1995）『英語教師論：英語教師の能力・役割を科学する』河源社
唐澤勇編著（1995）『教師の専門性を高める担任学』学事出版
河津雄介（1988）『教師性の創造：シュタイナー教育と合流教育にもとづくいきいき授業学』学事出版
河野俊之・小河原義朗（2004）「教育実習で授業を学ぼう！　授業で何をすべきか」『月刊日本語』3月号，40-45.
北尾倫彦（1986）『自己教育力を育てる先生』図書文化
隈部直光（2003）「英語教師という仕事を面白くする五箇条」『英語教育』5月号，14-15.
蔵原清人・黒澤英典（2002）「教師：今、問われているもの」日本教師教育学会編『講座教師教育学Ⅰ　教師とは―教師の役割と専門性を深める』学文社，13-33.
黒木敦子（2002）「教師のためのコミュニケーション学」『月刊日本語』2002年4月号〜2003年3月号まで連載
月刊日本語編集部（2000）「報告書まるわかり」『月刊日本語』7月号，8-17.
小池真理（2004）「学習者が期待する教師の役割：半構造化インタビューの結果から」『北海道大学留学生センター紀要』第8号，99-108.
河野重男監修（1996）『教職研修 心の時代の教育 No.4：国際化時代に求められる資質・能力と指導』教育開発研究所
国語審議会答申（2000）『国際社会に対応する日本語のあり方』
☞国際日本語普及協会日本語教師適性チェック作成グループ（2000）「日本語教師適性チェック」『月刊日本語』8月号，8-11.
☞國分康孝（1982）『教師の表情：ふれあいの技法を求めて』瀝々社
國分康孝監修（1997）『エンカウンターで学級が変わる Part 2（中学校編）』図書文化

國分康孝監修（1999）『エンカウンターで学級が変わる（高等学校編）』図書文化
國分康孝監修（1999）『教師と成人のための人間づくり・第5集：構成的グループ・エンカウンター集』瀝々社
小島弘道（2002）「教師の資質は『養成』できるか」日本教師教育学会編『講座教師教育学Ⅱ　教師をめざす　教師養成・採用の道筋をさぐる』学文社，203-214.
小島聰子（2000）「よくわかる日本語の教え方①：授業の前に」『月刊日本語』4月号，22-29.
小畑壽（2003）「他教科から見た英語教師」『英語教育』5月号，27.
小林哲夫（2000）「日本語教育政策がどんどん変わっていく」『月刊日本語』7月号，62-65.
小室俊明（1995）「英語教師について、何が言われ、何が分かっているか」金谷憲編著『英語教師論：英語教師の能力・役割を科学する』河源社，35-72.
小山悦司（1988）「教師のプロフェッショナル・グロースに関する研究：教師の自己教育力をめぐる一考察」『岡山理科大学紀要』第23号，95-114.
小山悦司・河野昌晴（1989）「教師の自己教育力に関する調査研究：成長の契機についての自己形成史的分析」『岡山理科大学紀要』第24号，117-137.
小山悦司・河野昌晴（1990a）「教師の自己教育力に関する調査研究：自己教育力をめぐる因子分析的考察」『日本教育経営学会紀要』第32号，100-114.
小山悦司・河野昌晴（1990b）「教師のプロフェッショナル・グロースに関する研究：教師の成長過程に基づくカリキュラム開発を志向して」『岡山理科大学紀要』第25号，229-247.
今後の日本語教育施策の推進に関する調査研究協力者会議（1999）『今後の日本語教育施策の推進について：日本語教育の新たな展開を目指して』
斉藤栄二（2000）「教師の適性」『英語教育』10月増刊号，40-41.
佐伯胖（1985）「教師として学ぶこと」稲垣忠彦・柴田義松・吉田章宏編『教育の原理Ⅱ　教師の仕事』東京大学出版会，47-76.
佐伯胖（2003）『「学び」を問い続けて：授業改革の原点』小学館
酒井志延（2004a）「英語授業力の枠組み」『英語教育』2月号，37.
酒井志延（2004b）「好かれる先生になるためのマニュアル：生徒をどう動機づけるか」『英語教育』6月号，26-27.
坂本正・大塚容子（2002）『NAFL日本語教師養成通信講座23：日本語教育実習』アルク
迫田久美子・森千枝見・中石ゆうこ・吉村敦美（2004）「海外の日本語教師に求められるものは？：海外と国内の日本語教師へのアンケート結果に基づいて」『国際化情報社会における日本語教師養成システムの開発研究』平成15年度広島大学大学院教育学研究科リサーチ・オフィス研究成果報告書，19-40.
佐藤富晴（1997）「何のために教師なんて必要なのだろうか？」沼田裕之・増渕幸男編著『〈問い〉としての教育学』福村出版，97-110.
佐藤学（1996）『教育方法学』岩波書店
佐藤学（1997）『教師というアポリア』世織書房
佐藤学（2002）「世界の中の教師：アメリカの改革との比較を中心に」日本教師教育学会編『講座教師教育学Ⅲ　教師として生きる：教師の力量形成とその支援を考える』学文社，231-244.
澤本和子（1999）「コミュニケーション能力を育てる」藤岡完治・澤本和子編著『授業で成長する教師』ぎょうせい，85-95.
汐見稔幸（2003）「『教師という仕事』を再考する：英語教師である前に教師として」『英語教育』5月号，8-10.
柴田義松（2002）「これからの教師へ」日本教師教育学会編『講座教師教育学Ⅰ　教師とは：教師の役割と専門性を深める』学文社，227-236.
下村哲夫（1986）「教師の資質向上のための諸施策・提言の検討」『日本教育経営学会紀要』第28号，35-46.

参考文献

下村哲夫（1989）「教師の身分と資質」吉本二郎編著『講座教師の力量形成1　教師の資質・力量』ぎょうせい，186-226．
ショーン，ドナルド（2001）『専門家の知恵：反省的実践家は行為しながら考える』ゆみる出版
☞新堀通也・斎藤清三編著（1986）『教師その人間力・行動力』ぎょうせい
関根正明（1990）『教師 自己の伸ばし方磨き方』学陽書房
高野和子（2002）「教師教育研究・実践のこれからのために」『講座教師教育学I　教師とは：教師の専門性と役割を深める』日本語教師教育学会編，学文社，217-226．
☜高見澤孟（1996）『はじめての日本語教育2　日本語教授法入門』アスク
拓殖厚了（1984）「教師の力量の高まり」伊津野朋弘・東京学芸大学教師教育研究会編『未来に生きる教師：教師のそなえるべき資質・力量はどうあるべきか』エイデル研究所，255-263．
田中俊也（1995a）「わが国の教師：その実態を探る」祖父江孝男・梶田正巳編著『日本の教育力』金子書房，76-84．
田中俊也（1995b）「アメリカの教師とドイツの教師」祖父江孝男・梶田正巳編著『日本の教育力』金子書房，85-91．
田中喜美（2002）「教師教育の教員の養成はどうあるべきか：連合大学院（東京学芸大学）の教育研究実践」日本教師教育学会編『講座教師教育学II　教師をめざす―教員養成・採用の道筋をさぐる』学文社，237-248．
田中望（1993）「教師の役割の新たな広がり」『日本語学』3月号，7-12．
田邉祐司（2003）「英語教師に「適性」はあるか："教育的人間力"とは」『英語教育』5月号，24-26．
☞津布楽喜代治（1989）「問われる教師の資質・力量」吉本二郎編著『講座教師の力量形成　教師の資質・力量』ぎょうせい，27-54．
當作靖彦（1999）「アメリカの外国語教育における評価の動向：代替的評価法を中心として」『平成11年度日本語教育学会秋期大会予稿集』日本語教育学会，17-27．
當作靖彦（2001）「スタンダーズ・ムーブメント：マスタープランからレッスンプランへ」『日本語教師のためのナショナル・スタンダーズ（米国標準）日本語教育講演会資料』15-28．
當作靖彦（2003）「アメリカにおける教育改革と日本語教師の専門能力開発」當作靖彦編『日本語教師の専門能力開発：アメリカの現状と日本への提言』日本語教育学会，11-40．
中川良雄（2004）『秘伝 日本語教育実習　プロの技』凡人社
長友和彦（2002）「新シラバスはこうして生まれた」『月刊日本語』3月号，6-9．
新里眞男（2001）「教師研修制度データバンク」『英語教育』6月号，28-29．
☜西穣司（1999）「教師の専門性とは何か」藤岡完治・澤本和子編著『授業で成長する教師』ぎょうせい，3-14．
西穣司（2002）「教師の力量形成と研修体制」日本教師教育学会編『教師教育学III　教師として生きる：教師の力量形成とその支援を考える』学文社，217-230．
西原鈴子（2001）「検定試験を理解するための最重要ポイント」『月刊日本語』8月号，6-13．
西原鈴子（2004a）「検定試験の持つ意味」『月刊日本語』3月号，4-5．
西原鈴子（2004b）「日本語教育 Deep & Wide5：日本語教師に試験は必要か」『月刊日本語』8月号，33．
西村正登（2001）「教師教育の課題」山崎英則・西村正登編著『求められる教師像と教員養成：教職原論』ミネルヴァ書房，195-212．
日本語教育学会編（1995）『タスク日本語教授法』凡人社
日本語教育施設における教員養成の教育課程に関する調査研究委員会（2001）『日本語教育施設における日本語教員養成について』日本語教育振興協会
日本語教育のための試験の改善に関する調査研究協力者会議（2001）『日本語教育のための試

験の改善について：日本語能力試験・日本語教育能力検定試験を中心として』
日本語教員養成における実践能力の育成及び評価にかかわる基礎的調査研究委員会（2003）『日本語教員養成における実践能力の育成及び評価にかかわる基礎的調査研究報告書』日本語教育学会
日本教師教育学会編（1993）『日本教師教育学会年報第2号：教育者としての成長』日本教師教育学会
日本教師教育学会編（1995）『日本教師教育学会年報第4号：教育者が育つ環境づくり』日本教師教育学会
日本教師教育学会編（1997）『日本教師教育学会年報第5号：新しい教育者像の探求』日本教師教育学会
縫部義憲（1994）『日本語授業学入門：組み立て方，進め方，分析と診断』瀝々社
縫部義憲（2001a）「日本語教師の成長プログラム」『大学日本語教員養成課程において必要とされる新たな教育内容と方法に関する調査研究報告書』日本語教員養成課程研究委員会，21-28.
縫部義憲（2001b）『日本語教育学入門（改訂版）』瀝々社
縫部義憲（2002）「『日本語教員養成において必要とされる教育内容』に関する一考察：学校日本語教育の視点から」『広島大学日本語教育研究』第12号，25-31.
縫部義憲・松崎寛・佐藤礼子（2004）「日本語教員養成カリキュラム開発のための基礎研究：新しい教員養成シラバスの開発を中心に」『国際化情報社会における日本語教師養成システムの開発研究』平成15年度広島大学大学院教育学研究科リサーチ・オフィス研究成果報告書，67-86.
波多野久夫（1988）「望まれる教師の資質とその現実」波多野久男・青木薫編著『講座学校学5　育つ教師』第一法規，27-74.
八田玄二（2000）『リフレクティブ・アプローチによる英語教師の養成』金星堂
服部潔・家本芳郎（1982）『教師にいま何が問われているか』高文研
林伸一（1992）「日本語教師」岡崎敏雄・川口義一・才田いずみ・畠弘巳編『ケーススタディ日本語教育』おうふう，14-22.
春原憲一郎（2002）「新シラバスを読み解く」『月刊日本語』3月号，10-13.
藤岡完治（1997）「学校を見直すキーワード：学ぶ・教える・かかわる」鹿毛雅治・奈須正裕編著『学ぶこと教えること：学校教育の心理学』金子書房，1-24.
古川ちかし（1993）「日本語教師の専門性の再検討」『日本語学』3月号，4-6.
ブロフィ, J. E.・グッド, T. L.（1985）『教師と生徒の人間関係：新しい教育指導の原点』浜名外喜男・蘭千壽・天根哲治共訳，北大路書房
文化庁文化部国語科（1983）『外国人に対する日本語教育の振興に関する報告集』
細川英雄（2000）「評価はできるが具体的なものが見えてこない」『月刊日本語』7月号，10-11.
細川英雄（2001）「日本語教員養成と教育実践能力の育成について：早稲田大学大学院日本語教育研究科における段階的実践能力養成を例にして」『大学日本語教員養成課程において必要とされる新たな教育内容と方法に関する調査研究報告書』日本語教員養成課程調査研究委員会　33-40.
鈎治雄（1997）『教室環境としての教師：教師の認知・子どもの認知』北大路書房
牧昌見（1986）「教師の資質向上とスクール・リーダーの役割：主任の役割を中心に」『日本教育経営学会紀要』第28号，23-34.
水島真由子（2001）「伝説の教師を探せ！」『月刊日本語』7月号，4-9.
水谷修（1998）「これからの国語教育」『日本語学』1月臨時増刊号，14-18.
水谷修（2000）「日本語教師は高き理想を目指せ」『月刊日本語』7月号，2-7.
水谷修（2001）「21世紀の日本語教育：これからの時代に求められる日本語教師」『全国日本語教師養成講座連絡協議会設立記念講演報告書』6-21.

水谷修・中川良雄・江副隆秀（2002）「新しい日本語教師を育てるために」『月刊日本語』3月号，18-23．
三井豊子・丸山敬介（1991）「授業評価システムの試み」『自己評価、自己研修システムの開発をめざして』文部省科学研究補助金研究：日本語教師の教授能力に関する評価・測定法の開発研究，62-80．
村岡英裕（1999）『日本語教師の方法論：教室談話分析と教授ストラテジー』凡人社
村久保雅孝（1992）「教師の自己教育に関する考察：自分から自分へのヒューマニスティック・アプローチ」『人間性心理学研究』第10巻第2号，28-34．
森川千里（1992）「「良い日本語教師」の特性に関する研究」平成4年度広島大学教育学部日本語教育学科卒業論文
八木公子（2004）「現職日本語教師の言語教育観：良い日本語教師像の分析をもとに」『日本語教育論集』20号，50-58．
☞安原美代（2001）「教員としての適性を考える」『英語教育』6月号，14-15．
柳瀬陽介（2004）「教師の教師は…」『英語教育』3月号，37．
山崎英則（2001）「教師像の類型」山崎英則・西村正登編著『求められる教師像と教員養成：教職原論』ミネルヴァ書房，178-194．
山崎林平（1989）『授業の上手な先生』図書文化
横溝紳一郎（1998）「ティーチング・ポートフォリオ：自己研修型教師の育成を目指して」『JALT日本語教育論集』第3号　全国語学教育学会日本語教育研究部会，15-28．
横溝紳一郎（2000）『日本語教師のためのアクション・リサーチ』日本語教育学会編，凡人社
☞横溝紳一郎（2002）「日本語教師の資質に関する一考察：先行研究調査より」『広島大学日本語教育研究』第12号，49-58．
横溝紳一郎（2004a）「日本語教師教育者の資質としてのコミュニケーション能力：メンタリングの観点から」『広島大学日本語教育研究』14号，41-49．
横溝紳一郎（2004b）「試験で評価できる日本語教師の実践能力とは何か？」『日本語教員養成における実践能力の育成及び評価にかかわる基礎的調査研究報告書』日本語教育学会，92-144．
☞横溝紳一郎（近刊）「教師の資質・成長過程と、その支援方法」西原鈴子・西郡仁朗編『講座社会言語科学4：教育』ひつじ書房
☞横溝紳一郎・當作靖彦（2003）「アメリカの教育改革から日本国内の日本語教師教育への提言」當作靖彦編『日本語教師の専門能力開発：アメリカの現状と日本への提言』日本語教育学会，167-206．
横山紀子（2001）「日本語教育徹底比較 海外vs日本」『月刊日本語』5月号，28-30．
吉田和夫（2003）「教師にとっての人事考課・教師評価」『日本語学』10月号，68-79．
吉田健三（2003）「［小説］英語教師って何？」『英語教育』5月号，27．
吉田貞介（1990）「教員研修のトータルシステム」柴田義松・杉山明男・水越敏行・吉本均編著『教育実践の研究』図書文化，215-233．
吉本二郎（1986）「教師の資質とは何か」『日本教育経営学会紀要』第28号，2-11．
☞吉本二郎（1989）「教師の資質問題の概観」吉本二郎編著『講座教師の力量形成　教師の資質・力量』ぎょうせい，1-25．
リチャーズ，J. C.・ロックハート，C.（2000）『英語教育のアクション・リサーチ：Reflective Teaching in Second Language Classrooms』新里眞男訳，研究社
若原直樹（1999）「感性と表現力を磨く」藤岡完治・澤本和子編著『授業で成長する教師』ぎょうせい，73-83．
若林俊輔（1983）『これからの英語教師：英語授業学的アプローチによる30章』大修館書店
渡辺通子（2003）「高等学校の国語教師の力量とは何か。どのように力量は形成されるのか。」『日本語学』10月号，40-47．
Harmer, J.（2001）『新しい英語の学び方・教え方』渡邉時夫監訳，ピアソン・エデュケーシ

ョン

☞Allen, E. D. and Valette, R. M.（1997）*Classroom teachinges: Foreign languages and English as a second language.* New York: Harcourt Brace Jovanovich, Inc..
☞Brown, H. D.（1994）*Teaching by principles: An interactive approach to language pedagogy.* Englewood Cliffs, NJ: Prentice Hall Regents.
Legutke, M and Thomas, H.（1991）*Process and experience in the language classroom.* New York: Longman.
Moskowitz, G.（1976）The classroom interaction of outstanding foreign language teachers. *Foreign Language Annals, 9,* 135-157.
Scrivener, J.（1994）*Learning teaching.* Oxford: Heinemann.
Tudor, I.（1996）*Learner-centeredness as language education.* New York: Cambridge University Press.
Wright, T.（1987）*Roles of teachers & learners.* Oxford: Oxford University Press.

参考ビデオ
◖高見澤孟（1996）『はじめての日本語教育2　日本語教授法入門』アスク

C. 教師の自己成長の方法

青木香澄（2004）『学習者の自発的な発話に関するアクション・リサーチ』広島大学教育学部第三類日本語教育系コース平成15年度卒業論文
青木香澄・大西貴世子・迫田久美子・田場早苗・森千枝見・森井賀与子・家根橋伸子・吉村敦美・横溝紳一郎・レイン斉藤幸代（2005）「広島大学における日本語教育実習：メンター育成コースの開設」『大養協論集』創刊号，23-31.
秋田喜代美・市川伸一（2001）「教育・発達における実践研究」南風原朝和・市川伸一・下山晴彦編『心理学研究法入門：調査・実験から実践まで』東京大学出版会，153-190.
浅羽亮一（2001）「教育実習で学ぶべきこと：現場のどこを見るか，何を身につけるか」『英語教育』6月号，16-18.
天野正輝編（2002）『教育評価論の歴史と現代的課題』晃洋書房
綾部裕子（2002）「自ら外国語の学習者となろう」『英語教育』1月号，19-21.
新井浅浩（1992）「情意教師教育と教師の自己開発：パーソナル・セルフとプロフェッショナル・セルフの開発的相互作用」『人間性心理学研究』第10巻第2号，6-12.
荒川洋平（1995）「外国人日本語教師研修におけるジャーナル・アプローチ」『日本語学』7月号，43-51.
有田佳代子（2004）「日本語教員養成入門科目におけるジグソー学習法の試み」『日本語教育』123号，96-105.
安藤輝次（2001）『ポートフォリオで総合的な学習を創る：学習ファイルからポートフォリオへ』図書文化
飯田毅（1998）「反省的実践を生かした授業研究に関する事例研究」『同志社女子大学英語英文学会 Asphodel』第33号，24-46.
生田守（1995）「ことばと教育：日本語教師研修における教師論の試み」『日本語学』7月号，22-32.
池田真澄（2003）「研修プログラムの問題点：現場から研修のあり方を考える」『英語教育』7月号，26-27.
石井恵理子・谷口すみ子（1993）「教室研究と教師の成長」『日本語学』3月号，21-30.
石黒広昭（2004）「フィールドの学としての日本語教育実践研究」『日本語教育』120号，1-12.

参考文献

市川伸一（1999）「『実践研究』とはどのような研究をさすのか：論文例に対する教心研編集委員の評価の分析」『教育心理学年報』第38集，180-187．
稲垣忠彦・佐藤学（1996）『授業研究入門』岩波書店
今井京（2001）「『大学の教員養成課程ではこういう指導をしてほしい』：小学校の場合」『英語教育』6月号，26-27．
岩崎明子（2003）『学習者の発話の促し方に関するアクション・リサーチ』広島大学教育学部日本語教育学講座平成14年度卒業論文
上田薫（1993）「教師としての成長：人間への理解の大切さ」『教育者としての成長　日本教師教育学会年報第2号』日本教師教育学会，6-17．
卯城祐司（2003）「研修プログラムのモデルケース」『英語教育』7月号，14-17．
梅田江里（2005）『日本語教師の役割に関するアクション・リサーチ』広島大学教育学部第三類日本語教育系コース平成16年度卒業論文
英語教員研修研究会（2002）『現職英語教員の教育研修の実態と将来像に関する総合的研究』平成13年度科学研究費補助金基盤研究（B）研究成果報告書
榎木薗鉄也（2003）「海外ではどんな研修をしているか？：インド」『英語教育』7月号，23-24．
王崇梁・大関真理・笠原ゆう子・古川嘉子・山口薫（1995）「教師の自己研修能力の開発に向けて：海外日本語教師長期研修における教育実習指導」『日本語学』7月号，33-42．
大隅紀和（2000）『総合学習のポートフォリオと評価：その考え方と実際』黎明書房
大隅紀和（2002）『ディスプレイ型ポートフォリオ：教師と子どもの情報の組織化能力を開発する』黎明書房
太田洋（2002）「時間を有効に使っているときもある私の方法」『英語教育』1月号，25-27．
大西貴世子・横溝紳一郎（2005）「学習者が満足するフィードバックを目指して：教師の支援行動に関する探究」『広島大学日本語教育研究』第15号，31-38．
大野秀樹（2004）「英語で発信，授業をデザイン」『英語教育』6月号，22-23．
岡秀夫（2003）「海外ではどんな研修をしているか？：イギリス」『英語教育』7月号，24-25．
☞岡崎敏雄（1990）「日本語教育のティーチャートーク」広島大学教育学部日本語教育学科紀要創刊号，9-17
☞岡崎敏雄・岡崎眸（1997）『日本語教育の実習：理論と実践』アルク
岡崎敏雄・西川寿美「学習者とのやりとりを通した教師の成長」『日本語学』3月号，31-41．
小河原義朗・河野俊之（2005）「音声教育について考える13：研究とは何か」『月刊日本語』3月号，40-43．
沖原勝昭（2003）「海外ではどんな研修をしているか？：中国」『英語教育』7月号，21-22．
奥田純子（2004a）「実践エキスパートを目指す『個人研究』入門：個人研究はなぜ必要か」『月刊日本語』4月号，40-43．
奥田純子（2004b）「実践エキスパートを目指す『個人研究』入門：個人研究の対象となるもの」『月刊日本語』5月号，40-43．
奥田純子（2004c）「実践エキスパートを目指す『個人研究』入門：パーソナル・リポートを基に」『月刊日本語』6月号，40-43．
奥田純子（2004d）「実践エキスパートを目指す『個人研究』入門：事実を把握するためのDIE-A法」『月刊日本語』7月号，40-43．
奥田純子（2004e）「実践エキスパートを目指す『個人研究』入門：行動プランを立てよう」『月刊日本語』8月号，48-51．
奥田純子（2004f）「実践エキスパートを目指す『個人研究』入門：データの整理からリサーチ・デザインへ」『月刊日本語』9月号，40-43．
奥田純子（2004g）「実践エキスパートを目指す『個人研究』入門：インタビューは準備をしっかりと」『月刊日本語』10月号，42-45．
奥田純子（2004h）「実践エキスパートを目指す『個人研究』入門：文字起こしからデータの

分析へ」『月刊日本語』11月号，42-45.
奥田純子（2004i）「実践エキスパートを目指す『個人研究』入門：自分の発想で文章化してみよう」『月刊日本語』12月号，42-45.
奥田純子（2005a）「実践エキスパートを目指す『個人研究』入門：個人研究の対象とリサーチのまとめ方」『月刊日本語』1月号，50-53.
奥田純子（2005b）「実践エキスパートを目指す『個人研究』入門：フィードバックと実践の工夫」『月刊日本語』2月号，42-45.
奥田純子（2005c）「実践エキスパートを目指す『個人研究』入門：さらなるリサーチに向けて」『月刊日本語』3月号，42-45.
奥田純子（2005d）「実践エキスパートを目指す『個人研究』入門：『実践の工夫』を個人研究として行う」『月刊日本語』4月号，44-47.
小田勝己（1999）『総合的な学習に適したポートフォリオ学習と評価』学事出版
小田勝己（2000a）『総合的な学習に活かすポートフォリオがよくわかる本』学事出版
小田勝己（2000b）『総合的な学習で学力をつける：日本型ポートフォリオシステムのあり方』桐書房
小田勝己（2001）『ポートフォリオで学力形成』学事出版
小柳和喜雄（2004）「教師の成長と教員養成におけるアクションリサーチの潜在力に関する研究」『教育実践総合センター研究紀要』13号，83-92
笠原英実（2003）『アクション・リサーチを通してのティーチャートークトレーニング』広島大学教育学部日本語教育学講座平成14年度卒業論文
梶田叡一（1989）「教育実践研究をどう進めるべきか：真の個性教育のために」日本学校教育学会編『学校教育研究4：実践研究方法論の構築』東信堂，4-14
加藤賢一（1999）『アクション・リサーチにおける「方法論」の変遷について：「理念」との整合性からの検討』第30回中国地区英語教育学会発表資料
加藤幸次・安藤輝次（1999）『総合学習のためのポートフォリオ評価』黎明書房
加藤幸次（2001）『総合学習に活かすポートフォリオ評価の実際』金子書房
兼重昇（2000）「日本の英語教育における受容と実践」『英語教育』10月増刊号，53-54.
☞ 河野守夫（1997）「第3章：音声と心理」杉藤美代子監修『アクセント・イントネーション・リズムとポーズ』三省堂，95-110
矢野明日美（2001）『ボランティア日本語教室におけるアクション・リサーチ』広島大学教育学部日本語教育学科平成12年度卒業論文
川村千絵・横溝紳一郎（2002）「作文クラスにおけるポートフォリオ評価の実践」『2002年度日本語教育学会秋季大会予稿集』211-212.
河原俊昭（2003）「海外ではどんな研修をしているか？：フィリピン」『英語教育』7月号，24.
菅正隆（2001）「『大学の教員養成課程ではこういう指導をしてほしい』：高校の場合」『英語教育』6月号，22-23.
菅正隆・中嶋洋一・田尻悟郎編著（2004）『英語教育愉快な仲間たちからの贈りもの』日本文教出版
木内剛（2002）「教師になる」日本教師教育学会編『講座教師教育学II 教師をめざす：教員養成・採用の道筋をさぐる』学文社，22-28.
北神正行（2002）「教員免許はなぜあるのか」『講座教師教育学I 教師とは：専門性と役割を深める』日本語教師教育学会編，学文社，205-216.
木塚雅貴（1999a）「授業研究と『科学』」『The Language Teacher』第23巻第7号，17-19.
木塚雅貴（1999b）「大学における教員養成の方法に関する一考察」『The Language Teacher』第23巻第11号，17-19.
木塚雅貴（1999c）「アクション・リサーチの特質：科学的授業研究との比較を通して」『The Language Teacher』第23巻第12号，24-27.

参考文献

グッドソン，アイヴァー・F. 著，藤井泰・山田浩之訳（2001）『教師のライフヒストリー：「実践」から「生活」の研究へ』晃洋書房

倉地曉美（1995）「異文化間の相互作用による学習援助者の学びのプロセス（1）：アクション・リサーチの意義」『広島大学教育学部紀要』第44号，173-181.

倉地曉美（1998）「アクション・リサーチにおける教師の学び：三者間ジャーナルの試み」『広島大学日本語教育学科紀要』第9号，33-40.

倉光修（2003）「カウンセリング研修の勧め：子どもの心を理解するために」『英語教育』7月号，28-29.

黒田正典・山之内義一郎（1992）「教師における成長の問題」『人間性心理学研究』第10巻第2号，13-20.

グロワート，エスメ著，鈴木秀幸訳（1999）『教師と子供のポートフォリオ評価　総合的学習・科学編』論創社

Gehrtz三隅友子・才田いずみ（1993）「教授過程の意識化を通した専門性の開発」『日本語学』3月号，42-52.

月刊日本語編集部（2001）「ブラッシュアップのその前に ステレオタイプを打ち壊せ！」『月刊日本語』10月号，4-7.

高知県教育センター（2004）『平成15年度英語教員指導力向上研修「授業改善プロジェクト」研修報告書』

Kochi 2001 アクション・リサーチ・プロジェクト（2001）『全英連高知大会アクション・リサーチ報告集』第51回全国英語教育研究団体連合会総会・全国英語教育研究大会配布資料

国立国語研究所日本語教育センター編（1992）『日本語教育現場における教師の自己・相互研修』国立国語研究所日本語教育センター

小島勇（2004）『臨床的教師研修：教師のためのコンサルテーション・わかちあい・子ども理解』北大路書房

小島弘道（2002）「教師の資質は『養成』できるか」『講座教師教育学Ⅱ　教師をめざす教員養成・採用の道をさぐる』日本教師教育学会編，学文社，203-214.

小竹直子・横溝紳一郎（2002）「『私メッセージ』実行のためのアクション・リサーチ」『広島大学日本語教育研究』第12号，67-74.

小林峰子（2003）『否定的フィードバックに関するアクション・リサーチ』広島大学教育学部日本語教育学科平成14年度卒業論文

駒林邦男（1989）「教育研究の処方化と，その問題点」日本学校教育学会編『学校教育研究4：実践研究方法論の構築』東信堂，15-23.

小室俊明（1995）「英語教師について、何が言われ、何が分かっているか」金谷憲編著『英語教師論：英語教師の能力・役割を科学する』河源社，35-72.

今後の日本語教育施策の推進に関する調査研究協力者会議（1999）『今後の日本語教育施策の推進について：日本語教育の新たな展開を目指して』

近藤泰城（2002）「ネットワークは人の輪作りのために」『英語教育』1月号，11-13.

斎藤栄二・鈴木寿一編著（2000）『より良い英語授業を目指して：教師の疑問と悩みにこたえる』大修館書店

斎藤孝（2002）「教師としての身体の技を身につけよう」『英語教育』1月号，16-18.

三枝孝弘（1989）「実践研究の視点」日本学校教育学会編『学校教育研究4：実践研究方法論の構築』東信堂，24-33.

酒井志延（2002a）「現職英語科教員研修の実態」『現職英語教員の教育研修の実態と将来像に関する総合的研究』平成13年度科学研究費補助金基盤研究（B）研究成果報告書，59-73.

酒井志延（2002b）「あなたの情報、旬ですか？：定期刊行物をチェックしよう」『英語教育』1月号，14-15.

酒井志延（2004）「去年の研修，効果あった？」『英語教育』10月号，37.

酒井志延（2005）「教育実習の長期化の影響は？」『英語教育』2月号，37.

坂井善久（2001）「『大学の教員養成課程ではこういう指導をしてほしい』：中学校の場合」『英語教育』6月号，24-25.

阪口恭行（2002）「仲間を増やそう」『英語教育』1月号，8-10.

☞ 迫田久美子（2000）「アクション・リサーチを取りいれた教育実習の試み：自己研修型の教師を目指して」『広島大学日本語教育学科紀要』第10号，21-30.

迫田久美子・横溝紳一郎編（2002）『日本語教育実習生の自己成長の記録2002：アクション・リサーチを通して』広島大学教育学部日本語教育学講座・広島大学大学院教育学研究科言語文化教育学専攻

迫田久美子・横溝紳一郎編（2004）『日本語教育実習生の自己成長の記録2004：アクション・リサーチ／探究的授業を通して』広島大学教育学部日本語教育学講座・広島大学大学院教育学研究科言語文化教育学専攻

佐々木史（2000）「日本語教師の話し方 発話状況ごとの調整の違い：アクション・リサーチのススメ実践報告（5）」『月刊日本語』3月号，62-65.

笹島茂（2002a）「教員研修評価」『現職英語教員の教育研修の実態と将来像に関する総合的研究』平成13年度科学研究費補助金基盤研究（B）研究成果報告書，59-73.

笹島茂（2002b）「自由記述のまとめ」『現職英語教員の教育研修の実態と将来像に関する総合的研究』平成13年度科学研究費補助金基盤研究（B）研究成果報告書，86-118.

佐藤明宏（2003）「国語教師の力量形成のための自己研鑽」『日本語学』10月号，17-29.

佐藤真編著（2001）『ポートフォリオ評価による通知表・指導要録の書き方：小学校各教科・総合的な学習の時間』学事出版

佐藤学（1996）『教育方法学』岩波書店

佐藤学（1997）『教師というアポリア：反省的実践へ』世織書房

佐藤学（1998）「教師の実践的思考の中の心理学」佐伯胖・宮崎清孝・佐藤学・石黒広昭編著『心理学と教育実践の間で』東京大学出版会.

佐野正之（1997）「Action Researchのすすめ：新しい英語教育研究の方法」『英語教育』2月号，30-33.

☞ 佐野正之編著（2000a）『アクション・リサーチのすすめ：新しい英語授業研究』大修館書店

佐野正之（2000b）「アクション・リサーチ」『英語教育』10月増刊号，20-21.

佐野正之（2003）「プロの教師に必須！今年こそアクション・リサーチを」『英語教育』5月号，27.

佐野正之・長崎政裕（2004）「英語教員集中研修でのアクション・リサーチ」『英語教育』10月号，40-41.

澤本和子（1994）「教師の成長・発達と授業研究：教師の一人称視点による授業リフレクション研究の提案」『日本教育工学会研究報告集（JET94-3）』77-84.

澤本和子（1998）「授業実践研究の現在：授業研究の視点と授業を記述する方法をめぐって」『山梨大学教育学部研究報告』第48号，183-191.

澤本和子（1998a）「授業リフレクション研究のすすめ」浅田匡・生田孝至・藤岡完治編著『成長する教師：教師学への誘い』金子書房，212-226.

澤本和子（1998b）「子供と共に成長する教師」浅田匡・生田孝至・藤岡完治編著『成長する教師：教師学への誘い』金子書房，256-270.

実践研究プロジェクトチーム（2001）『実践研究の手引き』財団法人日本語教育振興協会

柴田義松（2002）「これからの教師へ」『講座教師教育学Ｉ　教師とは教師の役割と専門性を深める』日本教師教育学会編，学文社，227-236.

志水宏吉（1998）「教育研究におけるエスノグラフィーの可能性：「臨床の知の生成に向けて」志水宏吉編著『教育のエスノグラフィー：学校現場のいま』嵯峨野書院，1-28.

下平菜穂（1992）「教師のダイアリー：自己のダイアリー分析の試み」『日本語教育論集』9号，1-18.

下山晴彦（2001）「臨床における実践研究」南風原朝和・市川伸一・下山晴彦編『心理学研究

法入門：調査・実験から実践まで』東京大学出版会，191-218.
庄司和晃（1989）「研究上の『仮説』設定への批判と対応：研究方法の単純化のための三要素」日本学校教育学会編『学校教育研究4：実践研究方法論の構築』東信堂，45-54.
☞白井利明（2001）『[図解]よくわかる学級づくりの心理学』学事出版
新里眞男（2001）「教員研修制度データバンク」『英語教育』6月号，28-29.
陣内裕子（2005）『肯定的フィードバックに関するアクション・リサーチ』広島大学教育学部第三類日本語教育系コース平成16年度卒業論文
助村美保（2001）「クラス間の学力差が広がる：アクション・リサーチを試みて」『英語教育』12月号，25-27.
鈴木聡（2005）「教科教育法を担当する先生方へ」『英語教育』3月号，86-87.
鈴木敏恵（2000）『ポートフォリオで評価革命！：その作り方・最新事例・授業案』学事出版
☞鈴木秀幸（1999）「訳者まえがき」グロワート，エスメ著，鈴木秀幸訳『教師と子供のポートフォリオ評価　総合学習・科学編』論創社，7-17.
関根正明（1990）『教師 自己の伸ばし方磨き方』学陽書房
☞高浦勝義（2000）『ポートフォリオ評価入門』明治図書
☞高野みどり（1999）「めりはりのあるクラスにするために」『日本語・日本文化実習報告』10 筑波大学　日本語・日本文化学類
田邉祐司（2003）「自己研修の提案：その内容と方法」『英語教育』7月号，18-20.
谷誠司（2000）「学習意欲の低い学習者に対する学習者中心の授業：アクション・リサーチのススメ実践報告（4）」『月刊日本語』3月号，58-61.
☞谷口すみ子・石井恵理子・田中幸子（1994）「ワークショップ日本語教師の自己点検」『第2回小出記念日本語教育研究会論文集』
玉井健（1996）「内省による授業研究」『現代英語教育』4月号，20-22.
☞津田彰子・中村透子・横井和子・横溝紳一郎（1998）『ティーチング・ポートフォリオ：現職教師の自己成長の記録』南山大学外国人留学生別科平成9年秋学期J4（準中級日本語）プロジェクト報告書，南山大学
☞寺西和子（1999）「総合的学習と構成主義」『授業研究21』8月号，95-97.
寺西和子（2001）『総合的学習の評価：ポートフォリオ評価の可能性』明治図書
當作靖彦（1999）「アメリカの外国語教育における評価の動向：代替的評価法を中心として」『平成11年度日本語教育学会秋季大会予稿集』日本語教育学会，17-27.
當作靖彦編（2003）『日本語教師の専門能力開発：アメリカの現状と日本への提言』日本語教育学会
徳川宗賢（1997）「日本語教員養成の課題」『日本語学』5月臨時増刊号，38-44.
独立行政法人国立国語研究所（2002）『日本語教員養成における実習教育に関する調査研究：アンケート調査報告』国立国語研究所日本語教育部門
ドナルド・ショーン（2001）『専門家の知恵：反省的実践家は行為しながら考える』佐藤学，秋田喜代美訳，ゆみる出版
長尾十三二（1994）『教師教育の課題』玉川大学出版部
長﨑政浩（2000）「アクション・リサーチが投げかけること」『英語教育』12月号，44-45.
長﨑政浩（2001）「アクション・リサーチが1年を変える」『英語教育』4月号，22-24.
中島一憲（2004）「教師のためのストレスマネジメントとは」『英語教育』11月号，21-24.
中村透子・山田真理（2000）「作文指導における文法授業 場所を表す『に』『で』を中心に：アクション・リサーチのススメ 実践報告（2）」『月刊日本語』1月号，58-61.
西原鈴子（1997）「日本語教育の研究と現場」『日本語学』5月臨時増刊号，45-50.
西原鈴子（2004a）「日本語教育Deep & Wide4：教師にとっての"Ever Onward"」『月刊日本語』7月号，25.
西原鈴子（2004b）「日本語教育Deep & Wide 6：学習者になってメタ認知能力を養おう」『月刊日本語』9月号，25.

西原鈴子（2005）「日本語教育 Deep & Wide 12：教師としての成長は自分との戦い」『月刊日本語』3月号，26．

日本教育学会教師教育に関する研究員会編（1983）『教師教育の課題：すぐれた教師を育てるために』明治図書出版

日本語教育学会編（1995）『タスク日本語教授法』凡人社

野村真理子（2002）「アクション・リサーチに基づくALTとのティーム・ティーチング：ALTと連携してスピーキング能力を伸ばす」『英語教育』4月号，20-23．

南風原朝和・市川伸一・下山晴彦編（2001）『心理学研究法入門：調査・実験から実践まで』東京大学出版会

秦政春（1989）「教育研究と統計的調査」日本学校教育学会編『学校教育研究4：実践研究方法論の構築』東信堂，34-44．

八田玄二（2000）『リフレクティブ・アプローチによる英語教師の養成』金星堂

浜脇一菜・矢野優子・横溝紳一郎（2005）「「学習者のために」を追い求めたアクション・リサーチ：地域の日本語教室における1回完結型授業の試みを通して」『広島大学日本語教育研究』第15号，47-54．

林さと子・尾崎明人（1993）「動的ネットワークと教師の成長」『日本語学』3月号，53-60．

春原憲一郎・横溝紳一郎・三原祥子・大藤美帆・矢部まゆみ・今井なをみ（2003）「オンラインによる日本語教育実践研究の可能性の探求：メンタリング手法の導入を通して」『2003年度日本語教育学会春季大会予稿集』229-240．

樋口忠彦・泉恵美子・衣笠知子（2005）「指導者の研修と養成」『英語教育』2月号，48-50．

聖田京子（1996）「ポートフォリオ・アセスメント（評価）の日本語教育への応用」『平成8年度日本語教育学会春期大会予稿集』193-198．

平岩ゆか・横溝紳一郎（2004）「人を育て，自分も育つコミュニケーションとは？：日本語教育実習でのアクション・リサーチ」『広島大学日本語教育研究』第14号，51-56．

久村研（2002）「英語力と自己英語研修」『現職英語教員の教育研修の実態と将来像に関する総合的研究』平成13年度科学研究費補助金基盤研究（B）研究成果報告書，38-58．

福島妙子・福田倫子（2000）「教師の不自然なティーチャートーク 文末の上昇イントネーション：アクション・リサーチのススメ 実践報告（3）」『月刊日本語』2月号，62-65．

古川ちかし（1990）「教員は自分自身をどう変えられるか」『日本語教育論集』7号，1-18．

古川ちかし（1991）「教室を知ることと変えること：教室の参加者それぞれが自分を知ることと変えること」『日本語教育』第75号，24-35．

聖田京子（1996）「ポートフォリオ・アセスメント（評価）の日本語教育への応用」『平成8年度日本語教育学会春季大会予稿集』193-198．

深田桃代（1994）「クラスルーム・リサーチのための質的データ分析の試み」『中部地区英語教育学会紀要』第24号，243-248．

深田桃代（1995）「教育改革におけるアクション・リサーチの役割」『中部地区英語教育学会紀要』第25号，31-36．

深田桃代（1996）「クラスルーム・リサーチのための質的データ分析の試みII―授業と学習意欲の関連分析を中心に」『中部地区英語教育学会紀要』第26号，15-22．

舟木美保子（1989）「家庭科の実践研究の動向と課題」日本学校教育学会編『学校教育研究4：実践研究方法論の構築』東信堂，55-64．

別惣淳二（1994）「教育実習における反省的教授モデルに関する一考察：K.M. ZeichnerとJ. Calderheadのモデルを対比して」『広島大学教育学部紀要：第1部 教育学』第43号，165-172．

星野一郎（2003）「教員研修でつける力量とはどのようなものか」『日本語学』10月号，48-55．

細川英雄（2003）「大学院へ行こう7：実践研究の醍醐味」『月刊日本語』10月号，60-61．

細川英雄（2004）「大学院へ行こう12：日本語教師と実践研究」『月刊日本語』4月号，74-75．

前田綱紀（1995）「海外の日本語教育と日本語国際センター」『日本語学』7月号，4-13.
牧昌見（1982）『教員研修の総合的研究』ぎょうせい
増田實（1992）「教師教育へのヒューマニスティック・アプローチ」『人間性心理学研究』第10巻第2号，21-27.
松崎正治（2003）「国語教師の力量形成の過程：事例研究から」『日本語学』10月号，30-38.
松畑熙一（2003）「今年の夏の研修プログラムはこうなる」『英語教育』7月号，8-13.
松本葉子（2003）『外国人児童への教科学習支援におけるアクション・リサーチ』広島大学教育学部日本語教育学講座平成14年度卒業論文
☞丸山敬介（1990）『経験の浅い日本語教師の問題点の研究』創拓社
三浦章五監修（2004）『英語教師のための教育データ分析入門：授業が変わるテスト・評価・研究』大修館書店
三浦孝（1996）「実践研究における事実」『現代英語教育』11月号，8-11.
右島洋介・鈴木慎一編著（1984）『教師教育：課題と展望』勁草書房
水谷信子（1997）「日本語教育能力検定試験の課題と展望」『日本語学』5月臨時増刊号，224-230.
箕浦康子（1998a）『日本人学生と留学生：相互理解のためのアクション・リサーチ』平成7年度〜平成9年度文部省科学研究費補助金研究成果報告書
三原祥子・矢部まゆみ・影山陽子・澤田尚美（2001）「対話を通した文章表現のプロセスについてのアクション・リサーチ：『ほぐす』『ほりおこす』『つたえる』『わかちあう』文章表現のプロセス」『2001年度日本語教育学会秋季大会予稿集』213-214.
☞村岡英裕（1999）『日本語教師の方法論：教室談話分析と教授ストラテジー』凡人社
村川雅弘編著（1999）『「生きる力」を育むポートフォリオ評価』ぎょうせい
村野井仁（2001）「英語科教員養成課程の現状とこれから：教員免許改正で何が変わったのか」『英語教育』6月号，8-10.
柳沢好昭（1993）「言語・学習項目分析を通した専門性の開発」『日本語学』3月号，61-70.
柳沢好昭（1997）「研究と教育・社会とのつながり」『日本語学』5月臨時増刊号，51-57.
簗島忠恵（1995）「教師研修に求められているもの：調査研究部会の活動から」『日本語学』7月号，14-21.
柳瀬陽介（2000）「英語圏ESL関係者による受容」『英語教育2000年10月増刊号』，49-50.
柳瀬陽介（2001）「アクション・リサーチの合理性について」『中国地区英語教育学会研究紀要』31号，145-152.
柳瀬陽介（2005）「無人格な時代」『英語教育』1月号，37.
☞柳瀬陽介・横溝紳一郎・峰野光善・吉田達弘・兼重昇・那須敬弘・藤井浩美・加藤賢一・三浦省五（2000）「アクション・リサーチと第二言語教育研究」『英語教育』10月増刊号，42-59.
矢野明日美（2001）『ボランティア日本語教室におけるアクション・リサーチ』広島大学教育学部日本語教育学講座平成12年度卒業論文
矢野智司（2000）「生成する自己はどのように物語るのか：自伝の教育人間学序説」やまだようこ編著『人生を物語る：生成のライフストーリー』ミネルヴァ書房，251-278.
山﨑準二（2002）『教師のライフコース研究』創風社
山﨑準二（2003）「教師の発達と力量形成：ライフコース研究から考える」『日本語学』10月号，6-16.
山下友子・横溝紳一郎（2003）「短作文の誤用訂正に関するアクション・リサーチ：いつもの訂正を振り返る」『広島大学日本語教育研究』第13号，47-52.
山田泉・丸山敬介（1993）「日本語教師の自己開発：発想の転換と実践的能力の形成」『日本語学』3月号，13-20.
やまだようこ編著（2000a）『人生を物語る：生成のライフストーリー』ミネルヴァ書房
やまだようこ（2000b）「人生を物語ることの意味：なぜライフストーリー研究か？」教育心

理学年報，146-161.
　山本晋也（2005）『学習者の多様性への対処に関するアクション・リサーチ』広島大学教育学部第三類日本語教育系コース平成16年度卒業論文
　横井和子（1999）「発音チェックとフィードバック：アクション・リサーチのススメ　実践報告（1）」『月刊日本語』12月号，58-61.
　横溝紳一郎（1997）「日本語学を追及するためのキーワード50」『AERA Mook：日本語学のみかた』朝日新聞社，159-166.
☞横溝紳一郎（1998）「ティーチング・ポートフォリオ：自己研修型教師の育成を目指して」『JALT日本語教育論集』第3号，15-28.
　横溝紳一郎（1999a）「学習者参加型の評価法」『平成11年度日本語教育学会秋季大会予稿集』日本語教育学会，40-47.
♦横溝紳一郎（1999b）「アクションリサーチとティーチング・ポートフォリオ：現職教師の自己成長のために」『The Language Teacher』第23巻第12号，28-32.
♦横溝紳一郎（2000a）『日本語教師のためのアクション・リサーチ』日本語教育学会編，凡人社
　横溝紳一郎（2000b）「ポートフォリオ評価と日本語教育」『日本語教育』107号，105-114.
　横溝紳一郎（2000c）「プロセス・シラバスに関するアクション・リサーチ」『広島大学日本語教育学科紀要』第10号，11-20.
　横溝紳一郎（2000d）「ポートフォリオ・ビデオ評価に関するアクション・リサーチ」『JALT日本語教育論集』第5号，12-23.
♦横溝紳一郎（2001a）「アクション・リサーチ」青木直子・尾崎明人・土岐哲編著『日本語教育学を学ぶ人のために』世界思想社，210-231.
　横溝紳一郎（2001b）「プロセス・シラバスに関するリサーチ：これはアクション・リサーチと言えるのか？」『広島大学日本語教育研究』第11号，33-42.
　横溝紳一郎（2002a）「学習者参加型評価と日本語教育」『ことばと文化を結ぶ日本語教育』細川英雄編，凡人社
　横溝紳一郎（2002b）「日本語教師の資質に関する一考察：先行研究調査より」『広島大学日本語教育研究』第12号，49-58.
♦横溝紳一郎（2002c）「教師教育学部：アクション・リサーチは教師を元気にする活動と心得よ」『月刊日本語』10月号，16-17.
　横溝紳一郎（2003a）「『人間性』の向上をめざして：ある教養ゼミでの試み」『広島大学日本語教育研究』第13号，39-46.
♦横溝紳一郎（2003b）「アクション・リサーチをめぐる質疑応答から見えてくるもの」アクション・リサーチの会@yokohama『アクション・リサーチ研究』創刊号，7-14.
♦横溝紳一郎（2004）「アクション・リサーチの類型に関する一考察：仮説―検証型ARと課題探究型AR」『JALT日本語教育論集』第8号，1-10.
　横溝紳一郎（近刊）「教師の資質・成長過程と、その支援方法」西原鈴子・西郡仁朗編『講座社会言語科学4：教育』ひつじ書房
　横溝紳一郎・迫田久美子・松崎寛（2002）「日本語教育実習でのアクション・リサーチの役割」『2002年度日本語教育学会秋期大会予稿集』178-183.
♦横溝紳一郎・迫田久美子・松崎寛（2004）「日本語教育実習でのアクション・リサーチの役割」『JALT Journal』第25号（2），205-221.
♦横溝紳一郎・當作靖彦（2003）「アメリカの教育改革から日本国内の日本語教師教育への提言」當作靖彦編『日本語教師の専門能力開発：アメリカの現状と日本への提言』日本語教育学会，167-206.
♦横溝紳一郎・松崎寛編（2000）『日本語教育実習生の自己成長の記録2000：アクション・リサーチを通して』広島大学教育学部日本語教育学科・広島大学大学院教育学研究科言語文化教育学専攻

横溝紳一郎・松崎寛編（2001）『日本語教育実習生の自己成長の記録2001：アクション・リサーチを通して』広島大学教育学部日本語教育学講座・広島大学大学院教育学研究科言語文化教育学専攻

横溝紳一郎・松崎寛編（2003）『日本語教育実習生の自己成長の記録2003：アクション・リサーチを通して』広島大学教育学部日本語教育学講座・広島大学大学院教育学研究科言語文化教育学専攻

吉川寛（2003）「海外ではどんな研修をしているか？：韓国」『英語教育』7月号，22-23．

吉田健三（2002）「大学院へ行こう：自己の再構築を求めて」『英語教育』1月号，22-24．

吉田達弘（2003）「教師による実践研究の再考：Exploratory Practice」『英語教育』9月号，85．

吉本二郎（1988）『学校学5 育つ教師』第一法規

米田由喜代（2000）「OPIを授業に生かす：受講者から見たOPIワークショップのメリット／デメリット」『月刊日本語』5月号，56-59．

米山朝二（2002）「現職教員研修の評価」『英語教育』8月号，67．

リチャーズ，J. C.・ロックハート，C.（2000）『英語教育のアクション・リサーチ：Reflective Teaching in Second Language classrooms』新里眞男訳，研究社

カート・レヴィン（1954）末永俊郎訳『社会的葛藤の解決——グループ・ダイナミックス論文集』東京創元社

クルト・レヴィン（1979）猪股佐登留訳『社会科学における場の理論』誠信書房

Harmer, J.（2003）『実践的英語教育の指導法：4技能から評価まで』斎藤栄二・新里眞男監訳，ピアソン・エデュケーション

ショアー，E. F.・グレース，C.（2001）『ポートフォリオガイド　10のステップ』貫井正納・市川洋子・吉田雅巳・田村高広訳，東洋館出版社

Allwright, D.（1991a）Exploratory teaching, professional development, and the role of a teachers association. *CRILE working paper 7*. Lancaster, England: Lancaster University Center for Research in Language Education.

Allwright, D.（1993）Integrating 'research' and 'pedagogy': Appropriate criteria and practical possibilities. In J. Edge and K. Richards（eds.）, *Teachers develop teachers research: Papers on classroom research and teacher development*（pp.125-135）. Oxford: Heinemann.

Allwright, D.（1999）*Explanatory practice in the language classroom*. Paper presented at the JALT conference, Maebashi, Japan.

Allwright, D.（2003）Exploratory practice: Rethinking practitioner research in language teaching. *Language Teaching Research 7*（2）, 113-141.

Allwright, D. and Bailey, K. M.（1991）*Focus on the language classroom: An introduction to classroom research for language teachers*. New York: Cambridge University Press.

Altrichter, H., P. Posch and B. Somekh.（1993）*Teachers investigate their work: An introduction to the methods of action research*. New York: Routledge.

Auerbach, E. R.（1994）Participatory action research. *TESOL Quarterly, 28*（4）, 693-697.

Bartlett, L.（1990）Teacher development through reflective teaching. In J. C. Richards and D. Nunan（eds.）, *Second language teacher education*（pp.202-214）. New York: Cambridge University Press.

Boyle, J.（1997）Report on a lecture by Dr. Graham Crookes: 'Action research'. *The Language Teacher, 21*（12）, 45-47

Bowen, T. and Marks, J.（1994）*Inside teaching*. Oxford: Heinemann.

Brown, J. D.（1998）Editor's note. In J. D. Brown（ed.）, *New ways of classroom assessment*（pp.3-5）. Alexandria, VA: TESOL.

Brown, J. D. and K. Wolfe-Quintero.（1997）Teacher portfolios for evaluation: A great idea or waste of time? *The Language Teacher, 21*（1）, 28-30.

Brown, J. D. and T. Hudson.（1998）The alternatives in language assessment. *TESOL Quarterly, 32*

(4), 653-675.

☞Burns, A. (1999) *Collaborative action research for English language teachers*. New York: Cambridge University Press.

Cornwell, S. (1994) Teacher-research: An interview with Donald Freeman. *The Language Teacher, 18* (2), 8-14.

Cornwell, S. (1999) Interview with Anne Burns and Graham Crookes. *The Language Teacher, 23* (12), 5-9, 27.

Cowie, N & Ogane, E. (1999) Annotated bibliography. *The Language Teacher, 23* (12), 33-34.

Crookes, G. (1993) Action research for second language teachers: Going beyond teacher research. *Applied Linguistics, 14* (2), 130-144.

Crookes, G. (1998) On the relationship between second and foreign language teachers and research. *TESOL Journal, 7* (3), 6-11.

Elliott, J. (1991) *Action research for educational change*. Buckingham: Open University Press.

Ellis, R. (1997) *SLA research and language teaching*. Oxford: Oxford University Press.

Freeman, D. (1996) Redefining the relationship between research and what teachers know. In K. M. Bailey and D. Nunan (eds.), *Voices from the language classroom* (pp.88-115). New York: Cambridge University Press.

Freeman, D. (1998) *Doing teacher research: From inquiry to understanding*. New York: Heinle and Heinle Publishers.

Freeman, D. and S. Cornwell (eds.) (1993) *New ways of teacher education*. Alexandria, VA: TESOL.

Gehhard, J. G., Gaitan, S. and Oprandy, R. (1990) Beyond prescription: The student teacher as investigator. In J. C. Richards and D. Nunan (eds.), S*econd language teacher education* (pp.16-25). New York: Cambridge University Press.

Gottlieb, M. (1995) Nurturing student learning through portfolios. *TESOL Journal, 5* (1), 12-14.

Hadley, G. S. (1997) Action research: Something for everyone. In D. T. Griffee and David Nunan (eds.), *Classroom teachers and classroom research* (pp.87-96). Tokyo: JALT.

Head, K. and Taylor, P. (1997) *Readings in teacher development*. Oxford: Heinemann.

Hopkins, D. (1985) *A teacher's guide to classroom research*. Philadelphia: Open University Press.

Huerta-Macias, A. (1995) Alternative assessment: Responses to commonly asked questions. *TESOL Journal, 5* (1), 8-11.

Jaatinen, R. (2001) Autobiological knowledge in foreign language education and teacher development. In Kohonen, V., Jaatinen, R., Kaikkonen, P. and Lehtovaara, J. (eds.), *Experiential learning in foreign language education* (pp.106-140). Essex, England: Pearson Education Limited.

Kemmis, S. & McTaggart, R. (1988) *The action research planner*. Victoria, Australia: Deakin University Press.

Kemmis, S. & Wilkinson, M. (1997) Participatory action research and the study of practice. In B. Atweh, S. Kemmis & P. Weeks (eds.), *Action research in practice: Partnership for social justice in education* (pp.21-36). New York: Routledge.

Kennedy, M. M. (1991) Some surprising findings on how teachers learn to teach. *Educational Leadership, 49* (3), 14-17

Kohonen, V. (1999) Authentic assessment in affective foreign language education. In J. Arnold (ed.), *Affect in language learning* (pp.279-294). Cambridge: Cambridge University Press.

Lewin, K. (1946) Action research and minority problems. *Journal of Social Issues, 2*, 34-46.

LoCastro, V. (1994) Teachers helping themselves: Classroom research and action research. *The Language Teacher, 18* (2), 4-7.

Markee, N. (1996) Making second classroom research work. In J. Schachter & S. Gass (eds.), *Second language classroom research: Issues and opportunities* (pp.117-155). Mahwah, NJ:

Lawrence Erlbaum Associates.

McTaggart, R. (1997) Guiding principles for participatory action research. In R. McTaggart (ed.), *Participatory action research: International contexts and consequences* (pp.25-44). New York: State University of New York Press.

Moreira, M. A., Vieira, F. & Marques, I. (1999) Pre-service teacher development through action research. *The Language Teacher, 23* (12), 15-18.

Nunan, D. (1989) *Understanding language classrooms: A guide for teacher-initiated action*. New York: Prentice Hall.

Nunan, D. (1990) Action research in the language classroom. In J. C. Richards & D. Nunan (eds.), *Second language teacher education* (pp.62-81). New York: Cambridge University Press.

Nunan, D. (1991) *Language teaching methodology: A textbook for teachers*. Englewood Cliffs, NJ: Prentice Hall Regents.

Nunan, D. (1992) *Research methods in language learning*. New York: Cambridge University Press.

Nunan, D. (1993a) Action research in language education. In J. Edge and K. Richards (eds.), *Teachers develop teachers research: Papers on classroom research and teacher development* (pp.39-50). Oxford: Heinemann.

Nunan, D. (1993b) Action research: What, how and why? *The Language Teacher, 17* (8), 15-18.

Nunan, D. and Lamb, C. (1996) *The self-directed teacher: Managing the learning process*. New York: Cambridge University Press.

Pollari, P. (1999) 'This is my portfolio': Portfolios in Finnish upper secondary schools. In C. Kennedy, P. Doyle and C. Goh (eds.), *Exploring change in English language teaching* (pp.105-112). Oxford: Macmillan Heinemann English Language Teaching.

Richards, J. C. (1990) *The language teaching matrix*. New York: Cambridge University Press.

Richards, J. C. and C. Lockhart. (1994) *Reflective teaching in second language classrooms*. New York: Cambridge University Press.

Roberts, R. (1999) Evaluating teacher-initiated research: Description of a pilot study. In C. Kennedy, P. Doyle and C. Goh (eds.), *Exploring change in English language teaching* (pp.94-104). Oxford: Macmillan Heinemann English Language Teaching.

Seldin, P. (1991) *The teaching portfolio: A practical guide to improved performance and promotion/tenure decisions*. Bolton, MA: Anker Publishing Company.

Schon, D. A. (1987) *Educating the reflective practitioner: Toward a new design for teaching and learning in the professions*. San Francisco: Jossey-Bass.

Scott-Conley, L., Cowie, N., Tubby, J., Hodge, R. & Yokomizo, S. (1999) Practicing action research. *JALT Conference Proceedings, 98*, 187-192.

Somekh, B. (1993) Quality in educational research: The contribution of classroom teachers. In J. Edge and K. Richards (eds.), *Teachers develop teachers research: Papers on classroom research and teacher development* (pp.26-38). Oxford: Heinemann.

Stenhouse, L. (1975) *An Introduction to Curriculum Research and Development*. London: Heinemann.

Thielen, B. V. (1993) The mentor in teacher induction and teacher development. In J. Edge and K. Richards (eds.), *Teachers develop teachers research: Papers on classroom research and teacher development* (pp.94-101). Oxford: Heinemann.

Valdez Pierce, L. (1998) Planning portfolio. In J. D. Brown (ed.), *New ways of classroom assessment* (pp.6-10). Alexandria, VA: TESOL.

Wajnryb, R. (1992) *Classroom observation tasks: A resource book for language teachers and trainers*. New York: Cambridge University Press.

Wallace, M. J. (1991) *Training foreign language teachers: A reflective approach*. New York:

Cambridge University Press.
Wallace, M. J.（1998） *Action research for language teachers*. New York: Cambridge University Press.
Wolfe-Quintero, K.（1998） ESL language portfolios: How do they work? In J. D. Brown（ed.）, *New ways of classroom assessment*（pp.11-14）. Alexandria, VA: TESOL.

第２章：日本語の授業に臨む前に

A. 教科書分析

明石達彦（2001）「新しい教科書に思う」『英語教育』10月号，17.
浅倉美波・遠藤藍子・春原憲一郎・松本隆・山本京子（2000）『日本語教師必携　ハート＆テクニック』アルク
石田敏子（1988）『日本語教授法』大修館書店
石橋玲子（1993）『日本語教師をめざす人の日本語教授法入門』凡人社
伊藤雄二（1995）『英語教師の四十八手１：教科書の活用』研究社
卯城祐司（2001）「多面的シラバスにおける『言語の働き』」『英語教育』10月号，18-20.
遠藤織枝編（2000）『概説日本語教育（改訂版）』三修社
☝岡崎敏雄（1989）『日本語教育の教材：分析・使用・作成』アルク
☞岡崎敏雄・岡崎眸（1997）『日本語教育の実習：理論と実践』アルク
☝河野俊之（2001）『Teach Japanese：日本語を教えよう』凡人社
河野俊之・小河原義朗（2003）「教科書『で』教える：教育実習で授業を学ぼう！」『月刊日本語』5月号，42-47.
河原崎幹夫（1990）「教材」『日本語教育への道：日本語教育のための実践的知識と教授法』凡人社，92-107.
河原崎幹夫・吉川武時・松本久美子（1992）「座談会：理想の教科書、理想の使い方」『月刊日本語』7月号，4-10.
木村宗男・窪田富男・阪田雪子・川本喬（1989）『日本語教授法』おうふう
ネビル・グラント（1996）『教科書の効果的な活用法』塩澤利雄監訳，桐原書店
小島聡子（2000）「よくわかる日本語の教え方①：コースデザイン」『月刊日本語』6月号，24-31.
小島聡子（2002）『すぐに役立つ日本語の教え方』アルク
☞小林典子・フォード丹羽順子・高橋純子・藤本泉・三宅和子（1995）『わくわく文法リスニング：ワークシート／指導の手引―耳で学ぶ日本語』凡人社
小林ミナ（1998）『よくわかる教授法』アルク
酒井志延（2001）「言語の使用場面：工夫した場面が鍛える能力」『英語教育』10月号，14-16.
坂本正・大塚容子（2002）『NAFL 日本語教師養成通信講座23　日本語教育実習』アルク
☞佐々木倫子（1997）「教科書とは何か：『ぴったりの一冊』を見つけるために」『月刊日本語』8月号，6-9.
佐々木倫子（1999）「教科書を使いこなす：30年の教育経験から見えてきたこと」『月刊日本語』9月号，25-29.
新屋映子・姫野伴子・守屋三千代（1999）『日本語教師がはまりやすい日本語教科書の落とし穴』アルク
清ルミ（1995）『創造的授業の発想と着眼点』アルク
瀬田幸人（2001）「語彙の選択と傾向」『英語教育』10月号，21-23.
相知美佐（2001）「『道具としての外国語』と異文化理解」『英語教育』10月号，28-30.

田中望（1988）『日本語教育の方法：コースデザインの実際』大修館書店
手島良（2001）「英語に『慣れ親しむ』ための工夫」『英語教育』10月号，11-13.
當作靖彦（1993）「コミュニカティブ・アプローチにおける教材開発：その理論，応用のしかた，具体例」『月刊日本語』12月号，25-29.
中村良廣（1992）『日本語教師のためのC&I入門』松柏社
名柄迪監修（1991）『実践日本語教授法』バベル・プレス
新里眞男（2001）「実践的コミュニケーション能力」『英語教育』10月号，8-10.
西澤正幸（2001）「文法指導のスタンスはどう変わっていくか」『英語教育』10月号，24-26.
日本語教育学会編（1995）『タスク日本語教授法』凡人社
姫野昌子・小林幸江・金子比呂子・小宮千鶴子・村田年（1998）『ここからはじまる日本語教育』ひつじ書房
星野恵子（2003）「私だけの教科書を作ってみよう」『月刊日本語』7月号，10-13.
松永淳子（2001）「希望へとつながる英語教科書」『英語教育』10月号，27.
☞丸山敬介（1992）「教科書」岡崎敏雄・川口義一・才田いずみ・畠弘巳編『ケーススタディ日本語教育』おうふう，132-147.
丸山敬介（2004）『日本語教育演習シリーズ⑥：授業の組みたて』京都日本語教育センター
☞溝部エリ子（2003）「教科書の読み方，解説します」『月刊日本語』12月号，8-13.
三牧陽子（1996）『日本語教授法を理解する本：実践編』バベル・プレス
☞村野良子（2003）「『教科書で教える』ということ」『月刊日本語』12月号，4-7.
山口喨（1991）『外国語教育のすすめ方：効果的実践への基礎』リーベル出版
☞横溝紳一郎（2004）「ハワイ大学マノア校におけるSFJ使用：ジョーデン・メソッドとSFJ融合の試み」シュテファン・カイザー編『Situational Functional Japanese 教師用アイデアブック』凡人社，7-24.
米山朝二・杉山敏・多田茂（1996）『英語科教育実習ハンドブック』大修館書店
Harmer, J.（2003）『実践的英語教育の指導法：4技能から評価まで』斎藤栄二・新里眞男監訳，ピアソン・エデュケーション
Brown, H. D.（1994） *Teaching by principles: An interactive approach to language pedagogy*. Englewood Cliffs, NJ: Prentice Hall Regents.
Davies, P. and Pearse, E.（2000） *Success in English teaching*. Oxford: Oxford University Press.
Edwards, C.（1996） Learning to learn how to teach: Developing expertise through experience. In J. Willis and D. Willis (eds.), Challenge and change in language teaching (pp.99-107). Oxford: Macmillan Heinemann English Language Teaching.
Gower, R., Phillips, D. and Walters, S.（1995） *Teaching practice handbook*. Oxford: Heinemann.
Harmer, J.（1991） *The practice of English language teaching*. New York: Longman.
Hedge, T.（2000） *Teaching and learning in the language classroom*. Oxford: Oxford University Press.
Hubbard, P., Jones, H., Thornton, B. and Wheeler, R.（1983） *A training course for TEFL*. New York: Oxford University Press.
☞Jorden, E. with M. Noda.（1987-90） Japanese: the Spoken Language, Parts 1, 2 and 3. New Haven: Yale University Press.
☞Kano, C., Shimizu, Y., Takenaka, H. and Ishii, E.（1989） *Basic kanji book vol. 1 & 2*. Tokyo: Bonjinsha
Lewis, M. and Hill, J.（1993） *Source book for teaching English as a foreign language*. Oxford: Heinemann.
Nunan, D. and Lamb, C.（1996） *The self-directed teacher: Managing the learning process*. New York: Cambridge University Press.
Richard-Amato, P. A.（1996） *Making it Happen: Interaction in the second language classroom from theory to practice*. White Plains, NY: Longman.

Richards, J. C.（1998） *Beyond training.* New York: Cambridge University Press.
Richards, J. and Lockhart, C.（1994） *Reflective teaching in second language classrooms.* New York: Cambridge University Press.
Richards, J. C. and Nunan, D.(eds.)（1990） *Second language teacher education.* Cambridge: Cambridge University Press.
Skierso, A.（1991） Textbook selection and evaluation. In M. Celce-Murcia (eds.), *Teaching English as a second or foreign Language* (pp.432-453). Boston, MA: Heinle & Heinle Publishers.
Tomlinson, B.（1998） *Materials development in language teaching.* New York: Cambridge University Press.
☞Tsukuba Language Group.（1991） *Situational functional Japanese: Notes and drills vol. I, II and III.* Tokyo: Bonjinsha.
☞Tsukuba Language Group.（1992） *Situational functional Japanese: 教師用指導書.* Tokyo: Bonjinsha.
Ur, P.（1996） *A course in language teaching: Practice and theory.* New York: Cambridge University Press.
Wallace, M. J.（1991） *Training foreign language teachers: A reflective approach.* New York: Cambridge University Press.
Wajnryb, R.（1992） *Classroom observation tasks: A resourse book for language teachers and trainers.* Cambridge: Cambridge University Press.

B．教案作成

浅倉美波・遠藤藍子・春原憲一郎・松本隆・山本京子（2000）『日本語教師必携　ハート＆テクニック』アルク
石橋玲子（1993）『日本語教師を目指す人の日本語教授法入門』凡人社
いなば教育サークル（1997）『他人の授業・どこをどう見るか：勉強になる授業参観の方法』明治図書
遠藤織枝編（2000）『概説日本語教育（改訂版）』三修社
☞岡崎敏雄・岡崎眸（1997）『日本語教育の実習：理論と実践』アルク
岡崎敏雄・川口義一・才田いずみ・畠弘巳（1992）『ケーススタディ日本語教育』おうふう
☞カイザー，シュテファン編（2004）『Situational Functional Japanese 教師用アイデアブック』凡人社
☞河野俊之（2001）『Teach Japanese：日本語を教えよう』凡人社
河野俊之・小河原義朗（2003）「教育実習で授業を学ぼう！：学習者を見よう」『月刊日本語』4月号，42-47．
河野美抄子（1996）「実習」佐治圭三・真田真治監修『日本語教授法』とうほう，105-146．
菅正隆・中嶋洋一・田尻悟郎編著（2004）『英語教育愉快な仲間たちからの贈りもの』日本文教出版
教育実習を考える会編（1995）『実践「教育実習」：学習指導案づくりと授業実習・記録の要点（増補版）』蒼丘書林
窪田守弘（2000）『日本語教授法：日本語教育実習』晃学出版
小島聰子（2000）「よくわかる日本語の教え方②：授業の組み立て」『月刊日本語』5月号，24-31．
小島聰子（2001）「楽しく授業をするために　授業準備ポイント解説」『月刊日本語』7月号，10-13．
小島聰子（2002）『すぐに役立つ日本語の教え方』アルク
☞坂本正（1997）「教案を書こう！」『月刊日本語』12月号，22-32．

参考文献

☞坂本正・大塚容子（2002）『NAFL日本語教師養成講座23：日本語教育実習』アルク
佐々木昭（1997）『授業研究の課題と実践』教育開発研究所
田中望（1988）『日本語教育の方法：コース・デザインの実際』大修館書店
寺田和子・三上京子・山形美保子・和栗雅子（1998）『日本語の教え方ABC：『どうやって教える？』にお答えします』アルク
中川良雄（2004）『秘伝 日本語教育実習プロの技』凡人社
中村良廣（1992）『日本語教師のためのC&I入門』松柏社
名柄迪監修（1991）『実践日本語教授法』バベル・プレス
日本語教育学会編（1995）『タスク日本語教授法』凡人社
縫部義憲（1994）『『日本語授業学』入門：組み立て方、進め方，分析と診断』瀝々社
縫部義憲（2001）『日本語教育学入門（改訂版）』瀝々社
丸山敬介（1990）『経験の浅い日本語教師の問題点の研究』創拓社
丸山敬介（2004）『日本語教育演習シリーズ⑥：授業の組み立て』京都日本語教育センター
水谷信子（1997）『日本語教育概論』放送大学教育振興会
樋口忠彦編著（1996）『英語授業Q&A・教師の質問140に答える』中教出版
藤沢昌弘（2000）『やさしい日本語指導8：教室活動』国際日本語研修協会
山下暁美（2000）「授業をどう進めるか」『概説日本語教育（改訂版）』遠藤織枝編，116-132.
☞横溝紳一郎（2004）「ハワイ大学マノア校におけるSFJ使用：ジョーデン・メソッドとSFJ融合の試み」シュテファン・カイザー編『Situational Functional Japanese 教師用アイデアブック』凡人社，7-24.
米山朝二・杉山敏・多田茂（1996）『英語科教育実習ハンドブック』大修館書店
☞リチャーズ，ジャック C.・ロックハート，チャールズ（2000）『英語教育のアクション・リサーチ：Reflective Teaching in Second Language Classroom』新里眞男訳，研究社
Davis, B. G.・Wood, L.・Wilson, R.（1995）『授業をどうする！：カリフォルニア大学バークレー校の授業改善のためのアイデア集』香取草之助監訳，東海大学出版会
☞Harmer, J.（2001）『新しい英語の学び方・教え方』渡邉時夫監訳，ピアソン・エデュケーション
☞Harmer, J.（2003）『実践的英語教育の指導法：4技能から評価まで』斎藤栄二・新里眞男監訳，ピアソン・エデュケーション
☞Brown, H. D.（1994） *Teaching by principles: An interactive approach to language pedagogy.* Englewood Cliffs, NJ: Prentice Hall Regents.
Brown, J. D.（1998） *The elements of language curriculum: A systematic approach to program development.* Boston, MA: Heinle & Heinle Publishers.
Doff, A.（1988a） *Teach English: A training course for teachers (trainer's handbook).* New York: Cambridge University Press.
Doff, A.（1988b） *Teach English: A training course for teachers (teacher's workbook).* New York: Cambridge University Press.
Gower, R., Phillips, D. and Walters, S.（1995） *Teaching practice handbook.* Oxford: Heinemann.
☞Harmer, J.（1991） *The practice of English language teaching.* New York: Longman.
☞Harmer, J.（1998） *How to teach English: An introduction to the practice of English language teaching.* New York: Longman.
Hubbard, P., Jones, H., Thornton, B. and Wheeler, R.（1983） *A training course for TEFL.* New York: Oxford University Press.
Johnson, K.（1993） What I planned-what I did: Reflecting on planning and teaching during the practicum. In D. Freeman and S. Cornwell (eds.), *New ways in teacher education* (pp.75-79). Alexandria, VA: TESOL.
Lewis, M. and Hill, J.（1993） *Source book for teaching English as a foreign language.* Oxford: Heinemann.

Murphy, J. M.（1993） Introducing trainees to the topic of lesson planning. In D. Freeman and S. Cornwell (eds.), *New ways in teacher education* (pp.108-111). Alexandria, VA: TESOL.

Nunan, D. and Lamb, C.（1996） *The self-directed teacher: Managing the learning process*. New York: Cambridge University Press.

Omaggio Hadley, A.（1993） *Teaching language in context (second edition)*. Boston, MA: Heinle & Heinle Publishers.

Parrott, M.（1993） *Tasks for language teachers: A resource book for training and development*. New York: Cambridge University Press.

☞Purgason, K. B.（1991） Planning lessons and units. In M. Celce-Murcia (ed.), *Teaching English as a second or foreign language (second edition)* (pp.419-431). Boston, MA: Heinle & Heinle Publishers.

Scrivener, J.（1994） *Learning teaching*. Oxford: Heinemann.

Ur, P.（1996） *A course in language teaching: Practice and theory*. New York: Cambridge University Press.

C．授業観察

浅田匡（1998）「自分の授業を見直す」浅田匡・生田孝至・藤岡完治編著『成長する教師：教師学への誘い』金子書房，147-160．

石井恵理子（1997）「教室談話の複数の文脈」『日本語学』3月号，21-29．

☞稲垣忠彦・佐藤学（1996）『授業研究入門：子どもと教育』岩波書店

いなば教育サークル（1997）『他人の授業・どこをどう見るか：勉強になる授業参観の方法』明治図書

上田智子（1997）「『授業』の相互行為的産出：授業分析の一視点として」『日本語学』3月号，52-63．

英語授業研究学会（2001～2003）「生徒と教師のための授業研究：生徒が目を輝かせて取り組む授業づくりをめざして」『英語教育』2001年4月号から2003年3月号まで連載

☞岡崎敏雄・岡崎眸（1997）『日本語教育の実習：理論と実践』アルク

岡本能里子（1997）「教室談話における文体シフトの指標的機能：丁寧体と普通体の使い分け」『日本語学』3月号，39-51．

甲斐睦朗（1997）「授業の談話分析の方法」『日本語学』3月号，13-20．

河野俊之（2001）『Teach Japanese：日本語を教えよう』凡人社

☞河野俊之・小河原義朗（2003）「教育実習で授業を学ぼう！：授業の評価を考える」『月刊日本語』10月号，40-45．

北島輝代・中嶋洋一（2003）「ゆかいな仲間たちの『授業見学』⑨：選択授業で『マンマ・ミーア』！」『英語教育』12月号，40-42．

教育実習を考える会編（1995）『実践「教育実習」：学習指導案づくりと授業実習・記録の要点（増補版）』蒼丘書林

窪田守弘（2000）『日本語教授法：日本語教育実習』晃学出版

熊谷智子（1997）「教師の発話にみられるくり返しの機能」『日本語学』3月号，30-38．

月刊日本語編集部（2004）「ブラッシュアップ・セミナー第二部実況中継」『月刊日本語』5月号，14-17．

才田いずみ（1992）「自己研修のための授業分析法試案」『世界の日本語教育』第2号，106-114．

財団法人語学教育研究所（2001～2003）「指導手順再検討」『英語教育』2001年4月号から2003年3月号まで連載

坂谷佳子（1996）「ダイアリースタディーによるコースの問題発掘の試み：改善の糸口を求め

現場教師が行なったクラスルームリサーチ」『日本語教育論集』13号，37-56.
☞坂本正・大塚容子（2002）『NAFL日本語教師養成通信講座23　日本語教育実習』アルク
　迫田久美子（2002）『日本語教育に生かす第二言語習得研究』アルク
　佐々木昭（1997）『授業研究の課題と実践』教育開発研究所
　佐藤学（1996）『教育方法学』岩波書店
　佐藤学（1997）『教師というアポリア』世織書房
　佐野正之編著（2000）『アクション・リサーチのすすめ：新しい英語授業研究』大修館書店
　ショードロン，クレイグ（2002）『第2言語クラスルーム研究』田中春美・吉岡薫共訳，リーベル出版
　神代裕・中嶋洋一（2003）「ゆかいな仲間たちの『授業見学』⑤：中1の6月で，なぜここまでできるのか？」『英語教育』8月号，44-46.
　菅原和夫（1994）「教師ジャーナルによる授業の自己評価と内省」『日本語教育論集』11号，37-57.
　妹尾祐和・中尾昭美・菅正隆（2003）「ゆかいな仲間たちの『授業見学』⑧：一冊の絵本のような小さな村から」『英語教育』11月号，44-46.
♪谷口すみ子（1992）「授業分析」岡崎敏雄・川口義一・才田いずみ・畠弘巳編『ケーススタディ日本語教育』おうふう，174-179.
　中川良雄（2004）『秘伝 日本語教育実習プロの技』凡人社
　中澤潤・大野木裕明・南博文編著（1997）『心理学マニュアル：観察法』北大路書房
　中嶋洋一（2000）『英語好きにする授業マネージメント30の技』明治図書
　西口利文・梶田正巳（1998）「自分の授業を知る」浅田匡・生田孝至・藤岡完治編著『成長する教師：教師学への誘い』金子書房，134-146.
☞日本語教育学会編（1995）『タスク日本語教授法』凡人社
　縫部義憲（1994）『日本語授業学入門：組み立て方・進め方・分析と診断』瀝々社
　縫部義憲（2001）『日本語教育学入門（改訂版）』瀝々社
　ネウストプニー，J. V.（2002）「フィールドワークの世界：参与観察」J. V. ネウストプニー・宮崎里司共編著『言語研究の方法：言語学・日本語学・日本語教育学に携わる人のために』くろしお出版，73-86.
♪八田玄二（2000）『リフレクティブ・アプローチによる英語教師の養成』金星堂
　林さと子（1991）「授業分析における学習者の視点」『日本語教育』76号，101-109.
　春原憲一郎（1991）「刺激回想法をとおして見た教師の内省と自己評価の考察」『日本語教育論集』8号，80-97.
　平山満義編著（1997）『質的研究法による授業研究：教育学・教育工学・心理学からのアプローチ』北大路書房
　藤岡完治（1998）「自分のことばで授業を語る」浅田匡・生田孝至・藤岡完治編著『成長する教師：教師学への誘い』金子書房，118-133.
　文野峯子（1994）「学習に視点を置いた授業観察」『日本語教育』82号，86-98.
　前田由美子・菅正隆（2004）「ゆかいな仲間たちの『授業見学』⑫：日々是進化 ジグソー・リーディングを用いて」『英語教育』3月号，42-44.
　松下信之・菅正隆（2003）「ゆかいな仲間たちの『授業見学』④：2年目の教員でも，ここまでできる」『英語教育』7月号，38-40.
　松田伯彦・松田文子編著（1991）『教育心理学研究法ハンドブック：教師教育のために』北大路書房
　丸山敬介（1990）『経験の浅い日本語教師の問題点の研究』創拓社
　丸山敬介（1995）『日本語教育演習シリーズ⑤：教え方の基本』京都日本語教育センター
　丸山敬介（2004）『日本語教育演習シリーズ⑥：授業の組み立て』京都日本語教育センター
　三隅Gehrtz友子・河東郁子（1991）「『考える教師』の可能性をめぐって」『日本語教育論集』8号，1-23.

三原祥子（2004）「日本語Ｑ＆Ａ」『月刊日本語』8月号，38-39.
村岡英裕（1999）『日本語教師の方法論：教室談話分析と教授ストラテジー』凡人社
茂呂雄二（1997）「教室の声のエスノグラフィー：授業の談話分析の課題」『日本語学』3月号，4-12.
横溝紳一郎（2000）『日本語教師のためのアクション・リサーチ』日本語教育学会編，凡人社
横溝紳一郎（2001）「授業の実践報告のあるべき姿とは？：現場の教師が参加したくなる報告会を目指して」『日本語教育』第111号，pp.56-65.
横溝紳一郎（2002）「日本語教育実践報告会のあり方に関する一考察　先行研究調査より」『JALT日本語教育論集』第6号，99-108.
米山朝二他（1996）『英語科教育実習ハンドブック』大修館書店
楽山進・中嶋洋一（2003）「ゆかいな仲間たちの『授業見学』①：クラスが居心地よく感じるのはなぜ？」『英語教育』4月号，42-44.
リチャーズ，J. C.・ロックハート，C.（2000）『英語教育のアクション・リサーチ』新里眞男訳，研究社
Allwright, D. and Bailey, K. M.（1991） *Focus on the language classroom: An introduction to classroom research for language teachers.* Cambridge: Cambridge University Press.
Altrichter, H., Posch, P. and Somekh, B.（1993） *Teachers investigate their work: An introduction to the methods of action research.* New York: Routledge.
Bowen, T. and Marks, J.（1994） *Inside teaching.* Oxford: Heinemann.
Burns, A.（1999） *Collaborative action research for English language teachers.* Cambridge: Cambridge University Press.
Byleen, E.（1993） Taking a closer look at the questions teachers ask. In D. Freeman with S. Cornwell (eds.), *New ways of teacher education* (pp.14-16). Alexandria, VA: TESOL.
Carter, R., Hughes, R. and McCarthy, M.（1998） Telling tails: Grammar, the spoken language and materials development. In B. Tomlinson (ed.), *Materials development in language teaching* (pp.67-86). Cambridge: Cambridge University Press.
Davies, P. and Pearse, E.（2000） *Success in English teaching.* Oxford: Oxford University Press.
Day, R. R.（1990） Teacher observation in second language education. In J. C. Richards and D. Nunan (eds.), *Second language teacher education* (pp.43-61). Cambridge: Cambridge University Press.
Doff, A.（1988a） *Teach English: A training course for teachers (trainer's handbook).* New York: Cambridge University Press.
Doff, A.（1988b） *Teach English: A training course for teachers (teacher's workbook).* New York: Cambridge University Press.
Gehhard, J. G. and Ueda-Motonaga, A.（1992） The power of observation: Make a wish, make a dream, imagine all the possibilities! In D. Nunan (ed.), *Collaborative language learning and teaching* (pp.179-191). Cambridge: Cambridge University Press.
Gower, R., Phillips, D. and Walters, S.（1995） *Teaching practice handbook.* Oxford: Heinemann.
Hedge, T.（2000） *Teaching and learning in the language classroom.* Oxford: Oxford University Press.
Holliday, A.（1994） *Appropriate methodology and social context.* Cambridge: Cambridge University Press.
Johnson, K. E.（1995） *Understanding communication in second language classrooms.* New York: Cambridge University Press.
Lynch, T.（1996） *Communication in the language classroom.* Oxford: Oxford University Press.
Malamah-Thomas, A.（1987） *Classroom interaction.* New York: Oxford University Press.
McDonell, W.（1992） The role of the teacher in the cooperative learning classroom. In C. Kessler

(ed.), *Cooperative language learning: A teacher's resource book* (pp.163-174). Englewood Cliffs, NJ: Prentice Hall Regents.

Menti, M.（1993） Self-observation in teacher education. In D. Freeman and S. Cornwell (eds.), *New ways in teacher education* (pp.96-100). Alexandria, VA: TESOL.

Nunan, D.（1989） *Understanding language classrooms: A guide for teacher-initiated action*. New York: Prentice Hall.

☞Nunan, D.（1990） Action research in the language classroom. In J. C. Richards & D. Nunan (eds.), *Second language teacher education* (pp.62-81). New York: Cambridge University Press.

Nunan, D. and Lamb, C.（1996） *The self-directed teacher: Managing the learning process*. New York: Cambridge University Press.

Parrott, M.（1993） *Tasks for language teachers: A resource book for training and development*. New York: Cambridge University Press.

Pinero, C. H.（1993） Video: A tool for reflection. In D. Freeman and S. Cornwell (eds.), *New ways of teacher education* (pp.120-123). Alexandria, VA: TESOL.

☞Richards, J. C.（1990） *The language teaching matrix*. New York: Cambridge University Press.

Richards, J. C.（1998） *Beyond training*. New York: Cambridge University Press.

Richards, J. C. and Lockhart, C.（1994） *Reflective teaching in second language classrooms*. New York: Cambridge University Press.

Sayavedra, M. R.（1993） Focused observation using guide questions. In D. Freeman and S. Cornwell (eds.), *New ways of teacher education* (pp.154-157). Alexandria, VA: TESOL.

Scrivener, J.（1994） *Learning teaching*. Oxford: Heinemann.

Sole, D.（1993） Multiple evaluations of oral microteaching assignments. In D. Freeman and S. Cornwell (eds.), *New ways of teacher education* (pp.161-165). Alexandria, VA: TESOL.

Tarone, E. and Yule, G.（1989） *Focus in the language learner*. New York: Oxford University Press.

Tsui, A, B. M.（1995） *Introducing classroom interaction*. London: Penguin.

Tudor, I.（1996） *Learner-centeredness as language education*. New York: Cambridge University Press.

Ur, P.（1996） A course in language teaching: Practice and theory. New York: Cambridge University Press.

☙Wajnryb, R.（1992） *Classroom observation tasks:A resource book for language teachers and trainers*. New York: Cambridge University Press.

Wallace, M.（1991） *Training foreign language teachers*. New York: Cambridge University Press.

Wallace, M.（1998） *Action research for language teachers*. New York: Cambridge University Press.

第3章：日本語の授業の実際（1）

A. スピーキングの指導

青木昭六編（1990）『英語授業実例事典』大修館書店
青木直子（1991）「コミュニカティブ・アプローチの教育観」『日本語教育』第73号，12-22.
赤池秀代（2004）「生徒にスピーキングさせるために教師は？」『英語教育』6月号，20-21.
浅倉美波・遠藤藍子・春原憲一郎・松本隆・山本京子（2000）『日本語教師必携　ハート＆テクニック』アルク
阿野幸一（2002）「教室を越えた自己表現の場の設定」『英語教育』10月号，30-32.
阿野幸一（2003）「流暢さと正確さのバランスをどうとるか？」『英語教育』9月号，28-30.

有馬俊子（1993）『日本語の教え方の秘訣：「新日本語の基礎Ⅰ」のくわしい教案と教授法 上』スリーエーネットワーク
有馬俊子（1994）『日本語の教え方の秘訣：「新日本語の基礎Ⅰ」のくわしい教案と教授法 下』スリーエーネットワーク
有馬俊子（1995a）『続・日本語の教え方の秘訣：「新日本語の基礎Ⅱ」のくわしい教案と教授法 上』スリーエーネットワーク
有馬俊子（1995b）『続・日本語の教え方の秘訣：「新日本語の基礎Ⅱ」のくわしい教案と教授法 下』スリーエーネットワーク
池上摩希子・関麻由美・八田直美・八木公子（2000）「授業の後の講師室 日本語学習タテ・ヨコ・ナナメ③：私は牛乳は『飲みません』！」『月刊日本語』6月号，38-39.
池田真澄（2002）「教科書本文をきっかけにして：英語Ⅰの授業で」『英語教育』10月号，12-14.
石田敏行（1988）『日本語教授法』大修館書店
石塚ゆかり（2001）「日本語教育と第二言語習得：談話において引用表現を適切に使いこなすための指導」『月刊日本語』11月号，64-65.
石橋玲子（1993）『日本語教師をめざす人の日本語教授法入門』凡人社
泉惠美子（2003a）「スローラーナーを励ます授業実践⑥：ALTとのTeam-Teaching」『英語教育』9月号，38-39.
泉惠美子（2003b）「スローラーナーを励ます授業実践⑧：スピーキング能力育成を目指して」『英語教育』11月号，42-43.
伊藤恵美子（2001）「日本語教育と第二言語習得⑨：ポライトネスの視点から語用論的能力の習得を考える」『月刊日本語』12月号，72-73.
今井邦彦（2002）「TPOに合った表現：原則と応用」『英語教育』3月号，18-21.
今井典子・高島英幸（2004）「タスクによる児童・生徒が活きる授業への転換③：タスク活動を通して文法知識を活性化する（中学）」『英語教育』6月号，49-51.
伊庭緑（2004）「プレゼンテーション中心の授業と異文化教育と：英語も外国語の1つとして［甲南大学］」『英語教育』7月号，18-19.
宇佐美まゆみ（1993）「コミュニカティブ・アプローチのゆくえ：『コミュニカティブ・アプローチ対オーディオ・リンガル法』論争の読み方」『月刊日本語』12月号，18-24.
宇佐美まゆみ（2002）「ジェンダーとTPO」『英語教育』3月号，27-29.
内田裕美（2004）「レキシカル・コミュニケーション・ストラテジーを引き出すロールプレー」シュテファン・カイザー編『Situational Functional Japanese 教師用アイデアブック』凡人社，90-102.
江副勢津子（1991）『AUDING 日本語教師のための実践七講：江副勢津子の初級日本語教室』凡人社
ELEC同友会オーラルアプローチ研究部会（2003）「次の世代に伝えたいオーラルアプローチ①：今，なぜオーラルアプローチなのか」『英語教育』12月号，43-45.
ELEC同友会オーラルアプローチ研究部会（2004a）「次の世代に伝えたいオーラルアプローチ②：生徒を鍛えるパタンプラクティス」『英語教育』1月号，43-45.
ELEC同友会オーラルアプローチ研究部会（2004b）「次の世代に伝えたいオーラルアプローチ③：オーラルアプローチを実践に活かそう」『英語教育』2月号，45-47.
遠藤藍子（2002）「初級のヤマ場はこう乗り越える！」『月刊日本語』6月号，20-25.
大内博（2003）「英語にならない表現」『英語教育』2月号，32-33.
大喜多喜夫（2004）『英語教員のための授業活動とその分析』昭和堂
大下邦幸編著（1996）『コミュニケーション能力を高める英語授業：理論と実践』東京書籍
太田洋（2003）「ペアワークのねらい」『英語教育』1月号，31-33.
太田美知子（1994）「マニュアルにない実践『教え方』集：4つの現場，それぞれのケースケーススタディ④一般外国人」『月刊日本語』10月号，20-24.

大場美和子（2002a）「初級文法で磨く会話のテクニック⑤：『すみません。きょうはちょっと…』のコミュニケーション」『月刊日本語』8月号，76-79．

大場美和子（2002b）「初級文法で磨く会話のテクニック⑦：『そうですか』のコミュニケーション」『月刊日本語』10月号，78-81．

大場美和子（2003）「初級文法で磨く会話のテクニック⑪：『すみません』のコミュニケーション」『月刊日本語』2月号，74-77．

岡秀夫（1994）「スピーキングとオーラル・コミュニケーション」小池生夫監修『第二言語習得研究に基づく最新の英語教育』大修館書店，239-265．

岡秀夫・赤池秀代・酒井志延（2004）『「英語授業力」強化マニュアル』大修館書店

日本語教授法研究会（1987）『ロールプレイで学ぶ会話(1)：こんなとき何と言いますか』凡人社

岡崎敏雄（1991）「コミュニカティブ・アプローチ：多様化における可能性」『日本語教育』第73号，1-11．

岡崎敏雄・川口義一・才田いずみ・畠弘巳（1992）『ケーススタディ日本語教育』おうふう

☞岡崎敏雄・岡崎眸（1990）『日本語教育におけるコミュニカティブ・アプローチ』日本語教育学会編，凡人社

☞岡崎眸・岡崎敏雄（2001）『日本語教育における学習の分析とデザイン：言語習得過程の視点から見た日本語教育』凡人社

岡田久美（2001）「日本語教育と第二言語習得⑥：文レベルから談話レベルまで視点表現の習得について考える」『月刊日本語』9月号，64-65．

奥田夏子（1985）『英語教師入門』大修館書店

尾崎明人（1992）「話すこと」岡崎敏雄・川口義一・才田いずみ・畠弘巳編『ケーススタディ日本語教育』おうふう，102-109．

小野正樹（2002a）「初級文法で磨く会話のテクニック①：『もう一度言ってください』のコミュニケーション」『月刊日本語』4月号，82-85．

小野正樹（2002b）「初級文法で磨く会話のテクニック②：『本当ですか』のコミュニケーション」『月刊日本語』5月号，70-73．

小野正樹（2002c）「初級文法で磨く会話のテクニック③：『いかがですか』のコミュニケーション」『月刊日本語』6月号，74-77．

小野正樹（2002d）「初級文法で磨く会話のテクニック⑧：『一緒に行きませんか』のコミュニケーション」『月刊日本語』11月号，72-75．

カイザー，シュテファン（1999）「日本語教育にモノ申す！③：根掘り葉掘り私生活を聞くのは論外」『月刊日本語』6月号，38-39．

片山嘉雄・遠藤栄一・佐々木昭・松村幹男編（1994）『新・英語科教育の研究　改訂版』大修館書店

加藤英司（1991）「日本語教育でのファンクショナル・アプローチは可能か：実践記録」『日本語教育』第73号，91-107．

金谷憲編著（2001）『高校英語教育構造改革論：プロジェクトIF』開隆堂出版

☞金谷憲（2002a）『英語授業改善のための処方箋：マクロに考えミクロに対処する』大修館書店

☞金谷憲（2002b）「自己表現活動のハードルとその乗り越え方」『英語教育』10月号，8-11．

金田智子・保坂敏子（1992）『コミュニケーション重視の学習活動3：コミュニケーション・ゲーム』凡人社

蒲谷宏・川口義一・坂本恵（1998）『敬語表現』大修館書店

鎌田修（2001）「ウチとソトを結ぶ日本語教育①：ウチとソトを結ぶ日本語能力」『月刊日本語』4月号，42-45．

鎌田修（2004）「OPIの生かし方」『月刊日本語』7月号，6-7．

鎌田修・川口義一・鈴木睦編著（2000）『日本語教授法ワークショップ（増補版）』凡人社

☜川口義一（1996）「日本語指導の文脈化」鎌田修・山内博之編『日本語教育・異文化コミュニケーション：教室・ホームステイ・地域を結ぶもの』北海道国際交流センター，69-90．

川口義一（1998a）「許可求め／与え表現の文脈化」『紀要』第43輯第3分冊，早稲田大学大学院文学研究科，29-44．

川口義一（1998b）「意味記述の教材化：『基礎日本語辞典』のナラの記述を例として」『紀要』第11号，早稲田大学日本語教育研究センター，35-57．

☜川口義一（1998c）「初中級文法指導の文脈化」『AJALT』第21号，国際日本語普及協会，24-27．

川口義一（1999）「文型記述の教材化：『教師と学習者のための日本語文型辞典』の「ナラ」記述の文脈化」『講座日本語と日本語教育』 明治書院，318-342．

川口義一（2000a）「ナラ表現の『文脈化』と『教材化』」『紀要』第13号，早稲田大学日本語教育研究センター，1-17．

川口義一（2000b）「初級教科書の『ナラ表現』」『講座日本語教育』第36分冊，早稲田大学語学教育研究所，38-46．

川口義一（2001）「学習事項の『文脈化』と『レベル適正化』」（講演文字化資料）『ヨーロッパ日本語教育』第6号，ヨーロッパ日本語教師会・英国日本語教師会，38-46．

川口義一（2002a）「『文脈化』による応用日本語研究：文法項目の提出順再考」『早稲田日本語研究』第11号，早稲田大学日本語学会，57-63．

川口義一（2002b）「『文脈化』による文法項目の提出順再考：条件表現を例として」『ヨーロッパ日本語教育』第7号，ヨーロッパ日本語教師会・ハンガリー日本語教師会，57-63．

川口義一（2003）「表現類型論から見た機能の概念：『働きかける表現』の提唱」『講座日本語教育』第39分冊，早稲田大学語学教育研究所，29-41．

川口義一（2004a）「学習者のための表現文法：『文脈化』による『働きかける表現』と『語る表現』の教育」『AJALT』第27号，国際日本語普及協会，29-33．

川口義一（2004b）「表現教育と文法指導の融合：「働きかける表現」と「語る表現」から見た初級文法」『ジャーナルCAJLE』第6号，カナダ日本語教育振興会，57-70．

川口義一（2005a）「文法はいかにして会話に近づくか：『働きかける表現』と『語る表現』のための指導」『フランス日本語教育』第2号，フランス日本語教育会，110-121．

川口義一（2005b）「中級会話練習の落とし穴：談話記述の精緻化に向けて」『ヨーロッパ日本語教育』9　ヨーロッパ日本語教師会・フランス日本語教師会，225-230．

川瀬生郎（1990）「日本語教授法」『日本語教育への道：日本語教育のための実践的知識と教授法』凡人社，69-91．

河野俊之（2001）『Teach Japanese：日本語を教えよう』凡人社

河野俊之・小河原義朗（2003a）「教育実習で授業を学ぼう！：たくさん練習する」『月刊日本語』6月号，42-47．

河野俊之・小河原義朗（2003b）「教育実習で授業を学ぼう！：積み上げる」『月刊日本語』7月号，42-47．

川邊理恵（1994）「マニュアルにない実践『教え方』集：4つの現場、それぞれのケース　ケーススタディ③進学希望者」『月刊日本語』10月号，15-19．

菅正隆（2002）「ALTが増えるのはいいけれど…：声に出して読んではいけないALT問題」『英語教育』11月号，16-17．

北澤美枝子（1999）「OPIを授業に生かす①：OPIとは何か」『月刊日本語』4月号，58-61．

木村宗男・窪田富男・阪田雪子・川本喬編（1989）『日本語教授法』おうふう

楠井啓之（2002）「自己紹介，自文化紹介をする：中学校1年生レベルでもできる活動」『英語教育』10月号，15-17．

窪田彩子（2002）「よくわかる中級の教え方③：中級の相づち指導」『月刊日本語』6月号，70-73．

久保野雅史（2003）「音読で話す力をつける」『英語教育』1月号，24．

☜隈部直光（1996）『英語教師心得のすべて』開拓社

クラッシェン，スティーブン D・テレル，トレイシー D.（1986）『ナチュラル・アプローチのすすめ』藤森和子訳，大修館書店

向後秀明（2003）「自己表現活動へのアプローチ：Exchanging Views が生命線の授業」『英語教育』1月号，34-36.

小菅敦子・小菅和也（1995）『英語教師の四十八手 8：スピーキングの指導』研究社

小島聰子（2000）「よくわかる日本語の教え方⑥：練習の方法」『月刊日本語』11月号，24-31.

❤小島聰子（2002）『すぐに役立つ日本語の教え方：初心者向き』アルク

❤小林ミナ（1998）『よくわかる教授法：日本語教育能力検定試験対応』アルク

才田いずみ（2002）「聞くことと話すことの指導」縫部義憲編著『多文化共生時代の日本語教育：日本語の効果的な教え方・学び方』瀝々社，111-126.

斎藤栄二・鈴木寿一編著（2000）『より良い英語授業を目指して：教師の疑問と悩みにこたえる』大修館書店

斎藤栄二（2003）『基礎学力をつける英語の授業』三省堂

坂本正（1994）「マニュアルにない実践『教え方』集：4つの現場、それぞれのケース　ケーススタディ②交換留学生」『月刊日本語』10月号，10-14.

坂本正（2001）「日本語教育と第二言語習得①：第二言語習得って日本語教育にどんな貢献ができるの？」『月刊日本語』4月号，62-63.

坂本正（2002a）「日本語教育と第二言語習得⑪：シャレの習得は日本語教育にどんな貢献ができるの？」『月刊日本語』2月号，70-71.

坂本正（2002b）「日本語教育と第二言語習得⑫：日本語教育と第二言語習得研究との橋渡しについて考える」『月刊日本語』3月号，70-71.

☞坂本正・大塚容子（2002）『NAFL日本語教師養成講座23：日本語教育実習』アルク

佐々木倫子（1999）『NAFL日本語教師養成通信講座10：話し方の教育』アルク

迫田久美子・西村浩子（1991）「コミュニケーションを重視した受け身文の指導法の研究：教科書分析及び目標言語調査に基づいて」『日本語教育』第73号，73-90.

佐野正之・米山朝二・松沢伸二（1988）『基礎能力をつける英語指導法：言語活動を中心に』大修館書店

塩川春彦（2002）「自分の好きな話題，知っている話題について書く・話す：自作教材 Talk about Yourself を使って」『英語教育』10月号，22-24.

静哲人（1999）『英語授業の大技・小技』研究社

ジョーデン，エレノア（1988）「アメリカの『気』を知る：最大の課題は教師不足の解消」『月刊日本語』12月号，3-6.

ジョンソン，フランシス・C.（2000）『コミュニカティブな英語授業のデザイン：教室作りからテストまで』井上和子監修，平田為代子訳，大修館書店

ジョンソン，K.・モロウ，K.編著（1984）『コミュニカティブ・アプローチと英語教育』小笠原八重訳，桐原書店

白戸幸人（2002）「これからのティーム・ティーチングのあり方を考える」『英語教育』4月号，8-10.

スカーセラ，R.C.・オックスフォード，R.L.（1997）『第2言語習得の理論と実践：タペストリー・アプローチ』牧野高吉訳・監修，松柏社

杉浦理恵・高島英幸（2004）「タスクによる児童・生徒が活きる授業への転換②：文法指導のあり方をタスク活動を通して探る」『英語教育』5月号，48-50.

鈴木正子（1989）『実践 日本語教授法：現場教師が書いた日本語の教え方』森上教育研究所

鈴木睦（2000）「コミュニカティブ・アプローチ」鎌田修・川口義一・鈴木睦編著『日本語教授法ワークショップ（増補版）』凡人社，240-264.

スタートリッジ，G.（1984）「ロール・プレイとシミュレーション」K.ジョンソン・K.モロウ編著『コミュニカティブ・アプローチと英語教育』小笠原八重訳，桐原書店，155-162.

スティービック，アールW.（1986）『外国語の教え方』梅田巌・石井丈夫・北條和明訳，サイマル出版会

スティービック，アールW.（1988）『新しい外国語教育：サイレント・ウェイのすすめ』石田敏子訳，アルク

☞ スコット，R.（1984）「話すことの指導（Speaking）」K. ジョンソン・K. モロウ編著『コミュニカティブ・アプローチと英語教育』小笠原八重訳，桐原書店，72-84.

☞ 清ルミ（1995）『創造的授業の発想と着眼点』アルク

関典明（2003）「オーラル・アプローチをもう一度」『英語教育』4月号，18-20.

高木美嘉（2004）「「会話」という待遇コミュニケーションの仕組み：会話教育の基礎理論の考察」『待遇コミュニケーション研究』第2号，早稲田大学待遇コミュニケーション研究会，17-32.

☞ 高島英幸編著（2000）『実践的コミュケーション能力のための英語のタスク活動と文法指導』大修館書店

高島英幸（2004）「タスクによる児童・生徒が活きる授業への転換①：文法指導の内容と言語活動の整理の必要性」『英語教育』4月号，49-51.

☞ 高橋貞雄（1995）「Communicative Language Teaching（CLT）」『現代英語教授法総覧』田崎清忠編，大修館書店

高橋純子（2002）「初級文法で磨く会話のテクニック⑥：『何が飲みたいですか』のコミュニケーション」『月刊日本語』9月号，72-75.

高橋純子（2003a）「初級文法で磨く会話のテクニック⑩：『病院へ行ったほうがいいですよ』のコミュニケーション」『月刊日本語』1月号，72-75.

高橋純子（2003b）「初級文法で磨く会話のテクニック⑫：『山田さんは三時に来ると言いました』のコミュニケーション」『月刊日本語』3月号，72-75.

高橋正夫（2001）『実践的コミュニケーションの指導』大修館書店

☞ 高見澤孟（1989）『新しい外国語教授法と日本語教育』アルク

高見澤孟（1996）『はじめての日本語教育2：日本語教授法入門』アスク

竹田和代（2002）「よくわかる中級の教え方⑤：中級の会話指導」『月刊日本語』8月号，72-75.

田崎清忠編（1995）『現代英語教授法総覧』大修館書店

田島郁夫（2002）「非常駐のALTと効果的なティーム・ティーチングを進める工夫」『英語教育』4月号，25-27.

田代浩司（2003）「ウォーム・アップのコツ」『英語教育』1月号，8-9.

田中武夫（2002）「大学での自己表現活動への挑戦」『英語教育』10月号，25-27.

☞ 田中武夫・田中知聡（2003）『「自己表現活動」を取り入れた英語授業』大修館書店

☞ 田中望（1988）『日本語教育の方法：コース・デザインの実際』大修館書店

田中望（1999）『NAFL日本語教師養成通信講座8：日本語教授法IV』アルク

鶴田庸子（2002）「スタイルについて学校で教えられること」『英語教育』3月号，11-13.

寺ире和子・三上京子・山形美保子・和栗雅子（1998）『日本語の教え方ABC：「どうやって教えるの？」にお答えします』アルク

土井利行（1995）「Task-based Language Teaching（TBLT）」田崎清忠編『現代英語教授法総覧』大修館書店

當作靖彦（1991）「文法とコミュニケーション能力発達の関係：日本語のクラスでの実験をもとにした考察」『日本語教育』第73号，58-72.

☞ 當作靖彦（1993）「コミュニカティブ・アプローチにおける教材開発：その理論、応用のしかた、具体例」『月刊日本語』12月号，25-29.

東京YMCA日本語学校編（1992）『入門 日本語教授法』創拓社

道面和枝（2003）「語彙の定着指導：品詞の意識づけとドリルでの定着」『英語教育』1月号，28-29.

- 富田隆行（1991a）『基礎表現50とその教え方』凡人社
- 富田隆行（1991b）『文法の基礎知識とその教え方』凡人社
- 富田隆行（1993a）『教授法マニュアル70例 上』凡人社
- 富田隆行（1993b）『教授法マニュアル70例 下』凡人社
- 富田隆行（1997）『続・基礎表現50とその教え方』凡人社

中川良雄（2004）『秘伝 日本語教育実習 プロの技』凡人社
中嶋洋一（2000a）『学習集団をエンパワーする30の技』明治図書
中嶋洋一（2000b）『英語好きにする授業マネージメント30の技』明治図書
中野葉子（2002）「TPOに適った英語：彼と彼女」『英語教育』3月号，17.
中村良廣（1992）『日本語教師のためのC&I入門』松柏社
中山晶子・Ken McNeil（1991）「教室内のインターアクションを生かした教え方」『日本語教育』第73号，108-126.
名柄迪監修（1991）『実践日本語教授法』バベル・プレス
名柄迪・茅野直子・中西家栄子（1989）『外国語教育理論の史的発展と日本語教育』アルク
西口光一（1995）『日本語教授法を理解する本：歴史と理論編』バベル・プレス
西隈俊哉（2001）「日本語教育と第二言語習得②：学習者にとって困難だと言われる『は』と『が』の習得について考える」『月刊日本語』5月号，62-63.
西村よしみ（1994）「マニュアルにない実践『教え方』集：4つの現場、それぞれのケースケーススタディ①集中日本語コースの留学生」『月刊日本語』10月号，5-9.
日本語教育学会編著（1995）『タスク日本語教授法』凡人社
縫部義憲（1994）『〈日本語授業学〉入門：組み立て方、進め方、分析と診断』瀝々社
縫部義憲（1998）『心と心がふれ合う日本語授業の創造』瀝々社
縫部義憲（2001）『日本語教育学入門（改訂版）』瀝々社
野田尚史・森口稔（2004）『日本語を話すトレーニング』ひつじ書房

☞ バーン, D.（1996）『教室でのインターラクションのための指導技術』桐原書店

畠弘巳（1993）「外国語教育を変革できるか：思想としてのコミュニカティブ・アプローチ」『月刊日本語』12月号，8-12.
馬場哲生編著（1997）『英語スピーキング論：話す力の育成と評価を科学する』河源社
バルダン田中幸子・猪崎保子・工藤節子（1988）『コミュニケーション重視の学習活動1：プロジェクトワーク』凡人社
バルダン田中幸子・猪崎保子・工藤節子（1989）『コミュニケーション重視の学習活動2：ロールプレイとシミュレーション』凡人社
樋口忠彦編著（1996）『英語授業Q&A：教師の質問140に答える』中教出版
樋口忠彦・並松善秋（2002）「元気が出る英語授業のすすめ④：ALTを生かす」『英語教育』7月号，50-52.
日暮嘉丘（1996）『海外で教える日本語』アルク
姫野昌子・小林幸江・金子比呂子・小宮千鶴子・村田年（1998）『ここからはじまる日本語教育』ひつじ書房
フィノキアーロ, M.・ブラムフィット, C.（1987）『言語活動中心の英語教授法：F-Nアプローチの理論と実際』織田稔・万戸克憲訳，大修館書店
深谷久美子（1999）「OPIを授業に生かす③：インタビューの方法」『月刊日本語』6月号，58-61.
福留伸子（2002a）「初級文法で磨く会話のテクニック④：『買いません、高いですから』のコミュニケーション」『月刊日本語』7月号，72-75.
福留伸子（2002b）「初級文法で磨く会話のテクニック⑨：『○○と呼んでください』のコミュニケーション」『月刊日本語』12月号，74-77.
藤沢昌弘（2000）『やさしい日本語指導8：教室活動』凡人社
藤森裕治（2002）「国語科における自己表現活動」『英語教育』10月号，28-29.

藤原雅憲・籾山洋介編（1997）『上級日本語教育の方法：さまざまなアプローチ』凡人社
フリーマン, D.L.（1990）『外国語の教え方』山崎真稔・高橋貞雄訳，玉川大学出版部
ホールデン, S.（1984）「ドラマ」K. ジョンソン・K. モロウ編著『コミュニカティブ・アプローチと英語教育』小笠原八重訳，桐原書店，163-171.
堀内克明（2002）「語彙のTPO」『英語教育』3月号，22-25.
堀切一徳（2004）「スピーキングでなぜいつも同じところで間違えるか」『英語教育』12月号，26-27.
本多敏幸（2004）「今年はディベートに挑戦」『英語教育』4月号，8-9.
本名信行（2002）「『察する』文化の中の私」『英語教育』3月号，26.
増田真佐子（1999）「OPIを授業に生かす④：ロールプレイの方法」『月刊日本語』7月号，58-61.
松岡弘（1990）「言語技能別の指導方法」『日本語教育ハンドブック』日本語教育学会編，大修館書店，67-79.
松岡弘（1991）「コミュニカティブ・アプローチを駁す：ソフト社会の理念なき教授法」『日本語教育』第73号，44-57.
松岡弘（1993）「教授法の温故知新：コミュニカティブ・アプローチに錯覚と矛盾はないか」『月刊日本語』12月号，13-17.
松沢伸二（2002）「実践的コミュニケーション能力の評価：コミュニカティブ・アプローチに基づく外国語評価法のすすめ」『英語教育』6月号，12-14.
松見法男（2002）「第二言語の語彙を習得する」海保博之・柏崎秀子編著『日本語教育のための心理学』新曜社，97-110.
☞丸山敬介（1995）『日本語教育演習シリーズ⑤：教え方の基本』京都日本語教育センター
☞丸山敬介（2004）『日本語教育演習シリーズ⑥：授業の組み立て』京都日本語教育センター
☞三浦昭（1983）『初級ドリルの作り方：日本語教師の手引き』凡人社
水谷信子（1997）『日本語教育概論』放送大学教育振興会
☞三牧陽子（1996）『日本語教授法を理解する本：実践編』バベル・プレス
向井千春・窪田彩子（2001）「日本語教育と第二言語習得⑦：談話能力の一つ相づちの習得とその効果的な指導方法について」『月刊日本語』10月号，64-65.
メイリー, A.（1984）「ゲームと問題解決法」K. ジョンソン・K. モロウ編著『コミュニカティブ・アプローチと英語教育』小笠原八重訳，桐原書店，172-187.
柳町智治（2001）「ウチとソトを結ぶ日本語教育③：ウチとソトを結ぶ談話能力」『月刊日本語』6月号，44-47.
柳瀬陽介（2003）「入出力訓練を徹底せよ」『英語教育』1月号，37.
柳瀬陽介（2004）「言語コミュニケーションの教育」『英語教育』1月号，37.
☞山内博之（2000）『ロールプレイで学ぶ中級から上級への日本語会話』アルク
山内博之（2001a）「ウチとソトを結ぶ日本語教育②：ウチとソトを結ぶ文法」『月刊日本語』5月号，42-45.
山内博之（2001b）「OPIの技を授業に生かす」『月刊日本語』2001年11月号〜2003年3月号まで連載
山岡憲史（2002）「TPOをどう指導するか」『英語教育』3月号，8-10.
山口尭（1991）『外国語教育のすすめ方：効果的実践への基礎』リーベル出版
山下暁美（2000）「授業をどう進めるか」『概説日本語教育（改訂版）』遠藤織枝編，三修社，116-132.
山本展子（1994）『英語教師の四十八手 4：ゲームの利用』研究社
山本良一（2004）「高校生にもスピーキングさせよう」『英語教育』4月号，10-11.
横溝紳一郎（1993）「言語運用能力を伸ばすコンテクスト中心の教え方」『月刊日本語』12月号，30-34.
☞横溝紳一郎（1997）『ドリルの鉄人』アルク

横溝紳一郎（2004）「学習者中心の日本語教育への試み」『言語と教育：日本語を対象として』小山悟・大友可能子・野原美和子編，くろしお出版，393-413.
吉川武時（1991）「コミュニカティブ・アプローチについて」『日本語教育』第73号，33-43.
吉田研作（1991）「外国語学習とモニター利用」『日本語教育』第73号，33-42.
米山朝二・佐野正之（1983）『新しい英語科教育法：問題解決と活動中心のアプローチ』大修館書店
リヴァーズ，ウィルガ M.（1995）『外国語習得のスキル：その教え方（第2版）』天満美智子・田近裕子訳，研究社
和栗雅子（1999）「中級指導きそのきそ⑨：話し方の指導」『月刊日本語』12月号，48-53.
和田稔（1998-1999）「Task-based Language Teaching」『現代英語教育』（1998年4月より1999年3月まで連載）
渡辺素和子（2000）「OPIを授業に生かす⑩：アメリカ・オレゴン州での活用例」『月刊日本語』1号，54-57.
Harmer, J.（2001）『新しい英語の学び方・教え方』渡邉時夫監訳，ピアソン・エデュケーション
Harmer, J.（2003）『実践的英語教育の指導法：4技能から評価まで』斎藤栄二・新里眞男監訳，ピアソン・エデュケーション
Bailey, K. M. and Savage, L. (eds.)（1994）*New ways in teaching speaking.* Alexandria, VA: TESOL.
Bowen, T. and Marks, J.（1994）*Inside teaching.* Oxford: Heinemann.
Brown, G. and Yule, G.（1983）*Teaching the spoken language.* New York: Cambridge University Press.
Brown, H. D.（1994）*Teaching by principles: An interactive approach to language pedagogy.* Englewood Cliffs, NJ: Prentice Hall Regents.
Brown, H. D.（2000）*Principles of language learning and teaching :The roles of fluency and accuracy (fourth edition).* New York: Addison Wesley Longman, Inc.
Brumfit, C.（1984）*Communicative methodology in language teaching.* New York: Cambridge University Press.
Brumfit, C. J. and Johnson, K. (eds.)（1979）*The communicative approach to language teaching.* Oxford: Oxford University Press.
Comeau, R. F.（1987）Interactive oral grammar exercises. In W. M. Rivers (ed.), *Interactive language teaching* (pp.57-69). New York: Cambridge University Press.
Crookes, G. and Chaudron, C.（1991）Guidelines for classroom language teaching. In M. Celce-Murcia (ed.), *Teaching English as a second or foreign Language* (second edition) (pp.46-67). Boston, MA: Heinle & Heinle Publishers.
Davies, P. and Pearse, E.（2000）*Success in English teaching.* Oxford: Oxford University Press.
Doff, A.（1988a）*Teach English: A training course for teachers (trainer's handbook).* New York: Cambridge University Press.
Doff, A.（1988b）*Teach English: A training course for teachers (teacher's workbook).* New York: Cambridge University Press.
Doughty, C. and Williams, J.（1998）Pedagogical choices in focus on form. In C. Doughty and J. Williams (eds.), *Focus on form in classroom language acquisition* (pp.197-261). New York: Cambridge University Press.
Ellis, G. and Sinclair, B.（1989）*Learning to learn English: A course in learner training.* New York: Cambridge University Press.
Gower, R., Phillips, D. and Walters, S.（1995）*Teaching practice handbook.* Oxford: Heinemann.
Harmer, J.（1991）*The practice of English language teaching.* New York: Longman.
Hedge, T.（2000）*Teaching and learning in the language classroom.* Oxford: Oxford University

Press.

Hubbard, P., Jones, H., Thornton, B. and Wheeler, R. (1983) *A training course for TEFL*. New York: Oxford University Press.

Kasper, G. and Kellerman, E. (eds.) (1997) *Communication strategies: Psycholinguistic and sociolinguistic perspectives*. New York: Longman.

Ladousse, G. P. (1987) *Role play (resource books for teachers)*. Oxford: Oxford University Press.

Larsen-Freeman, D. (2000) *Techniques and principles in language teaching (second edition)*. Oxford: Oxford University Press.

Legutke, M. and Thomas, H. (1991) *Process and experience in the language classroom*. New York: Longman.

Lewis, M. and Hill, J. (1993) *Source book for teaching English as a foreign language*. Oxford: Heinemann.

Lightbown, P. M. and Spada, N. (1993) *How languages are learned*. Oxford: Oxford University Press.

Littlewood, W. (1981) *Communicative language teaching*. New York: Cambridge University Press.

Lynch, T. (1996) *Communication in the language classroom*. Oxford: Oxford University Press.

Norris, J. M., Brown, J. D., Hudson, T., Yoshioka, J. (1998) *Designing second language performance assessments*. Honolulu, HI: Second Language Teaching & Curriculum Center, University of Hawaii Press.

Nunan, D. (1988) *The learner-centered curriculum*. New York: Cambridge University Press.

Nunan, D. (1989) *Designing tasks for the communicative classroom*. New York: Cambridge University Press.

Nunan, D. (1991) *Language teaching methodology: A textbook for teachers*. Englewood Cliffs, NJ: Prentice Hall Regents.

Olshtain, E. and Cohen, A. D. (1991) *Teaching speech act behavior to nonnative speakers*. In M. Celce-Murcia (ed.), *Teaching English as a second or foreign Language (second edition)* (pp.154-165). Boston, MA: Heinle & Heinle Publishers.

Omaggio Hadley, A (1993) *Teaching language in context (second edition)*. Boston, MA: Heinle & Heinle Publishers.

Parrott, M. (1993) *Tasks for language teachers: A resource book for training and development*. New York: Cambridge University Press.

Richard-Amato, P. A. (1996) *Making it happen: Interaction in the second language classroom (second edition)*. New York: Longman.

Riggenbach, H. and Lazaraton, A. (1991) *Promoting oral communication skills*. In M. Celce-Murcia (ed.), *Teaching English as a second or foreign Language (second edition)* (pp.125-135). Boston, MA: Heinle & Heinle Publishers.

Sadow, S. A. (1987) *Speaking and listening: Imaginative activities for the language class*. In W. M. Rivers (ed.), *Interactive language teaching* (pp.33-43). New York: Cambridge University Press.

Richards, J. C. (1990) *The language teaching matrix*. New York: Cambridge University Press.

Richards, J. C. and Rodgers, T. S. (1986) *Approaches and methods in language teaching: A description and analysis*. New York: Cambridge University Press.

Rivers, W. M. and Temperley, M. S. (1978) *A practical guide to the teaching of English as a second or foreign language*. Oxford: Oxford University Press.

Scrivener, J. (1994) *Learning teaching*. Oxford: Heinemann.

Skehan, P. (1996) *Second language acquisition research and task-based instruction*. In J. Willis and D. Willis (eds.), *Challenge and change in language teaching* (pp.17-30). Oxford: Heinemann.

Ur, P. (1996) *A course in language teaching: Practice and theory*. New York: Cambridge University Press.

Willis, J. (1996) *A framework for task-based learning*. Harlow, Essex: Longman.

Yokomizo, S.（1988） Community Language Learning in the Japanese Language Curriculum: A Classroom Study. Unpublished Master Thesis, University of Hawaii at Manoa.

参考ビデオ
☞ 清ルミ（1997）『教え方のコツ：公開！授業のすべて』アルク
♪ 横溝紳一郎（1998）『教室活動1・2・3：学習項目の提示からロールプレイまで』アルク

B．リスニングの指導

相澤一美（2003）「どのようにして語彙を身につけているのか：受容語彙の定着から発表語彙へ」『英語教育』10月号，17-20.
青木昭六編（1990）『英語授業実例事典』大修館書店
朝尾幸次郎（2005）「授業に使えるリスニングサイト」『英語教育』3月号，11.
浅倉美波・遠藤藍子・春原憲一郎・松本隆・山本京子（2000）『日本語教師必携　ハート＆テクニック』アルク
池村大一郎（2002）「語彙力を伸ばす授業の工夫：高校の授業で」『英語教育』2月号，13-15.
石田敏子（1988）『日本語教授法』大修館書店
泉惠美子（2003）「スローラーナーを励ます授業実践⑤：リスニングの指導」『英語教育』8月号，42-43.
井出清（2005）「レベル別リスニング教材一覧とその利用法」『英語教育』3月号，16-17.
上田功（2005）「リスニングとその指導法」小寺茂明・吉田晴世編著『英語教育の基礎知識　教科教育法の理論と実践』大修館書店，91-109.
大喜多喜夫（2004）『英語教員のための授業活動とその分析』昭和堂
大下邦幸編著（1996）『コミュニケーション能力を高める英語授業：理論と実践』東京書籍
大友可能子（2002）「よくわかる中級の教え方（：聴解指導」『月刊日本語』11月号，68-71.
岡秀夫・赤池秀代・酒井志延（2004）『「英語授業力」強化マニュアル』大修館書店
☞ 岡崎敏雄・川口義一・才田いずみ・畠弘巳（1992）『ケーススタディ日本語教育』おうふう
♪ 岡崎眸・岡崎敏雄（2001）『日本語教育における学習の分析とデザイン：言語習得過程の視点から見た日本語教育』凡人社
奥田夏子（1985）『英語教師入門』大修館書店
小野田榮（2004）「リスニング対策、こんなことを」『英語教育』4月号，12-13.
折田充（2003）「頭の中で単語はどのように結びついているか：メンタルレキシコンの仕組み」『英語教育』10月号，14-16.
片山嘉雄・遠藤栄一・佐々木昭・松村幹男編（1994）『新・英語科教育の研究（改訂版）』大修館書店
金谷憲（2002）『英語授業改善のための処方箋：マクロに考えミクロに対処する』大修館書店
鎌田修・川口義一・鈴木睦編著（2000）『日本語教授法ワークショップ（増補版）』凡人社
川口さち子・桐生新子・杉村和枝・根本牧・原田明子（2003a）『上級の力をつける聴解ストラテジー　上』凡人社
☞ 川口さち子・桐生新子・杉村和枝・根本牧・原田明子（2003b）『上級の力をつける聴解ストラテジー　下』凡人社
川口義一（2001a）「上級聴解の問題点：聴解授業の到達目標設定を目指して」『紀要』14 早稲田大学日本語研究教育センター，1-24.
川口義一（2001b）「初中級レベルの聴解指導：聴解3Eの場合」『講座日本語教育』第37分冊 早稲田大学日本語研究教育センター，45-61.
川瀬生郎（1990）「日本語教授法」『日本語教育への道：日本語教育のための実践的知識と教授法』凡人社，69-91.

河野俊之（2001）『Teach Japanese：日本語を教えよう』凡人社
河野俊之・小河原義朗（2003）「聴解を考える(1)：教育実習で授業を学ぼう！」『月刊日本語』12月号，42-47．
河野俊之・小河原義朗（2004）「聴解を考える(2)：教育実習で授業を学ぼう！」『月刊日本語』12月号，40-45．
隈部直光（1996）『英語教師心得のすべて』開拓社
✓ ゲデス, M.（1984）「聞くことの指導（Listening）」K. ジョンソン・K. モロウ編著『コミュニカティブ・アプローチと英語教育』小笠原八重訳，桐原書店，85-96．
小島聰子（2002）『すぐに役立つ日本語の教え方：初心者向き』アルク
小菅敦子（2002）「語彙サイズを測る『望月テスト』から見えてくること」『英語教育』2月号，26-27．
☞ 小林典子・フォード丹羽順子・高橋純子・藤本泉・三宅和子（1995）『わくわく文法リスニング99：耳で学ぶ日本語　ワークシート』凡人社
小林ミナ（1998）『よくわかる教授法：日本語教育能力試験対応』アルク
才田いずみ（1992）「聞くこと」岡崎敏雄・川口義一・才田いずみ・畠弘巳編『ケーススタディ日本語教育』おうふう，118-123．
才田いずみ（2002）「聞くことと話すことの指導」縫部義憲編著『多文化共生時代の日本語教育：日本語の効果的な教え方・学び方』瀝々社，111-126．
斎藤弘子（2004）「ディクテーションで繰り返される間違い」『英語教育』12月号，22-23．
斎藤栄二（2003）『基礎学力をつける英語の授業』三省堂
☞ 斎藤栄二・鈴木寿一編著（2000）『より良い英語授業を目指して：教師の疑問と悩みにこたえる』大修館書店
☞ 佐野正之・米山朝二・松沢伸二（1988）『基礎能力をつける英語指導法：言語活動を中心に』大修館書店
静哲人（1999）『英語授業の大技・小技』研究社
島本たい子（2002）「なぜ語彙力を増やす必要があるのか：語彙力と英語力の関連性」『英語教育』2月号，8-10．
ジョンソン, K.・モロウ, K. 編著（1984）『コミュニカティブ・アプローチと英語教育』小笠原八重訳，桐原書店
スカーセラ, R.C.・オックスフォード, R.L.（1997）『第2言語習得の理論と実践：タペストリー・アプローチ』牧野高吉訳・監修，松柏社
須田孝司（2005）「巷で流行っている勉強法を検証する」『英語教育』3月号，26-27．
ステヴィック，アール W.（1988）『新しい外国語教育：サイレント・ウェイのすすめ』石田敏子訳，アルク
高橋正夫（2001）『実践的コミュニケーションの指導』大修館書店
高見澤孟（1989）『新しい外国語教授法と日本語教育』アルク
高見澤孟（1996）『はじめての日本語教育2：日本語教授法入門』アスク
武井昭江編著（2002）『英語リスニング論：聞く力と指導を科学する』河源社
武田一（2002）「現代の『単語帳』事情」『英語教育』2月号，28-29．
✓ 竹蓋幸生（1984）『ヒアリングの行動科学：実践的指導と評価への道標』研究社
✓ 竹蓋幸生（1989）『ヒアリングの指導システム：効果的な指導と評価の方法』研究社
田崎清忠編（1995）『現代英語教授法総覧』大修館書店
田中望（1988）『日本語教育の方法—コース・デザインの実際』大修館書店
田中深雪（2004）「一段上のリスニング指導をしよう：通訳訓練法を利用して」『英語教育』6月号，18-19．
田辺洋二（1994）「リスニングとオーラル・コミュニケーション」小池生夫監修『第二言語習得研究に基づく最新の英語教育』大修館書店，226-238．
玉井健（1997）「シャドーイングの効果と聴解プロセスにおける位置づけ」『時事英語学研究』

第36号，105-116.
玉井健（2001）『リスニング指導法としてのシャドーイングの効果に関する研究』神戸大学大学院総合人間科学研究科博士論文
玉井健（2003）「リスニングとシャドーイングの接点に見る新たな指導の視点」『関西英語教育学会紀要』第26号，1-19.
玉井健（2005）「シャドーイングは万能薬なのか」『英語教育』3月号，28-30.
☞筑波ランゲージグループ（1992）『Situational Functional Japanese, Volume Two: Drills』凡人社
手島良（2002）「語彙力を伸ばす授業の工夫：中学校の授業で」『英語教育』2月号，11-13.
投野由紀夫（2003）「コーパス言語学がもたらした新たな語彙指導」『英語教育』10月号，24-27.
土岐哲（1999）『NAFL日本語教師養成通信講座12：聞き方の教育』アルク
伴野健一（2005）「普段の授業に取り入れよう1：教科書を活用して」『英語教育』3月号，12-13.
直山木綿子（2002）「語彙力を伸ばす授業の工夫：早期英語教育での指導」『英語教育』2月号，15-17.
中嶋洋一（2000a）『学習集団をエンパワーする30の技』明治図書
中嶋洋一（2000b）『英語好きにする授業マネージメント30の技』明治図書
中嶋洋一（2003）「なぜ彼らは英語が聞き取れないのか」『英語教育』1月号，10-12.
中村良廣（1992）『日本語教師のためのC&I入門』松柏社
名柄迪監修（1991）『実践日本語教授法』バベル・プレス
名柄迪・茅野直子・中西家栄子（1989）『外国語教育理論の史的発展と日本語教育』アルク
西垣知佳子（2005）「先生のための続けられるリスニング練習」『英語教育』3月号，31-33.
西口光一（1995）『日本語教授法を理解する本：歴史と理論編』バベル・プレス
西澤正幸（2003）「語彙数はどれだけ必要か？」『英語教育』10月号，8-10.
☞日本語教育学会編著（1995）『タスク日本語教授法』凡人社
根岸雅史（2002）「単語テスト作成のコツ」『英語教育』2月号，23-25.
根岸雅史（2005）「リスニング力はどうやって測るか」『英語教育』3月号，18-20.
野呂忠司（2003）「『語彙習得』基本キーワード」『英語教育』10月号，28-29.
萩原力（1997）『快適な学習サジェストペディア』リーベル出版
菱川千鶴子（2002）「リスニングを中心としたチーム・ティーチング」『英語教育』4月号，11-14.
☞樋口忠彦編著（1996）『英語授業Q&A：教師の質問140に答える』中教出版
樋口忠彦・並松善秋（2002a）「元気が出る英語授業のすすめ③：語彙力の養成」『英語教育』6月号，58-60.
樋口忠彦・並松善秋（2002b）「元気が出る英語授業のすすめ⑧：リスニング指導のポイント（1）」『英語教育』11月号，50-52.
樋口忠彦・並松善秋（2002c）「元気が出る英語授業のすすめ⑨：リスニング指導のポイント（2）」『英語教育』12月号，47-49.
姫野昌子・小林幸江・金子比呂子・小宮千鶴子・村田年（1998）『ここからはじまる日本語教育』ひつじ書房
フィノキアーロ，M.・ブラムフィット，C.（1987）『言語活動中心の英語教授法：F-Nアプローチの理論と実際』織田稔・万戸克憲訳，大修館書店
フリーマン，D.L.（1990）『外国語の教え方』山崎真稔・高橋貞雄訳，玉川大学出版部
古家貴雄（2003）「語彙を覚えやすくするものは何か？：動機づけ，覚えやすさに関する要因など」『英語教育』10月号，11-13.
松岡弘（1990）「言語技能別の指導方法」日本語教育学会編『日本語教育ハンドブック』大修館書店，67-79.
松野和彦（2005）「リスニングが『総合力』と言われるわけ」『英語教育』3月号，8-10.

三井豊子（1999a）「中級指導きそのきそ④：聞き方の指導」『月刊日本語』7月号，48-53.

三井豊子（1999b）「中級指導きそのきそ⑧：聞き方の指導〜ニュースを扱う授業」『月刊日本語』11月号，48-53.

☞ 三牧陽子（1996）『日本語教授法を理解する本：実践編』バベル・プレス

☞ 宮城幸枝・三井昭子・牧野恵子・柴田正子・太田淑子（2003）『毎日の聞き取りplus 40　上』凡人社

村田年（2002）「新指導要領の語彙制限がもたらすもの」『英語教育』2月号，20-22.

望月正道（2003）「語彙定着を測る方法：短期的・長期的スパンで評価を考える」『英語教育』10月号，21-23.

元橋富士子（1990）『24 Tasks for Basic Modern Japanese Vol.2：にほんごきいてはなして』The Japan Times

元橋富士子・林さと子（1989）『24 Tasks for Basic Modern Japanese Vol.1：にほんごきいてはなして』The Japan Times

百瀬美帆（2005）「リスニング練習のコツ」『英語教育』3月号，21.

山口巌（1991）『外国語教育のすすめ方：効果的実践への基礎』リーベル出版

横川博一（2002）「未知語と出会う：推測力を高めて語彙力を補う方法」『英語教育』2月号，18-19.

米山朝二・佐野正之（1983）『新しい英語科教育法』大修館書店

リヴァーズ，ウィルガ M.（1995）『外国語習得のスキル：その教え方（第2版）』天満美智子・田近裕子訳，研究社

和田稔（2005）「普段の授業に取り入れよう2：4技能のバランスの中で」『英語教育』3月号，14-15.

渡辺浩行（1994）『英語教師の四十八手 7：リスニングの指導』研究社

☞ Harmer, J.（2001）『新しい英語の学び方・教え方』渡邉時夫監訳，ピアソン・エデュケーション

Harmer, J.（2003）『実践的英語教育の指導法：4技能から評価まで』斎藤栄二・新里眞男監訳，ピアソン・エデュケーション

Bartelen, H. & Reedy, S.（2001）　*Listening power 1.*　Tokyo:　MACMILLAN LANGUAGE HOUSE.

Bowen, T. and Marks, J.（1994）　*Inside teaching.*　Oxford: Heinemann.

Davies, P. and Pearse, E.（2000）　*Success in English teaching.*　Oxford: Oxford University Press.

Doff, A.（1988）　*Teach English: A training course for teachers.*　New York: Cambridge University Press.

Ellis, G. and Sinclair, B.（1989）　Learning to learn English: A course in learner training.　New York: Cambridge University Press.

Gower, R., Phillips, D. and Walters, S.（1995）　*Teaching practice handbook.*　Oxford: Heinemann.

Harmer, J.（1981）　*The Practice of English language teaching.*　New York: Longman.

Hedge, T.（2000）　*Teaching and learning in the language classroom.*　Oxford: Oxford University Press.

Larsen-Freeman, D.（2000）　*Techniques and principles in language teaching (second edition).*　Oxford: Oxford University Press.

Littlewood, W.（1981）　*Communicative language teaching.*　New York: Cambridge University Press.

Lynch, T.（1996）　*Communication in the language classroom.*　Oxford: Oxford University Press.

Morley, J.（1991）　Listening comprehension in second/foreign language instruction．In M. Celce-Murcia (ed.), *Teaching English as a second or foreign Language (second edition)* (pp.81-105). Boston, MA: Heinle & Heinle Publishers．

Nunan, D.（1989）　*Designing tasks for the communicative classroom.*　New York: Cambridge University Press.

Nunan, D.（1991） *Language teaching methodology: A textbook for teachers.* Englewood Cliffs, NJ: Prentice Hall Regents.
Nunan, D. and Miller, L.（eds.）（1995） *New ways in teaching listening.* Alexandria, VA: TESOL.
Parrott, M.（1993） *Tasks for language teachers: A resource book for training and development.* New York: Cambridge University Press.
Peterson, P. W.（1991） A synthesis of methods for interactive listening. In M. Celce-Murcia（ed.）, *Teaching English as a second or foreign Language（second edition）*（pp.106-122）. Boston, MA: Heinle & Heinle Publishers.
Sadow, S. A.（1987） Speaking and listening: Imaginative activities for the language class. In W. M. Rivers（ed.）, *Interactive language teaching*（pp.33-43）. New York: Cambridge University Press.
Richards, J. C.（1990） *The language teaching matrix.* New York: Cambridge University Press.
Richards, J. C. and Rodgers, T. S.（1986） *Approaches and methods in language teaching: A description and analysis.* New York: Cambridge University Press.
Rivers, W. M. and Temperley, M. S.（1978） *A practical guide to the teaching of English as a second or foreign language.* Oxford: Oxford University Press.
Ur, P.（1996） *A course in language teaching: Practice and theory.* New York: Cambridge University Press.

C．ライティングの指導

青木昭六編（1990）『英語授業実例事典』大修館書店
朝尾幸次郎（2003）「手紙とメールの決まり文句」『英語教育』2月号，30-31．
浅倉美波・遠藤藍子・春原憲一郎・松本隆・山本京子（2000）『日本語教師必携　ハート＆テクニック』アルク
池田真澄（2002）「教科書本文をきっかけにして：英語Ｉの授業で」『英語教育』10月号，12-14．
☞石田敏子（1987）『NAFL日本語教師養成通信講座16：書き方の教育』アルク
☞石田敏子（1988）『日本語教授法』大修館書店．
泉惠美子（2004）「スローラーナーを励ます授業実践⑩：伝えたいことが書けるライティング指導」『英語教育』1月号，38-39．
稲垣滋子（1986）『日本語の書き方ハンドブック』くろしお出版
今井邦彦（2002）「TPOに合った表現：原則と応用」『英語教育』3月号，18-21．
宇佐美まゆみ（2002）「ジェンダーとTPO」『英語教育』3月号，27-29．
☞エロフェエワ，ナタリア（1995）「イメージによる漢字教育」川口義一・加納千恵子・酒井順子編著『日本語教師のための漢字指導アイデアブック』創拓社，156-162．
大喜多喜夫（2004）『英語教員のための授業活動とその分析』昭和堂
大下邦幸編著（1996）『コミュニケーション能力を高める英語授業：理論と実践』東京書籍
大島弥生・池田玲子・大場理恵子・加納なおみ・高橋淑郎・岩田夏穂（2005）『ピアで学ぶ大学生の日本語表現：プロセス重視のレポート作成』ひつじ書房
岡秀夫・赤池秀代・酒井志延（2004）『「英語授業力」強化マニュアル』大修館書店
岡崎敏雄・川口義一・才田いずみ・畠弘巳（1992）『ケーススタディ日本語教育』おうふう
☞岡崎敏雄・岡崎眸（1990）『日本語教育におけるコミュニカティブ・アプローチ』日本語教育学会編，凡人社
岡崎眸・岡崎敏雄（2001）『日本語教育における学習の分析とデザイン：言語習得過程の視点から見た日本語教育』凡人社
奥田夏子（1985）『英語教師入門』大修館書店
☞奥村清彦（1991）「ライティング指導の問題点」安藤昭一編『英語教育現代キーワード事典』

増進堂
☞小田麻里子・味園真紀（1999）『英語論文すぐに使える表現集』ベレ出版
　カイザー，シュテファン（1999a）「日本語教育にモノ申す！⑧：語彙・漢字教育 その理想と現実」『月刊日本語』11月号，38-39.
　カイザー，シュテファン（1999b）「日本語教育にモノ申す！⑨：漢字教育を考える（1）」『月刊日本語』12月号，38-39.
　カイザー，シュテファン（2000a）「日本語教育にモノ申す！⑩：漢字教育を考える（2）」『月刊日本語』1月号，38-39.
　カイザー，シュテファン（2000b）「日本語教育にモノ申す！⑪：漢字教育学への道 日本はもっと貢献を！」『月刊日本語』2月号，38-39.
　海保博之（2002）「漢字の指導」海保博之・柏崎秀子編著『日本語教育のための心理学』新曜社，111-122.
☞加瀬正次郎（1994）「ライティングの指導法」片山嘉雄・遠藤栄一・佐々木昭・松村幹男編『新・英語科教育の研究　改訂版』大修館書店
🖉カッケンブッシュ知念寛子（2002）「文字・語彙の指導」縫部義憲編著『多文化共生時代の日本語教育：日本語の効果的な教え方・学び方』瀝々社，78-92.
　片山嘉雄・遠藤栄一・佐々木昭・松村幹男編（1994）『新・英語科教育の研究』大修館書店
☞金谷憲（1993）「和文英訳からライティングへ」『英語展望』No.99，24-29.
　金谷憲（2002a）『英語授業改善のための処方箋：マクロに考えミクロに対処する』大修館書店
　金谷憲（2002b）「自己表現活動のハードルとその乗り越え方」『英語教育』10月号，8-11.
🖉川口義一（1993）「コミュニカティブ・アプローチの漢字指導」『日本語教育』第80号，15-27.
☞川口義一（1994）「中級文型集による文型学習：作文による指導法」『講座 日本語教育』第29号，1-16.
☞川口義一（1995）「中級文型集による文型学習II：長期指導の結果分析 」『講座 日本語教育』第30号，21-33.
☞川口義一（2004）「表現教育と文法指導の融合：「働きかける表現」と「語る表現」から見た初級文法」『ジャーナルCAJLE』第6号，カナダ日本語教育振興会，57-70.
☞川口義一（2005）「文法はいかにして会話に近づくか：「働きかける表現」と「語る表現」のための指導」『フランス日本語教育』第2号，フランス日本語教育会，110-121.
🖉川口義一・加納千恵子・酒井順子編著（1995）『日本語教師のための漢字指導アイデアブック』創拓社
　川村千絵（2003）『ポートフォリオ評価における学習プロセスの探求』広島大学大学院教育学研究科言語文化教育学専攻日本語教育学専修修士論文
☞川村千絵（2005）「作文クラスにおけるポートフォリオ評価の実践：学習者の内省活動に関するケーススタディ」『日本語教育』第125号，126-135.
　加納千恵子・清水百合・竹中弘子・石井恵理子（1989）『基本漢字500 Basic Kanji Book Vol.1』凡人社
　加納千恵子・清水百合・竹中弘子・石井恵理子（1989）『基本漢字500 Basic Kanji Book Vol.2』
　加納千恵子（2004）「漢字語彙力の評価と漢字教育の方法：教育現場での実践教育のあり方を探る」『日本語教育論集』20号，1-17.
　鎌田修・川口義一・鈴木睦編著（2000）『日本語教授法ワークショップ（増補版）』凡人社
　川瀬生郎（1990）「日本語教授法」『日本語教育への道：日本語教育のための実践的知識と教授法』凡人社，69-91.
☞北内薫（1985）「制限作文」沖原勝昭編『英語のライティング』大修館書店
　木村友保（2002）「書き言葉のTPOとライティング指導」『英語教育』3月号，14-16.
☞木山稔（1998）『ひらがなの教え方』文園社

参考文献

楠井啓之（2002）「自己紹介，自文化紹介をする：中学校1年生レベルでもできる活動」『英語教育』10月号，15-17.
隈部直光（1996）『英語教師心得のすべて』開拓社
小島聰子（2002）『すぐに役立つ日本語の教え方：初心者向き』アルク
小林昭江（1994）『英語教師の四十八手 6：ライティングの指導』研究社
☞小林一仁（1998）『バツをつけない漢字指導』大修館書店
小林ミナ（1998）『よくわかる教授法：日本語教育能力検定試験対応』アルク
小宮千鶴子（1992）「書くこと」岡崎敏雄・川口義一・才田いずみ・畠弘巳編『ケーススタディ日本語教育』おうふう，124-131.
☞小室俊明編著（2001）『英語ライティング論：書く能力と指導を科学する』河源社
斎藤栄二・鈴木寿一編著（2000）『より良い英語授業を目指して：教師の疑問と悩みにこたえる』大修館書店
斎藤栄二（2003）『基礎学力をつける英語の授業』三省堂
☞酒井順子（1995）「学部留学生の予備教育課程における漢字教育」川口義一・加納千恵子・酒井順子編著『日本語教師のための漢字指導アイデアブック』創拓社，56-108.
酒井たか子（2002）「日本語の指導を考える」海保博之・柏崎秀子編著『日本語教育のための心理学』新曜社，177-186.
佐藤政光・田中幸子・戸村佳代・池上摩希子（1994）『表現テーマ別 にほんご作文の方法』第三書房
佐野正之・米山朝二・松沢伸（1988）『基礎能力をつける英語指導法：言語活動を中心に』大修館書店
塩川春彦（2002）「自分の好きな話題，知っている話題について書く・話す：自作教材Talk about Yourselfを使って」『英語教育』10月号，22-24.
静哲人（1999）『英語授業の大技・小技』研究社
♥ジョンソン, K.（1984）「書くことの指導（Writing）」K. ジョンソン・K. モロウ編著『コミュニカティブ・アプローチと英語教育』小笠原八重訳，桐原書店，107-127.
ジョンソン, K.・モロウ, K.編著（1984）『コミュニカティブ・アプローチと英語教育』小笠原八重訳，桐原書店
スカーセラ, R.C.・オックスフォード, R.L.（1997）『第2言語習得の理論と実践：タペストリー・アプローチ』牧野高吉訳・監修，松柏社
鈴木壽子（1999）「中級指導きそのきそ⑤：漢字の指導」『月刊日本語』8月号，48-53.
鈴木壽子（2000）「中級指導きそのきそ⑩：書き方の指導〜作文指導のいろいろ」『月刊日本語』1月号，48-53.
鈴木啓水（2004）『実用ボールペン字講座第1巻基礎編：ひらがな・カタカナ・数字の書き方』日本書道協会通信教育部
清ルミ（1995）『創造的授業の発想と着眼点』アルク
☞鷹家秀史（1994）「パラグラフ・ライティング指導上の問題点」『現代英語教育』8月号，16-19.
☞高木裕子（1995）「初級前半の漢字学習」川口義一・加納千恵子・酒井順子編著『日本語教師のための漢字指導アイデアブック』創拓社，218-240.
高木裕子（2001）「ウチとソトを結ぶ日本語教育④：ウチとソトを結ぶ漢字」『月刊日本語』7月号，44-47.
☞高田哲朗（1994）「パラグラフ・ライティング実践のために」『現代英語教育』3月号，64-65.
高橋正夫（2001）『実践的コミュニケーションの指導』大修館書店
高見澤孟（1989）『新しい外国語教授法と日本語教育』アルク
高見澤孟（1996）『はじめての日本語教育2：日本語教授法入門』アスク
武部良明（1989）『漢字の教え方：日本語を学ぶ非漢字系外国人のために』アルク
田崎清忠編（1995）『現代英語教授法総覧』大修館書店

田中武夫（2002）「大学での自己表現活動への挑戦」『英語教育』10月号，25-27．
田中武夫・田中知聡（2003）『「自己表現活動」を取り入れた英語授業』大修館書店
☞玉井健（1994）「プロセス・ライティング：こんな英作文指導法もある」『現代英語教育』8月号，12-15．
玉村文郎（1993）「日本語における漢字：その特質と教育」『日本語教育』80号，1-14．
椿まゆみ（2004）「オンライン・ライティングを取り入れよう」『英語教育』4月号，16-17．
鶴田庸子（2002）「スタイルについて学校で教えられること」『英語教育』3月号，11-13．
中嶋洋一（2000a）『学習集団をエンパワーする30の技』明治図書
中嶋洋一（2000b）『英語好きにする授業マネージメント30の技』明治図書
中野葉子（2002）「TPOに適った英語：彼と彼女」『英語教育』3月号，17．
永保澄雄（1987）『はじめて外国人に教える人の日本語直接教授法』創拓社
中邑光男（2005a）「教師のためのEメール・ライティング①：スピーチ大会審査員への依頼」『英語教育』1月号，43-45．
中邑光男（2005b）「教師のためのEメール・ライティング②：スピーチ大会審査員への礼状」『英語教育』2月号，46-47．
中邑光男（2005c）「教師のためのEメール・ライティング③：『ダメモト』で書くワークショップの講師依頼」『英語教育』3月号，64-65．
中邑光男（2005d）「教師のためのEメール・ライティング④：友人への英語教材録音の依頼」『英語教育』4月号，66-67．
中村良廣（1992）『日本語教師のためのC&I入門』松柏社
☞中西家栄子・茅野直子（1991）『実践日本語教授法』バベル・プレス
名柄迪・茅野直子・中西家栄子（1989）『外国語教育理論の史的発展と日本語教育』アルク
西口光一（1995）『日本語教授法を理解する本：歴史と理論編』バベル・プレス
西口光一監修（2000）『みんなの日本語初級Ⅰ　漢字英語版』スリーエーネットワーク
日本語教育学会編（1990）『日本語教育ハンドブック』大修館書店
日本語教育学会編（1995）『タスク日本語教授法』凡人社
縫部義憲（2001a）『日本語教育学入門』瀝々社
縫部義憲（2001b）『日本語教師のための外国語教育学：ホリスティック・アプローチとカリキュラム・デザイン』風間書房
☞野田哲雄（1991）「書くことの指導」堀口俊一編『現代英語教育の理論と実践』聖文新社，97-104．
☞野田尚史・森口稔（2003）『日本語を書くトレーニング』ひつじ書房
☞橋内武（1995）『パラグラフ・ライティング入門』研究社．
☞浜田麻里・平尾得子・由井紀久子（1997）『大学生と留学生のための論文ワークブック』くろしお出版
☞樋口忠彦編著（1996）『英語授業Q&A：教師の質問140に答える』中教出版
樋口忠彦・並松善秋（2003）「元気が出る英語授業のすすめ⑪：自己表現力を育成するライティング指導」『英語教育』2月号，50-52．
日暮嘉子（1996）『海外で教える日本語』アルク
姫野昌子・小林幸江・金子比呂子・小宮千鶴子・村田年（1998）『ここからはじまる日本語教育』ひつじ書房
平原麻子・久保野雅史（2003）「ゆかいな仲間たちの『授業見学』②：生徒が発言する高校3年ライティングの授業」『英語教育』5月号，46-48．
フィノキアーロ, M.・ブラムフィット, C.（1987）『言語活動中心の英語教授法：F-Nアプローチの理論と実際』織田稔・万戸克憲訳，大修館書店
藤森裕治（2002）「国語科における自己表現活動」『英語教育』10月号，28-29．
フリーマン, D.L.（1990）『外国語の教え方』山崎真稔・高橋貞雄訳，玉川大学出版部
細川英雄（2002）『日本語教育は何をめざすか：言語文化活動の理論と実践』明石書店

堀内克明（2002）「語彙のTPO」『英語教育』3月号，22-25．
本名信行（2002）「『察する』文化の中の私」『英語教育』3月号，26．
松井恵美（1979）『英作文における日本人的誤り』大修館書店
☞松井恵美（1993）「こうして英語を書かせてみる」『英語教育』6月号，17-19．
松井孝志・久保野雅史（2004）「ゆかいな仲間たちの『授業見学』⑩：『忘れ物』『残り物』そして，その『成果』」『英語教育』1月号，40-42．
松岡弘（1990）「言語技能別の指導方法」日本語教育学会編『日本語教育ハンドブック』大修館書店，67-79．
緑川日出子（1994）「ライティング」小池生夫監修『第二言語習得研究に基づく最新の英語教育』大修館書店，287-299．
三原祥子（2002）「よくわかる中級の教え方④：中級の作文指導」『月刊日本語』7月号，68-71．
☞三牧陽子（1996）『日本語教授法を理解する本：実践編』バベル・プレス
宮田学編（2002）『ここまで通じる日本人英語：新しいライティングのすすめ』大修館書店
宮田学（2002）「日記をつける：ライティングの授業で」『英語教育』10月号，18-21．
室井美雅子（2003）「書けると嬉しいエッセイ・ライティング」『英語教育』1月号，18-20．
簗晶子・大木理恵・小松由佳（2005）『日本語Eメールの書き方』ジャパンタイムズ
山岡憲史（2002）「TPOをどう指導するか」『英語教育』3月号，8-10．
山口亮（1991）『外国語教育のすすめ方：効果的実践への基礎』リーベル出版
山下明昭（2004）「日本語教育における論文作成の一考察」小山悟・大友可能子・野原美和子編『言語と教育：日本語を対象として』くろしお出版，381-391．
輿典美智子（2002）「読み書きを中心としたティーム・ティーチング：ホームページを素材にした授業」『英語教育』4月号，16-19．
横須賀柳子（1999）「語彙及び漢字学習ストラテジーの研究」宮崎里司・J. V. ネウストプニー編『日本語教育と日本語学習：学習ストラテジー論にむけて』くろしお出版，97-116．
☞横溝紳一郎（2001）「ポートフォリオ評価と日本語教育」『日本語教育』107号，105-114．
☞横溝紳一郎（2002）「学習者参加型の評価法」細川英雄編著『ことばと文化を結ぶ日本語教育』凡人社，172-187．
米山朝二・佐野正之（1983）『新しい英語科教育法：問題解決と活動中心のアプローチ』大修館書店
リヴァーズ，ウィルガ M．（1995）『外国語習得のスキル：その教え方（第2版）』天満美智子・田近裕子訳，研究社
☞若林俊輔・根岸雅史（1993）『無責任なテストが「落ちこぼれ」を作る』大修館書店
Harmer, J.（2001）『新しい英語の学び方・教え方』渡邉時夫監訳，ピアソン・エデュケーション
Harmer, J.（2003）『実践的英語教育の指導法：4技能から評価まで』斎藤栄二・新里眞男監訳，ピアソン・エデュケーション
Bowen, T. and Marks, J.（1994） *Inside teaching.* Oxford: Heinemann.
Brown, H. D.（1994） *Teaching by principles: An interactive approach to language pedagogy.* Englewood Cliffs, NJ: Prentice Hall Regents.
Brown, H. D.（2004） Language assessment: Principles and classroom practices. New York: Longman.
Davies, P. and Pearse, E.（2000） *Success in English teaching.* Oxford: Oxford University Press.
Doff, A.（1988a） *Teach English: A training course for teachers (trainer's handbook).* New York: Cambridge University Press.
Doff, A.（1988b） *Teach English: A training course for teachers (teacher's workbook).* New York: Cambridge University Press.
Dykstra, A.（1987a） *Kanji 1-2-3.* Kanji Press.

Dykstra, A.（1987b）*The kanji ABC*. Kanji Press.
Ellis, G. and Sinclair, B.（1989） *Learning to learn English: A course in learner training*. New York: Cambridge University Press.
Frodesen, J.（1991） Grammar in writing. In M. Celce-Murcia (ed.), *Teaching English as a second or foreign Language (second edition)* (pp.264-276). Boston, MA: Heinle & Heinle Publishers.
Gower, R., Phillips, D. and Walters, S.（1995） *Teaching practice handbook*. Oxford: Heinemann.
Harmer, J.（1981） *The Practice of English language teaching*. New York: Longman.
Hedge, T.（2000） *Teaching and learning in the language classroom*. Oxford: Oxford University Press.
Kroll, B.（1991） Teaching writing in the ESL context. In M. Celce-Murcia (ed.), *Teaching English as a second or foreign Language (second edition)* (pp.245-263). Boston, MA: Heinle & Heinle Publishers.
Larsen-Freeman, D.（2000） *Techniques and principles in language teaching (second edition)*. Oxford: Oxford University Press.
Lightbown, P. M. and Spada, N.（1993） *How languages are learned*. Oxford: Oxford University Press.
Littlewood, W.（1981） *Communicative language teaching*. New York: Cambridge University Press.
Lynch, T.（1996） *Communication in the language classroom*. Oxford: Oxford University Press.
Nunan, D.（1989） *Designing tasks for the communicative classroom*. New York: Cambridge University Press.
Nunan, D.（1991） *Language teaching methodology: A textbook for teachers*. Englewood Cliffs, NJ: Prentice Hall Regents.
Olshtain, E.（1991） Functional tasks for mastering the mechanics of writing and going just beyond. In M. Celce-Murcia (ed.), *Teaching English as a second or foreign Language (second edition)* (pp.235-244). Boston, MA: Heinle & Heinle Publishers.
Omaggio Hadley, A.（1993） *Teaching language in context (second edition)*. Boston, MA: Heinle & Heinle Publishers.
Parrott, M.（1993） *Tasks for language teachers: A resource book for training and development*. New York: Cambridge University Press.
Richards, J. C.（1990） *The language teaching matrix*. New York: Cambridge University Press.
Richards, J. C. and Rodgers, T. S.（1986） *Approaches and methods in language teaching: A description and analysis*. New York: Cambridge University Press.
Rivers, W. M. and Temperley, M. S.（1978） *A practical guide to the teaching of English as a second or foreign language*. Oxford: Oxford University Press.
R. de Roo, J.（1980） *2001 kanji*. Tokyo: Institute of Japanese Studies.
Russo, G. M.（1987） Writing: An interactive experience. In W. M. Rivers (ed.), *Interactive language teaching* (pp.83-92). New York: Cambridge University Press.
Ur, P.（1996） *A course in language teaching: Practice and theory*. New York: Cambridge University Press.
☞ White, R. V. (ed.)（1995） *New ways in teaching writing*. Alexandria, VA: TESOL.

D. リーディングの指導

☞相澤一美（1993）「フレーズ・リーディングによる読解指導の実験的研究」『外国文学』第41号，57-70.
相澤一美（2003）「どのようにして語彙を身につけているのか：受容語彙の定着から発表語彙へ」『英語教育』10月号，17-20.

青木昭六編（1990）『英語授業実例事典』大修館書店
朝尾幸次郎（1994）「速読・多読のすすめ：読み方のいろいろ」『英語教育』9月増刊号，11-13．
浅倉美波・遠藤藍子・春原憲一郎・松本隆・山本京子（2000）『日本語教師必携　ハート＆テクニック』アルク
☞池野博（1994）「日本人の英語読解力：大学生の実態から」『現代英語教育』9月号，29-31．
足立尚子・鎌田実樹・茂住和世（2002）「音読に対する教師の意識：マイナス面を中心に」『2002年度日本語教育学会春季大会予稿集』193-198．
☞新井哲男（1991）「読むことの指導」堀口俊一編著『現代英語教育の理論と実践』聖文新社，80-90．
☞安藤昭一（1979）「速読の方法」波多野完治他著『現代の英語教育読む英語』研究社，106-131．
☞安藤昭一（1989）「やさしい文を速く読む指導」『英語教育』7月号，14-15．
☞安藤昭一（1991）「リーディング指導の問題点」安藤昭一編『英語教育現代キーワード』増進堂，237-239．
飯野厚（2003）「英語が苦手な生徒にこそ音読を！」『英語教育』9月号，24-25．
池上摩希子・関麻由美・八田直美・八木公子（2000）「授業の後の講師室 日本語学習タテ・ヨコ・ナナメ⑦：先生，速読よりも文法を」『月刊日本語』10月号，38-39．
池上摩希子（2002）「［読むこと］と日本語指導」縫部義憲編著『多文化共生時代の日本語教育：日本語の効果的な教え方・学び方』瀝々社，127-143．
池村大一郎（2002）「語彙力を伸ばす授業の工夫：高校の授業で」『英語教育』2月号，13-15．
☞石田敏子（1988）『日本語教授法』大修館書店
泉惠美子（2003）「スローラーナーを励ます授業実践⑨：リスニング力育成を目指して」『英語教育』12月号，38-39．
☞伊藤健三・伊藤元雄・下村勇三郎・渡辺益好（1985）『実践英語科教育法　中学校から高校へ』リーベル出版
伊藤元雄（1992a）「概要・要点への過程」英語科教育実践講座刊行会編『コミュニケーション能力の育成：読むことの指導』ニチブン，24-34．
伊藤元雄（1992b）「概要・要点のとらえ方」英語科教育実践講座刊行会編『コミュニケーション能力の育成：読むことの指導』ニチブン，35-39．
☞伊藤元雄（1992c）「スキーマによる解釈と推論」英語科教育実践講座刊行会編『コミュニケーション能力の育成：読むことの指導』ニチブン，40-46．
植野伸子・久保野雅史（2003）「ゆかいな仲間たちの『授業見学』⑥：どんどん読む！高校3年リーディングの授業」『英語教育』9月号，40-42．
大喜多喜夫（2004）『英語教員のための授業活動とその分析』昭和堂
後洋一（2000）「パラグラフ・リーディングの段階的指導」斎藤栄二・鈴木寿一編著『より良い英語授業を目指して：教師の疑問と悩みにこたえる』大修館書店，131-144．
大下邦幸編著（1996）『コミュニケーション能力を高める英語授業：理論と実践』東京書籍
大塚容子（2002）「よくわかる中級の教え方⑥：中級の読解指導」『月刊日本語』9月号，68-71．
岡秀夫・赤池秀代・酒井志延（2004）『「英語授業力」強化マニュアル』大修館書店
♥岡崎敏雄・岡崎眸（1990）日本語教育学会編『日本語教育におけるコミュニカティブ・アプローチ』凡人社
♥岡崎眸・岡崎敏雄（2001）『日本語教育における学習の分析とコースデザイン：言語習得過程の視点から見た日本語教育』凡人社
小川裕子（2004）「どうして『英語らしく』読めないの？」『英語教育』12月号，28-29．
奥田夏子（1985）『英語教師入門』大修館書店
☞尾崎明人（1992）「読むこと」岡崎敏雄・川口義一・才田いずみ・畠弘巳編『ケーススタディ

日本語教育』おうふう，110-117.
折田充 (2003)「頭の中で単語はどのように結びついているか：メンタルレキシコンの仕組み」『英語教育』10月号，14-16.
カイザー，シュテファン（1999a)「日本語教育にモノ申す！第8回：語彙・漢字教育 その理想と現実」『月刊日本語』11月号，38-39.
カイザー，シュテファン（1999b)「日本語教育にモノ申す！第9回：漢字教育を考える（1)」『月刊日本語』12月号，38-39.
カイザー，シュテファン（2000a)「日本語教育にモノ申す！第10回：漢字教育を考える（2)」『月刊日本語』1月号，38-39.
カイザー，シュテファン（2000b)「日本語教育にモノ申す！第11回：漢字教育学への道 日本はもっと貢献を！」『月刊日本語』2月号，38-39.
松村幹男編（1984)『英語のリーディング』大修館書店
柿沼瑛子（2001)「わからないことばを探すためのテクニック」『英語教育』11月号，17-19.
鹿嶋彰（2003)「ズバリお答え！日本語Ｑ＆Ａ：論説文読解の上手な教え方は？」『月刊日本語』8月号，30-31.
片山嘉雄・遠藤栄一・佐々木昭・松村幹男編（1994)『新・英語科教育の研究』大修館書店
☝門田修平・玉井健（2004)『決定版 英語シャドーイング』コスモピア
☞金谷憲（1994)「高校英語：『量』へのチャレンジ」『啓林 高英編』啓林館，3-6.
☝金谷憲編著（1995)『英語リーディング論：読解力・読解指導を科学する』河源社
☞金谷憲（2002)『英語授業改善のための処方箋：マクロに考えミクロに対処する』大修館書店
☞金谷憲＋高知県高校授業研究プロジェクト・チーム（2004)『高校英語教育を変える和訳先渡し授業の試み』三省堂
鎌田修・川口義一・鈴木睦編著（2000)『日本語教授法ワークショップ（増補版)』凡人社
川口義一（1993)「コミュニカティブ・アプローチの漢字指導」『日本語教育』第80号，15-27.
川瀬生郎（1990)「日本語教授法」『日本語教育への道：日本語教育のための実践的知識と教授法』凡人社，69-91.
久保野雅史（2003)「音読で話す力をつける」『英語教育』1月号，24.
久保野りえ（2003)「レシテーション再考」『英語教育』9月号，21-23.
隈部直光（1996)『英語教師心得のすべて』開拓社
☞國弘正雄編（2001)『英会話・ぜったい・音読：英語基礎回路を作る本・入門編』講談社インターナショナル
☞小金沢宏寿（2003)「リスニング力アップのためのシャドーイング活動」『英語教育』9月号，14-16.
小島聰子（2002)『すぐに役立つ日本語の教え方：初心者向き』アルク
小菅敦子（2002)「語彙サイズを測る『望月テスト』から見えてくること」『英語教育』2月号，26-27.
☞小菅和也（1988)「速読・多読指導」財団法人語学教育研究所編『英語指導技術再検討』大修館書店，183-189.
☞小菅和也（1991)「訳読式の授業をどう超える？」『現代英語教育』4月号，16-17.
小林ミナ（1998)『よくわかる教授法：日本語教育能力検定試験対応』アルク
☞駒井明（1987)『NAFL 日本語教師養成通信講座⑥：読み方の教育』アルク
小柳かおる（2004)『日本語教師のための新しい言語習得概論』スリーエーネットワーク
斎藤栄二（2003)『基礎学力をつける英語の授業』三省堂
☞斎藤栄二・鈴木寿一編著（2000)『より良い英語授業を目指して：教師の疑問と悩みにこたえる』大修館書店
酒井邦秀・太田洋・柴田武史（2004)「"めざせ100万語"とは!?：多読は授業で実践できるか？」『英語教育』2月号，8-16.

参考文献

酒井邦秀（2004a）「100万語多読の成果」『英語教育』7月号，40-41.
酒井邦秀（2004b）「多読クラスの風景」『英語教育』8月号，38-39.
酒井邦秀（2004c）「多読授業の環境作り」『英語教育』9月号，44-45.
☞酒井志延（1990）　「Task-Based Lesson に関する実証的研究：訳読式授業を越える『読み』の指導」『関東甲信越英語教育学会研究紀要』第5号，11-18.
☞佐野正之・米山朝二・松沢伸二（1988）『基礎能力をつける英語指導法：言語活動を中心に』大修館書店
☞産業能率短期大学日本語教育研究室編（1991）『日本語を楽しく読む本・中級』産業能率短期大学
☞塩澤利雄（1986）「サイドリーダーをどう読ませるか」『現代英語教育』9月号，16-18.
☞塩澤利雄（1992）「読解と日本語訳」英語科教育実践講座刊行会編『コミュニケーション能力の育成：読むことの指導』ニチブン，48-52.
☞塩澤利雄（1994）「多読指導を成功させるために」『現代英語教育』7月号，8-10.
静哲人（1999）『英語授業の大技・小技』研究社
柴田裕之（2001）「原書はこう読む：リーディングのコツ」『英語教育』11月号，8-10.
島本たい子（2002）「なぜ語彙力を増やす必要があるのか：語彙力と英語力の関連性」『英語教育』2月号，8-10.
スカーセラ, R.C.・オックスフォード, R.L.（1997）『第2言語習得の理論と実践：タペストリー・アプローチ』牧野高吉訳・監修，松柏社
鈴木壽子（1999）「中級指きそのきそ⑤：漢字の指導」『月刊日本語』8月号，48-53.
☞鈴木伸子（2003）「日本語教育能力検定試験対策講座：特別編⑤：異文化理解と心理，異文化間教育」『月刊日本語』8月号，11-25.
英語科教育実践講座刊行会編（1992）『コミュニケーション能力の育成：読むことの指導』ニチブン
ジョンソン, K.・モロウ, K.編著（1984）『コミュニカティブ・アプローチと英語教育』小笠原八重訳，桐原書店
シルバスタイン, サンドラ（1997）『自立した読み手を育てる新しいリーディング指導』萬戸克憲訳，大修館書店
高木裕子（2001）「実用講座ウチとソトを結ぶ日本語教育④：ウチとソトを結ぶ漢字」『月刊日本語』7月号，44-47.
高木裕子（2003）「よくわかる中級の教え方⑩：漢字指導」『月刊日本語』1月号，68-71.
☞高梨庸雄（2000）「読むという行為に含まれるもの」高梨庸雄・卯城祐司編『英語リーディング事典』研究社，2-13.
高梨庸雄・卯城祐司編（2000）『英語リーディング事典』研究社
高梨庸雄・小野尚美・緑川日出子（2002a）「リーディングを見直す④：日本の英語教育風土に根ざした英語教材開発」『英語教育』7月号，45-47.
高梨庸雄・緑川日出子・小野尚美（2002b）「リーディングを見直す①：いま，なぜリーディングか」『英語教育』4月号，59-61.
高梨庸雄・緑川日出子・小野尚美（2002c）「リーディングを見直す②：リーディング過程にメスを入れる！なぜプロセス中心のアプローチは必要なのか」『英語教育』5月号，62-64.
高橋正夫（2001）『実践的コミュニケーションの指導』大修館書店
高見澤孟（1989）『新しい外国語教授法と日本語教育』アルク
高見澤孟（1996）『はじめての日本語教育2：日本語教授法入門』アスク
☞高山芳樹（1995）「リーディングの学習と指導」金谷憲編著『英語リーディング論：読解力・読解指導を科学する』河源社，76-119.
武田一（2002）「現代の『単語帳』事情」『英語教育』2月号，28-29.
田崎清忠編（1995）『現代英語教授法総覧』大修館書店

田澤美加（2004）「英語教師の多読日記」『英語教育』2月号，17.
舘岡洋子（2005）『ひとりで読むことからピア・リーディングへ』東海大学出版会
☞ 谷口賢一郎（1992a）『英語のニューリーディング』大修館書店
谷口賢一郎（1992b）「英文の構成・展開法を知る」『英語教育』12月号，23-25.
玉井健（1997）「シャドーイングの効果と聴解プロセスにおける位置づけ」『時事英語学研究』第36号，105-116.
玉井健（2001）『リスニング指導法としてのシャドーイングの効果に関する研究』神戸大学大学院総合人間科学研究科博士論文
☞ 玉井健（2003）「リスニングとシャドーイングの接点に見る新たな指導の視点」『関西英語教育学会紀要』第26号，1-19.
⚓ 玉井健（2005）「シャドーイングは万能薬なのか」『英語教育』3月号，28-30.
玉村文郎（1993）「日本語における漢字：その特質と教育」『日本語教育』第80号，1-14.
☞ 土屋澄男（1983）『英語指導の基礎技術』大修館書店
土屋澄男（2004）『英語コミュニケーションの基礎を作る音読指導』研究社
鶴岡重雄（2003）「リーディングで何をどう指導するか」『英語教育』1月号，22-23.
手島良（2002）「語彙力を伸ばす授業の工夫：中学校の授業で」『英語教育』2月号，11-13.
手島良（2004）「生徒はなぜその単語が読めないか，書けないか」『英語教育』12月号，30-31.
☞ 東京SIM外語研究所編（1982）『長文読解力養成講座（初級）第1講』
投野由紀夫（2003）「コーパス言語学がもたらした新たな語彙指導」『英語教育』10月号，24-27.
寺朱美（1997）「多読にもとづく漢字習得を支援するシステムの提案」『日本語学』5月臨時増刊号，101-108.
鳥飼玖美子監修（2003）『はじめてのシャドーイング』学習研究社
直山木綿子（2002）「語彙力を伸ばす授業の工夫：早期英語教育での指導」『英語教育』2月号，15-17.
中沢賢治（2004）「読み聞かせから多読へ：塾での試み」『英語教育』2月号，28-29.
☞ 中嶋洋一（2000a）『学習集団をエンパワーする30の技』明治図書
中嶋洋一（2000b）『英語好きにする授業マネージメント30の技』明治図書
名和雄次郎（1992a）「速読の指導」英語科教育実践講座刊行会編『コミュニケーション能力の育成：読むことの指導』ニチブン，72-82.
名和雄次郎（1992b）「教材の選択」英語科教育実践講座刊行会編『コミュニケーション能力の育成：読むことの指導』ニチブン，83-84.
中村良廣（1992）『日本語教師のためのC&I入門』松柏社
中西家栄子・茅野直子著（1991）『実践日本語教授法』バベル・プレス
名柄迪・茅野直子・中西家栄子（1989）『外国語教育理論の史的発展と日本語教育』アルク
☞ 新里眞男（1991）「音読の意義と指導法」若林俊輔教授還暦記念論文集編集委員会編『英語授業学の視点：若林俊輔教授還暦記念論文集』三省堂
西口光一（1995）『日本語教授法を理解する本：歴史と理論編』バベル・プレス
西澤正幸（2003）「語彙数はどれだけ必要か？」『英語教育』10月号，8-10.
西原鈴子（2004）「日本語教育 Deep & Wide8：読書は作者と読者の共同作業」『月刊日本語』11月号，26.
日本語教育学会編（1995）『タスク日本語教授法』凡人社
☞ 根岸雅史（1995）「リーディングの研究とは何か」金谷憲編著『英語リーディング論：読解力・読解指導を科学する』河源社，38-55
根岸雅史（2002）「単語テスト作成のコツ」『英語教育』2月号，23-25.
野呂忠司（2003）「『語彙習得』基本キーワード」『英語教育』10月号，28-29.
バーグマン，ケヴィン・酒井良介（2004）「ネイティヴスピーカーの多読授業」『英語教育』2

月号，22-24.
箱崎雄子（2003）「『夢』が叶う音読練習」『英語教育』9月号，20.
浜川綾（2003）「こんな音読やってます」『英語教育』9月号，13.
樋口忠彦編著（1996）『英語授業Q&A：教師の質問140に答える』中教出版
樋口忠彦・並松善秋（2002）「元気が出る英語授業のすすめ③：語彙力の養成」『英語教育』6月号，58-60.
姫野昌子・小林幸江・金子比呂子・小宮千鶴子・村田年（1998）『ここからはじまる日本語教育』ひつじ書房
フィノキアーロ，M.・ブラムフィット，C.（1987）『言語活動中心の英語教授法：F-Nアプローチの理論と実際』織田稔・万戸克憲訳，大修館書店
☞藤原宏之（1991）「多読指導こころみ」『英語展望』秋号，26-29.
フリーマン，D.L.（1990）『外国語の教え方』山崎真稔・高橋貞雄訳，玉川大学出版部
古家貴雄（2003）「語彙を覚えやすくするものは何か？：動機付け，覚えやすさに関する要因など」『英語教育』10月号，11-13.
☞ホワイト，R. V.（1984）「読むことの指導（Reading）」ジョンソン，K.・モロウ，K.編著『コミュニカティブ・アプローチと英語教育』小笠原八重訳，桐原書店，97-105.
蒔田守（2003）「おすすめ音読素材と目的別の活用法」『英語教育』9月号，26-27.
松井陽子（2005）「ハッスルハッスル！日々進化する授業：英文も和訳も音読で定着を」『英語教育』2月号，40-42.
松岡弘（1990）「言語技能別の指導方法」日本語教育学会編『日本語教育ハンドブック』大修館書店，67-79.
☞三浦昭・坂本正（1997）『日本語中級用 速読用の文化エピソード』凡人社
水野邦太郎（2003）「投稿『出会い』と『対話』のある多読の授業」『英語教育』2月号，43-45.
薬袋洋子（1993）『英語教師の四十八手 5：リーディングの指導』研究社
薬袋洋子（2004）「多読マラソン『読むゾー』で42.195kmに挑戦」『英語教育』2月号，25-27.
☪三井豊子（2000a）「中級指導きそのきそ⑪：読み方の指導」『月刊日本語』2月号，52-57.
☪三井豊子（2000b）「中級指導きそのきそ⑫：読解の指導」『月刊日本語』3月号，48-53.
☞三牧陽子（1996）『日本語教授法を理解する本：実践編』バベル・プレス
緑川日出子・高梨庸雄・小野尚美（2002）「リーディングを見直す③：読解のつまずき研究結果に学ぶリーディングの指導法再考」『英語教育』6月号，50-52.
宮迫靖静（2003）「データから見た音読の効果」『英語教育』9月号，10-12.
村岡英裕（1999）「読解ストラテジー研究：読解能力の習得との関わりから」宮崎里司・J. V. ネウストプニー共編『日本語教育と日本語学習：学習ストラテジー論にむけて』くろしお出版，117-132.
村田年（2002）「新指導要領の語彙制限がもたらすもの」『英語教育』2月号，20-22.
☞村野井仁（2004）「第二言語習得研究から見た多読指導」『英語教育』2月号，30-31.
望月正道（2003）「語彙定着を測る方法：短期的・長期的スパンで評価を考える」『英語教育』10月号，21-23.
☞森千鶴（2003）「英語学習の中の音読の位置づけ」『英語教育』9月号，8-9.
森田勝之編著（1990）『Super Reading-Guide 1, 2』桐原書店
安木真一（2003）「読解力を養成するためのフレーズ音読」『英語教育』9月号，17-19.
☞柳瀬陽介（2002）「集中的入出力訓練に関する追記」（個人ホームページ）
http://ha2.seikyou.ne.jp/home/yanase/inservice.html
山口克（1991）『外国語教育のすすめ方：効果的実践への基礎』リーベル出版
山田あき子編（1990）『タスクによる楽しい日本語の読み』専門教育出版
☞山田憲昭（2001）「授業研究：高等学校の部」『全国英語教育研究団体連合会総会全国英語教育研究大会要項』22-30.

☞山田憲昭（2004）「リーディング授業，今年は訳先渡しで」『英語教育』4月号，14-15.
☞山本敏子（2000）「速読指導と多読指導」高梨庸雄・卯城祐司編『英語リーディング事典』研究社，278-298.
　與語美智子（2002）「読み書きを中心としたティーム・ティーチング：ホームページを素材にした授業」『英語教育』4月号，16-19.
　横川博一（2002）「未知語と出会う：推測力を高めて語彙力を補う方法」『英語教育』2月号，18-19.
　吉岡貴芳・西澤一（2004）「理系クラスでの多読授業」『英語教育』2月号，18-20.
　吉岡元子（1994）「リーディング」小池生夫監修『第二言語習得研究に基づく最新の英語教育』大修館書店，266-286.
　米山朝二・佐野正之（1983）『新しい英語科教育法』大修館書店
　渡辺時夫（1996）『新しい読みの指導：目的を持ったリーディング』三省堂
　リヴァーズ，ウィルガ M.（1995）『外国語習得のスキル：その教え方（第2版）』天満美智子・田近裕子訳，研究社
☞和田稔（1999）「Task-based Language Teaching」『現代英語教育』1月号，46-48.
　Harmer, J.（2001）『新しい英語の学び方・教え方』渡邉時夫監訳，ピアソン・エデュケーション
　Harmer, J.（2003）『実践的英語教育の指導法：4技能から評価まで』斎藤栄二・新里眞男監訳，ピアソン・エデュケーション
　Anderson, N. J.（ed.）（1999） *Exploring second language reading: Issues and strategies*. Alexandria, VA: TESOL.
　Bowen, T. and Marks, J.（1994） *Inside teaching*. Oxford: Heinemann.
☞Carrell, P. L.（1988） Interactive text processing: Implications for ESL/second language reading classrooms. In Carrell, P. L., Devine, J. and Eskey, D. E.（eds.）, Interactive approaches to second language reading. New York: Cambridge University Press.
　Davies, P. and Pearse, E.（2000） *Success in English teaching*. Oxford: Oxford University Press.
♪ Day, R. R.(ed.)（1993） *New ways in teaching reading*. Alexandria, VA: TESOL.
　Day, R. R. and Bamford, J.（1998） *Extensive reading in the second language classroom*. New York: Cambridge University Press.
　Doff, A.（1988） *Teach English: A training course for teachers*. New York: Cambridge University Press.
　Dubin, F. and Bycina, D.（1991） Academic reading and the ESL/EFL teacher. In M. Celce-Murcia（ed.）, *Teaching English as a second or foreign Language (second edition)*（pp.195-215）. Boston, MA: Heinle & Heinle Publishers.
　Ellis, G. and Sinclair, B.（1989） *Learning to learn English: A course in learner training*. New York: Cambridge University Press.
☞Gillett, J. and Temple, C.（1982） *Understanding reading problems: Assessment and instruction*. New York: Little Brown and Company.
　Harmer, J.（1981） *The practice of English language teaching*. New York: Longman.
　Haverson, W. W.（1991） Adult literacy training. In M. Celce-Murcia（ed.）, *Teaching English as a second or foreign Language (second edition)*（pp.185-194）. Boston, MA: Heinle & Heinle Publishers.
　Hawkins, B.（1991） Teaching children to read in a second language. In M. Celce-Murcia（ed.）, *Teaching English as a second or foreign Language (second edition)*（pp.169-184）. Boston, MA: Heinle & Heinle Publishers.
　Hedge, T.（2000） *Teaching and learning in the language classroom*. Oxford: Oxford University Press.
　Gower, R., Phillips, D. and Walters, S.（1995） *Teaching practice handbook*. Oxford: Heinemann.

☞Kaplan, R. B.（1966） Cultural thought patterns in inter-cultural education. *Language Learning*, 16, 1-20.
Larsen-Freeman, D.（2000） *Techniques and principles in language teaching (second edition)*. Oxford: Oxford University Press.
Littlewood, W.（1981） *Communicative language teaching*. New York: Cambridge University Press.
Lynch, B. and Hudson, T.（1991） EST reading. In M. Celce-Murcia (ed.), *Teaching English as a second or foreign Language (second edition)* (pp.216-232). Boston, MA: Heinle & Heinle Publishers.
Lynch, T.（1996） *Communication in the language classroom*. Oxford: Oxford University Press.
Nunan, D.（1989） *Designing tasks for the communicative classroom*. New York: Cambridge University Press.
Nunan, D.（1991） *Language teaching methodology: A textbook for teachers*. Englewood Cliffs, NJ: Prentice Hall Regents.
Papalia, A.（1987） Interaction of reader and text. In W. M. Rivers (ed.), *Interactive language teaching* (pp.70-82). New York: Cambridge University Press.
Parrott, M.（1993） *Tasks for language teachers: A resource book for training and development*. New York: Cambridge University Press.
Richards, J. C.（1990） *The language teaching matrix*. New York: Cambridge University Press.
Richards, J. C. and Rodgers, T. S.（1986） *Approaches and methods in language teaching: A description and analysis*. New York: Cambridge University Press.
Rivers, W. M. and Temperley, M. S.（1978） *A practical guide to the teaching of English as a second or foreign language*. Oxford: Oxford University Press.
Ur, P.（1996） *A course in language teaching: Practice and theory*. New York: Cambridge University Press.

E．4技能の統合

☗石井恵理子（1998）「統合的学習活動としての日本語学習」全国国語教育実践研究会編著『実践国語研究：日本語教室の実践と日本語教育のあり方』明治図書，28-31.
遠藤織枝（2000）「日本語教育で何を教えるか」遠藤織枝編『概説日本語教育（改訂版）』三修社，54-90.
岡秀夫・赤池秀代・酒井志延（2004）『「英語授業力」強化マニュアル』大修館書店
岡崎敏雄（2004）「年少者の日本語教育における学習のデザイン：日本語学習言語の習得と母語保持の統合的展開」小山悟・大友可能子・野原美和子編『言語と教育：日本語を対象として』くろしお出版，259-280.
☞岡崎眸（2002）「内容重視の日本語教育」細川英雄編『ことばと文化を結ぶ日本語教育』凡人社，49-66.
☗岡崎眸（2004）「『共生言語としての日本語』教育：その具体例と意義」小山悟・大友可能子・野原美和子編『言語と教育：日本語を対象として』くろしお出版，281-293.
☞岡崎敏雄・岡崎眸（1990）日本語教育学会編『日本語教育におけるコミュニカティブ・アプローチ』凡人社
☗岡崎眸・岡崎敏雄（2001）『日本語教育における学習の分析とデザイン：言語習得過程の視点から見た日本語教育』凡人社
☗尾崎明人（2002）「日本語教師のエンカレッジメントとディスカレッジメント」細川英雄編『ことばと文化を結ぶ日本語教育』凡人社，188-203.
尾崎明人（2004）「地域型日本語教育の方法論試案」小山悟・大友可能子・野原美和子編『言語と教育：日本語を対象として』くろしお出版，295-310.

川口幸宏（1995）「Whole Language（ホール・ランゲージ）」田崎清忠編『現代英語教授法総覧』大修館書店, 233-243.
金谷憲編著（2001）『高校英語教育構造改革論：プロジェクトIF』開隆堂出版
斎藤栄二・鈴木寿一編著（2000）『より良い英語授業を目指して：教師の疑問と悩みにこたえる』大修館書店
♥坂本正（2003）「よくわかる中級の教え方：四技能の統合を目指して」『月刊日本語』3月号, 68-71.
佐々木香代子（1998）「教科内容優先の日本語教育を目指して」全国国語教育実践研究会編著『実践国語研究：日本語教室の実践と日本語教育のあり方』明治図書, 32-36.
佐野正之（2000）「インタラクション」『英語教育』10月増刊号, 22-23.
佐野正之・米山朝二・松沢伸二（1988）『基礎能力をつける英語指導法』大修館書店
☞塩川春彦（1995）「Content-based approach」田崎清忠編『現代英語教授法総覧』大修館書店, 296-304.
ジョンソン, フランシス（2000）『コミュニカティブな英語授業のデザイン：教室作りからテストまで』井上和子監修, 平田為代子訳, 大修館書店
♥鈴木睦（2000）「コミュニカティブ・アプローチ」鎌田修・川口義一・鈴木睦編著『日本語教授法ワークショップ（増補版）』凡人社, 240-264.
♥牲川波都季・細川英雄（2004）『わたしを語ることばを求めて：表現することへの希望』三省堂
高島英幸（1995）「Interactive Approach（インターアクティブ・アプローチ）」田崎清忠編『現代英語教授法総覧』大修館書店, 280-295.
高島英幸編著（2000）『実践的コミュケーション能力のための英語のタスク活動と文法指導』大修館書店
高橋貞雄（1995）「Communicative Language Teaching（CLT）（コミュニカティブ・ティーチング）」田崎清忠編『現代英語教授法総覧』大修館書店, 244-263.
♥田中望・斎藤里美（1993）『日本語教育の理論と実際：学習支援システムの開発』大修館書店
土井利幸（1995）「Task-based Language Teaching（TBLT）」田崎清忠編『現代英語教授法総覧』大修館書店, 305-316.
中島和子（1998）「年少者の日本語教育とバイリンガル教育」全国国語教育実践研究会編著『実践国語研究：日本語教室の実践と日本語教育のあり方』明治図書, 22-27.
中村正美（2001）「英語Ⅰ・Ⅱとオーラル・コミュニケーションの組み合わせ」金谷憲編著『高校英語教育構造改革論：プロジェクトIF』開隆堂出版, 141-156.
野田尚史（2003）「新しい日本語教育文法の設計図」『2003年度日本語教育学会秋季大会予稿集』20-23.
♥野元弘幸（2001）「フレイレ的教育学の視点」青木直子・尾崎明人・土岐哲編著『日本語教育学を学ぶ人のために』世界思想社, 91-104.
☞バーン, D.（1984）「四技能の統合」K. ジョンソン・K. モロウ編著『コミュニカティブ・アプローチと英語教育』小笠原八重訳, 桐原書店, 129-138.
半田淳子（1998）「日本語イマージョン教育に学ぶ：教科統合学習のすすめ」全国国語教育実践研究会編著『実践国語研究：日本語教室の実践と日本語教育のあり方』明治図書, 37-40.
フィノキアーロ, M.・ブラムフィット, C.（1987）『言語活動中心の英語教授法：F-Nアプローチの理論と実際』織田稔・万戸克憲訳, 大修館書店
藤原雅憲・籾山洋介編（1997）『上級日本語教育の方法：さまざまな方法』凡人社
フレイレ, P.（1979）『被抑圧者の教育学』小沢有作他訳, 亜紀書房
☞細川英雄（1999）『日本語教育と日本事情：異文化を超える』明石書店
♥細川英雄編（2002a）『ことばと文化を結ぶ日本語教育』凡人社
♥細川英雄（2002b）「総合的な言語活動とその学習」縫部義憲編著『多文化共生時代の日本語

教育：日本語の効果的な教え方・学び方』瀝々社，161-174.
細川英雄・NPO法人言語文化教育研究所（2004）『考えるための日本語：問題を発見・解決する総合活動型日本語教育のすすめ』明石書店
石田邦雄（2001a）「リーディングとライティングの組み合わせ」金谷憲編著『高校英語教育構造改革論：プロジェクトIF』開隆堂出版，170-179.
石田邦雄（2001b）「その他の組み合わせ」金谷憲編著『高校英語教育構造改革論：プロジェクトIF』開隆堂出版，180-184.
三牧陽子（1996）『日本語教授法を理解する本：実践編』バベル・プレス
八島等（2001）「英語IIとライティングの組み合わせ」金谷憲編著『高校英語教育構造改革論：プロジェクトIF』開隆堂出版，157-169.
横溝紳一郎（2004）「学習者中心の日本語教育への試み」小山悟・大友可能子・野原美和子編『言語と教育：日本語を対象として』くろしお出版，393-413.
吉田晴世（2005）「e-learningと4技能」小寺茂明・吉田晴世編『英語教育の基礎知識　教科教育法の理論と実践』大修館書店，56-70.
和田稔（1998-1999）「Task-based Language Teaching」『現代英語教育』（1998年4月より1999年3月まで連載）
Harmer, J.（2003）『実践的英語教育の指導法：4技能から評価まで』斎藤栄二・新里眞男監訳，ピアソン・エデュケーション
Auerbach, E. R.（1992）　*Making meaning, making change: Participatory curriculum development for adult ESL literacy.* McHenry, IL: Delta Systems and Center for Applied Linguistics.
Auerbach, E. R. and Wallerstein, N.（1987）　*ESL for action: Problem posing at work.* Reading, MA: Addison-Wesley Publishing Company.
Brown, H. D.（1994）　*Teaching by principles: An interactive approach to language pedagogy.* Englewood Cliffs, NJ: Prentice Hall Regents.
Brumfit, C.（1984）　*Communicative methodology in language teaching.* New York: Cambridge University Press.
Brumfit, C. J. and Johnson, K.（eds.）（1979）　*The communicative approach to language teaching.* Oxford: Oxford University Press.
Coelho, E.（1992）　Jigsaw: Integrating language and content. In C. Kessler（ed.）, *Cooperative language learning : A teacher's resource book*（pp.129-152）. Englewood Cliffs, NJ: Prentice Hall Regents.
Fried-Booth, D. L.（1986）　*Project work（resource books for teachers）.* Oxford: Oxford University Press.
Holliday, A.（1994）　*Appropriate methodology and social context.* New York: Cambridge University Press.
Littlewood, W.（1981）　*Communicative language teaching.* New York: Cambridge University Press.
Nunan, D.（1988）　*The learner-centered curriculum.* New York: Cambridge University Press.
Nunan, D.（1989）　*Designing tasks for the communicative classroom.* New York: Cambridge University Press.
Richard-Amato, P. A.（1996）　*Making it happen: Interaction in the second language classroom（second edition）.* New York: Longman.
Skehan, P.（1996）　Second language acquisition research and task-based instruction. In J. Willis & D. Willis（eds.）, *Challenge and change in language teaching.* Oxford: Heinemann.
Shor, I. and Freire, P.（1987）　*A pedagogy for liberation: Dialogues on transforming education.* New York: Bergin & Garvey.
Strevens, P.（1987）　Interaction outside the classroom: Using the community. In W. M. River（ed.）, *Interactive language teaching*（pp.33-43）. New York: Cambridge University Press.
Tatematsu, K.（1990）　An integrated approach for the teaching of Japanese. In O. Kamada & W. M.

Jacobsen (eds.), *On Japanese and how to teach it: In honor of Seiichi Makino* (pp.151-167). Tokyo: The Japan Times.

WELLS, G. and Chang-Wells, G（1992） *Constructing knowledge together: Classrooms as centers of inquiry and literacy.* Portsmouth, NH: Heinemann.

Willis, J.（1996） *A framework for task-based learning.* Harlow, Essex: Longman.

Wink, J.（1997） *Critical pedagogy: Notes from real world.* New York: Longman.

補遺

第1章　A. ビリーフスと教育哲学

久保田美子（2006）「ノンネイティブ日本語教師のビリーフ：因子分析にみる『正確さ志向』と『豊かさ志向』」『日本語教育』130号，90-99.

縫部義憲（2001a）『日本語教育学入門』瀝々社

縫部義憲（2001b）『日本語教師のための外国語教育学：ホリスティック・アプローチとカリキュラム・デザイン』風間書房

細川英雄（2002）『日本語教育は何を目指すか　言語文化活動の理論と実践』明石書房

第1章　B. 日本語教師の資質について

伊東祐郎・松本茂（2005）「日本語教師の実践的知識・能力」縫部義憲監修，水町伊佐男編『講座・日本語教育学：第4巻 言語学習の支援』スリーエーネットワーク，2-24.

五味政信（2005）「良い『日本語教師』像を探る：留学生が日本語教師に求めていること」松岡弘・五味政信編著『開かれた日本語教育の扉』スリーエーネットワーク，18-29.

曽余田浩史・岡東壽隆編著（2006）『新ティーチング・プロフェッション：教師を目指す人への基礎・基本』明治図書

横溝紳一郎（2004）「試験で評価できる日本語教師の実践能力とは何か？」『日本語教員養成における実践能力の育成及び評価に関わる基礎的調査研究：報告書Ⅱ』平成15年度文化庁日本語教育研究委嘱，日本語教育学会，106-158.

横溝紳一郎・河野俊之（2006）「日本語教師の実践能力の解明に関する一考察：4つのアプローチ」『日本語教員養成における実践能力の育成と教育実習の理念に関する調査研究』平成16～17年度科学研究費補助金　基盤研究（B）研究成果報告書（研究課題番号16320068），181-188.

第1章　C. 教師の自己成長の方法

青木直子（2006）「教師オートノミー」春原憲一郎・横溝紳一郎編著『日本語教師の成長と自己研修』凡人社，138-157.

秋田喜代美（2005）「学校でのアクション・リサーチ：学校との協働生成的研究」秋田喜代美・恒吉僚子・佐藤学編『教育研究のメソドロジー：学校参加型マインドへのいざない』東京大学出版会，163-190.

池田広子（2005）「教師トレーニング型実習プログラムに必要とされる視点は何か：教師の問題解決プロセスの事例から」お茶の水女子大学日本文化学研究会編『共生時代を生きる日本語教育：言語学博士上野田鶴子先生古希記念論集』凡人社，225-238.

伊東祐郎（2006）「教師研修と評価・テスティング」春原憲一郎・横溝紳一郎編著『日本語教師の成長と自己研修』凡人社，267-284.

奥田純子（2006）「教師研修と学校運営」春原憲一郎・横溝紳一郎編著『日本語教師の成長と自己研修』凡人社，200-224.

金田智子（2006）「教師の成長過程」春原憲一郎・横溝紳一郎編著『日本語教師の成長と自己研修』凡人社，26-43.

アイヴァー・グッドソン／パット・サイクス（2006）『ライフヒストリーの教育学：実践から

方法論まで』高井良健一・山田浩之・藤井泰・白松賢訳，昭和堂
佐藤学（2005）「教室のフィールドワークと学校のアクション・リサーチのすすめ」秋田喜代美・恒吉僚子・佐藤学編『教育研究のメソドロジー：学校参加型マインドへのいざない』東京大学出版会，3-14.
JACET教育問題研究会（2006）『英語科教職課程における英語教授力の養成に関する実証的研究』平成17年度科学研究費補助金 基盤研究（C）研究成果報告書（研究課題番号16520356）
曽余田浩史・岡東壽隆編著（2006）『新ティーチング・プロフェッション：教師を目指す人への基礎・基本』明治図書
當作靖彦（2006）「海外の日本語教師研修のストラテジー」春原憲一郎・横溝紳一郎編著『日本語教師の成長と自己研修』凡人社，106-117.
當作靖彦・横溝紳一郎（2005）「日本語教師の自己成長プログラム」縫部義憲監修，水町伊佐男編『講座・日本語教育学：第4巻 言語学習の支援』スリーエーネットワーク，52-72.
野山広（2006）「国内のボランティア研修のストラテジー」春原憲一郎・横溝紳一郎編著『日本語教師の成長と自己研修』凡人社，70-105.
林さと子（2006）「教師研修モデルの変遷」春原憲一郎・横溝紳一郎編著『日本語教師の成長と自己研修』凡人社，10-25.
春原憲一郎（2006a）「はじめに」春原憲一郎・横溝紳一郎編著『日本語教師の成長と自己研修』凡人社，1-8.
春原憲一郎（2006b）「自己研修のストラテジー」春原憲一郎・横溝紳一郎編著『日本語教師の成長と自己研修』凡人社，118-135.
春原憲一郎（2006c）「教師研修と教師の社会的役割」春原憲一郎・横溝紳一郎編著『日本語教師の成長と自己研修』凡人社，180-197.
春原憲一郎・細川英雄・横溝紳一郎（2006）「鼎談：ひとを変えるということ・ひとが変わるということ」春原憲一郎・横溝紳一郎編著『日本語教師の成長と自己研修』凡人社，328-390.
春原憲一郎・横溝紳一郎（2005）「オンラインによる教師研修」縫部義憲監修，水町伊佐男編『講座・日本語教育学：第4巻 言語学習の支援』スリーエーネットワーク，219-240.
細川英雄（2005）「実践研究とは何か：『私はどのような教室をめざすのか』という問い」『日本語教育』126号，4-14.
細川英雄（2006）「日本語教育における教室実践と教師教育の統合」春原憲一郎・横溝紳一郎編著『日本語教師の成長と自己研修』凡人社，225-243.
堀井啓幸・黒羽正見編（2005）『教師の学び合いが生まれる校内研修』教育開発研究所
山崎準二編著（2005）『教師という仕事・生き方：若手からベテランまで 教師としての悩みと喜び，そして成長』日本標準
やまだようこ（2005）「ライフヒストリー研究：インタビューで語りをとらえる方法」秋田喜代美・恒吉僚子・佐藤学編『教育研究のメソドロジー：学校参加型マインドへのいざない』東京大学出版会，191-216.
横溝紳一郎（2005）「実践研究の評価基準に関する一考察：課題探究型アクション・リサーチを中心に」『日本語教育』126号，15-24.
横溝紳一郎（2006a）『オンラインによる日本語教師教育者研修に関する総合的研究』平成16～17年度科学研究費補助金 萌芽研究 研究成果報告書（研究課題番号16652038）
横溝紳一郎（2006b）「教師の成長を支援するということ」春原憲一郎・横溝紳一郎編著『日本語教師の成長と自己研修』凡人社，44-67.
横溝紳一郎（2006c）「日本語教師養成・研修における『教師のライフヒストリー研究』の可能性の探求」春原憲一郎・横溝紳一郎編著『日本語教師の成長と自己研修』凡人社，158-179.
横溝紳一郎（2006d）「オンライン教師研修のデザインと実際」春原憲一郎・横溝紳一郎編著

『日本語教師の成長と自己研修』凡人社，285-324.
横溝紳一郎（2006e）「おわりに」春原憲一郎・横溝紳一郎編著『日本語教師の成長と自己研修』凡人社，328-395.
横溝紳一郎・迫田久美子・松崎寛（2005）「教育実習」縫部義憲監修，水町伊佐男編『講座・日本語教育学：第4巻 言語学習の支援』スリーエーネットワーク，25-51.
横溝紳一郎・迫田久美子・森千枝見・吉村敦美・青木香澄・大西貴世子・田場早苗・森井賀与子・家根橋伸子・レイン斉藤享代（2006）「教師教育者を養成する日本語教育実習」春原憲一郎・横溝紳一郎編著『日本語教師の成長と自己研修』凡人社，244-266.
Ariizumi, Y.（2005） *Five empowering principles of action research that lead to successful personal and professional development.* Lanham, Maryland: University Press of America, Inc.

第2章　A. 教科書分析
鶴尾能子（2005）「教科書の選択・運用・作成に関する諸要素」松岡弘・五味政信編著『開かれた日本語教育の扉』スリーエーネットワーク，51-64.

第3章　A. スピーキングの指導
大西泰斗／ポール・マクベイ（2006）『ハートで感じる英文法 会話編』NHK出版
蒲谷宏・川口義一・坂本恵・清ルミ・内海美也子（2006）『敬語表現教育の方法』大修館書店
川口義一（1998）「「許可求め／与え表現」の文脈化」『紀要』第43輯第3分冊，早稲田大学大学院文化研究科
川口義一（2003）「表現類型論から見た機能の概念：「働きかける表現」の提唱」『講座日本語教育』第39分冊，早稲田大学日本語教育研究センター
川口義一（2005）「日本語教育における「会話」とは何か・ある「本文会話」批判」『大学院日本語教育研究科紀要』第6号，早稲田大学大学院日本語教育研究科
川口義一・蒲谷宏・坂本恵（1996）「待遇表現としてのほめ」『日本語学』15-5，明治書院
川口義一・蒲谷宏・坂本恵（1998）「待遇表現としての「ご挨拶」について」『早稲田日本語研究』6，早稲田大学国語学会
坂本恵（1999）「待遇表現としての「挨拶」について」『森田良行教授古稀記念論文集刊行会編　日本語研究と日本語教育』明治書院
坂本恵（2002a）「「敬語」「待遇表現」「敬意表現」」『日本語学4月臨時増刊号』明治書院
坂本恵（2002b）「日本語教育に於ける待遇表現の扱い方」『東京外国語大学留学生日本語教育センター論集』28号
西谷まり（2005）「ディベートを通じた口頭表現の指導」松岡弘・五味政信編著『開かれた日本語教育の扉』スリーエーネットワーク，194-208.
三浦孝・中嶋洋一・池岡慎（2006）『ヒューマンな英語授業がしたい：かかわる，つながるコミュニケーション活動をデザインする』研究社
柳瀬陽介（2006）『第二言語コミュニケーション力に関する理論的考察：英語教育内容への指針』渓水社

第3章　C. ライティングの指導
カッケンブッシュ知念寛子（2005）「文字の指導法」縫部義憲監修，水町伊佐男編『講座・日本語教育学：第4巻 言語学習の支援』スリーエーネットワーク，113-132.
川口義一（2005）「表現教育への道程：「語る表現」はいかにして生まれたか」『講座日本語教育』第41巻　早稲田大学日本語教育センター
田尻悟郎（1997）『英語科自学のシステムマニュアル』明治図書
田尻悟郎（2005）『自己表現お助けブック』教育出版
三浦孝・中嶋洋一・池岡慎（2006）『ヒューマンな英語授業がしたい：かかわる，つながるコミュニケーション活動をデザインする』研究社

村端五郎・高知県田野町幼小中連携英語教育研究会編著（2005）『幼小中の連携で楽しい英語の文字学習：10年間の指導計画と40の活動事例』明治図書

柳井智彦・田尻悟郎・大鐘雅勝（1994）『自ら学ぶ子が育つ英語科自学システム』明治図書

第3章　D．リーディングの指導

石黒圭（2005）「理解過程と読解教育」松岡弘・五味政信編著『開かれた日本語教育の扉』スリーエーネットワーク，162-175．

カッケンブッシュ知念寛子（2005）「文字の指導法」縫部義憲監修，水町伊佐男編『講座・日本語教育学：第4巻 言語学習の支援』スリーエーネットワーク，113-132．

田尻悟郎（2006）『田尻悟郎の楽しいフォニックス』教育出版

村端五郎・高知県田野町幼小中連携英語教育研究会編著（2005）『幼小中の連携で楽しい英語の文字学習：10年間の指導計画と40の活動事例』明治図書

第3章　E．4技能の統合

清ルミ（2005）「日本語学習の統合的指導法」縫部義憲監修，水町伊佐男編『講座・日本語教育学：第4巻 言語学習の支援』スリーエーネットワーク，74-92．

おわりに

　本書『成長する教師のための日本語教育ガイドブック』は、非常に広い範囲にわたるトピックを取り上げています。それには、三つの理由があります。第1の理由は、本書の執筆を決意した元々の動機に関係があります。私（John）は勤務していた広島大学・大学院の授業で、「日本語教育学」に関連する授業をいくつか担当していたのですが、カバーすべき領域が実に幅広く、これまで日本語教育の分野で書かれた本だけでは、とてもカバーしきれない、という事態が数年続いていました。様々な領域での先行研究を授業のために探していくうちに、「こんなのをまとめたものがあったらいいなぁ」と自分で考えるようになり、本書の執筆を決意し、書き始めてみると、予想通り（?）広範囲にわたったというわけです。第2の理由は、私の身近にいる学生・院生だけでなく全世界で日本語教育に関わっていらっしゃる方々に、日本語教育の奥深さと難しさ、そして楽しさを、できるだけたくさん知っていただきたい、という思いを私が持っていることです。実際に日本語の授業を体験すると、そういう感想をお持ちになると思いますが、その前に「こんなに広くて奥深くて楽しい世界なんですよ」というメッセージを少しでもお伝えできればなあと思っています。最後の理由は、私自身が、日本語教育についてもっと勉強してみたいという気持ちが強かったからです。本書の執筆のために、数多くの本に目を通し、Paulと色々な情報・意見交換をしましたが、その度に、知らないことの多さにゾッとし、反省し通しです。でも、この体験を通じて得たものを、読者の皆さんと共有することができれば、と考えています。

　「広い範囲」と申し上げましたが、本書では「評価」そして「中・上級の教え方」は、特に項目として取り上げられていません。理由は、本書が元々、「これから教育実習を受ける人」を対象に書かれたためで、評価の仕方や中・上級の教え方について教育実習で取り上げられることが、現状ではあまりないからです。これらの項目につきましては、また別の機会に執筆したいと考えています。

　上巻の裏表紙は、沖縄のさとうきび畑です。2003年夏に約18年ぶりに沖縄を訪れた頃から、私は「なんのために日本語を教えるのだろう？」「日本語教師の役割って、いったい何なんだろう？」という形で、自問し続けるようになりました。本書を手にしてくださる方々にも、同じ問いをしてほしいという願いを込めて、この表紙のデザインを考えました。写真撮影にご協力くださった沖縄在住の、伊佐苗子様、宜保美幸様、高橋美紀様、この場を借りて御礼申し上げます。有難うございました。

　最後に繰り返しになりますが、「日本語教育の広さと奥深さと楽しさ」が本書を通して読者の皆様に伝われば、著者として何物にも変えがたい喜びです。ご意見・ご批判な

どもお待ちしております。Paulと二人で作り上げた本書が、読者の皆様にとっての「ベスト・アルバム」の一つになったらいいな、と思っています。

横溝　紳一郎（John）

索　引

【あ】

アウトプット　225
アカデミック・ライティング　187
アクション・リサーチ（Action Reserch）
　　　　　　　25, 34, 35, 36, 44, 46, 87
　アクション・リサーチ導入　36
　アクション・リサーチ用　87
　教育実習におけるアクション・リサーチ　36
　教育実習の場で実施されるアクション・リサーチ　36
　教育実習へのアクション・リサーチ　35
　協働的アクション・リサーチ　36
アソシエーション（連想）法　169, 171, 173

【い】

いい先生　6, 7, 26, 29
意味のあるタスク（Meaningful Tasks）　232
嫌な先生　6
インフォメーション・ギャップ
　　　　　　　128, 129, 130, 196
インプット　225

【え】

SIM方式（Simultaneous Interpretation Method）
　　　　　　　203

【お】

応答練習　104
オーディオ・リンガル・メソッド（Audio-Lingual Method）　167
オーバーヘッド・プロジェクター　169
「教える」　2
音読　194, 195, 196, 197, 198, 199, 200, 206
　音読支持者の立場　199
　音読支持派　199
　音読批判論　199
　音読を伴うリーディングの指導　195
音読み　177

【か】

会話（対話）練習　98
「書き」の指導　169, 171, 173
「書き」の練習　187
学習者観　53
学習項目の提示　98
学習者中心のアプローチ　225
拡大練習　103
「書き」の指導
　かたかなの「書き」の指導　175
かたかなの指導　173
観察シート　86, 88, 93
観察ポイント　90
　観察ポイントの決定　93
漢字圏　176
　漢字圏学習者　176
　漢字圏の学習者　176
漢字の指導　176
関連教材　60

【き】

機械的ドリル　98, 99,101, 102, 103, 104, 116,
　　　　　　　117, 128, 129, 130, 141
　機械的ドリルの是非　102
聞き取り練習
　語彙の聞き取り練習　149
　ストーリー／内容の聞き取り練習　153
　文法の聞き取り練習　151
聞き流す指導　160
聞き流す練習　161
聞き分ける指導　161
記号研方式　203
機能シラバス　53
脚本　69
　脚本書き　69, 83
木山式　172
教案作り　64, 71
教育哲学　13
教科書　50, 60, 64

与えられた教科書	50
分析のための教科書	52
教科書体	182
教科書分析	63
教室活動の流れ	94
教師としての力量（→親項目を見よ）	34
教師トレーニング（Teacher Training）	28
自己研修	
教師の自己研修	25
教師の成長（Teacher Development）	28, 30
教師の成長モデル	244, 245
教師のビリーフス（→親項目を見よ）	13
教師用ポートフォリオ（→親項目を見よ）	31
共生言語としての日本語	234
共生言語としての日本語教育における教師の役割	234
共生社会	234
協働的アクション・リサーチ（→親項目を見よ）	36
桐原方式	203
緊張	161

【く】

具体性	137
訓読み	177

【け】

形式スキーマ（→親項目を見よ）	210, 216, 217, 218
形式スキーマを利用した指導	218
結合練習	103
言語運用能力	
学習項目の言語運用能力	129
言語学習観	53, 55
言語観	53, 55
言語教育観	55

【こ】

黒板	169, 173
個人化（Personalization）	60, 130, 131, 134, 139
個人化した活動	119
個人化した質問（Personalization Question）	105
「個人化した」質問や活動	116
個人読み	195
コミュニカティブ・アプローチ	128, 196, 235
コミュニケーション・ブレイクダウン	127
コンテクスト	122
「コンテクストの中の練習」の後で行うロールプレイ	123
コンテクストの明確なロールプレイ	127
コンテクストの中の練習	99, 104, 105, 106, 116, 117, 123, 141

【さ】

作文	182, 183
日本語訳の作文	183
文章レベルの作文	189
文の作文	182
サバイバル・ジャパニーズ	234

【し】

弛緩	161
字形の逸脱	181
自己関連性	138, 139
自己教育力	18, 20, 21, 22, 23, 25, 27, 28, 29, 30, 33, 34
自己研修	25
自己研修型教師（Self-Derected Teacher）	29, 30, 142
事後指導	223, 224, 225
自己評価能力	33
自己表現	134, 135, 136
自己表現を中心とした授業	136
指示・説明	69
資質	14, 24, 25, 26, 27, 30
英語教師に必要な資質	21
教師に欠かせない資質	21
教師にとって必要な資質	18
教師の資質	22, 23
日本語教員に必要な資質	22
日本語教師に必要な基本的資質	26
日本語教師の資質	25
事前指導	223
自分自身の意味（Their Own Meaning）	105
シャドーイング（Shadowing）	205, 208, 209
シャドーイングと呼ばれる活動	208
シャドーイングによるリスニング能力向上	207

索引

自由作文（Free Composition）	185
自由度	139
自由読み	195
授業観察	84, 85, 96
情報交換	
「情報交換」的活動	117
情報交換の「個人化」	117
情報のやり取り	103
ジョーデン・メソッド	167

【す】

スキーマ（Schema）	209, 216
形式スキーマ	210, 216, 217, 218
スキーマを利用したリーディング活動	218
内容スキーマ	210, 216, 216
スキミング	219
スキャニング	157, 161, 219
読解でのスキャニング	219

【せ】

制限作文（Controlled Composition）	183, 184
精読	221, 222
斉読	195, 206
選択権	128, 129, 130
専門性	14, 15, 16, 20, 22, 23, 24, 27, 28
教師の望まれる専門性	16

【そ】

総合的学習	234
促音	171, 173
速読	218
速読のための方法	229

【た】

第二言語習得研究	224
代入練習	103
濁音	171, 173
タスク・シラバス	225
タスク活動	141, 142
多読	222, 226
多読指導	223, 224
多読の実施	223

【ち】

茅ヶ崎方式	203

中・上級	191
中間言語語用論研究	217
長音	175, 178
聴解ストラテジー	160
聴解ストラテジーをマスターするための聞き取り練習	157
直音	170, 173
直読直解	201

【て】

ティーチャー・トーク	69, 146
ティーチング・ポートフォリオ（Teaching portfolio）	31, 33, 34, 44, 46
実習生に対するティーチング・ポートフォリオ	33
実習生によるティーチング・ポートフォリオ	34
ディクテーション	189
ディクト・コンポ（Dicto-Compo）	185
転換練習	103

【と】

導入	98
読解ストラテジー	227, 228
読解力	199
トップダウン	
トップダウン的な聴き方	162

【な】

内容重視	
内容重視の教育	234
内容スキーマ（→親項目を見よ）	210, 216, 216

【に】

ニーズ分析	225
日本語教育推進対策調査会	22
人間性	14, 15, 17, 20, 22, 23, 24, 25, 27

【ね】

ネイティブ	20, 24
英語のネイティブ	54
ネイティブの発音	163
ネイティブ並の英語力	54

【の】

能力	22, 23, 24
日本語教員に期待される能力	22
Non-evaluativeな態度	94
ノンネイティブ	20
日本語ノンネイティブ	24

【は】

媒介語	200
背景知識	138
背景知識の活性化	138
背景的知識	209
パターン・プラクティス（Pattern Practice）	98
場面シラバス	53
パラグラフ・ライティング	185, 186, 189, 218
半濁音	171, 173
半濁音の導入	171
範読	199
反復練習	103

【ひ】

非漢字圏	166, 168, 176
非漢字圏学習者	169
非漢字圏の学習者	166, 168, 176, 177
左利き	180, 181
筆順	180
必然性	137
否定的フィードバック	186
ひらがな導入	168
ひらがなの指導	173
ビリーフス	7, 94
教師のビリーフス	13
日本語教師としてのビリーフス	13
日本語の教え方に関するビリーフス	10

【ふ】

フィードバック	128
フォーカス・オン・フォーム（Focus on Form）	225
部分的脚本	69
プラグマティック・トランスファー	217
フラッシュカード	169, 173
フレーズ・リーディング	202, 203, 204
日本語のフレーズ・リーディング	204
フレーズ・リーディングの区切り方の原則	204
フレーズ・リーディングの長所	204
プロジェクト・ワーク	190, 230, 231, 234
プロセス・ライティング	185, 189, 190, 191
文章の指導	185
文法指導	185
文法説明	98
文脈化	116, 131, 132, 134, 137
文脈化されたクラス活動（Contextualized Activities）	116

【へ】

ペアワーク	98, 99, 116, 117, 128, 130, 141
ペン習字	182

【ほ】

ポートフォリオ	31
学習者用のポートフォリオ	31
教師用ポートフォリオ	31
ポートフォリオ評価	191
翻訳作業	
母語への翻訳作業	200
ボトムアップ	162
ボトムアップ的な聴き方	162
ホワイトボード	169, 173

【み】

右利き	180
三つの伝達過程	128
ミニマルペア	161
明朝体	182

【め】

メタ認知能力	33

【も】

目標言語運用能力	20
文字指導	166

【や】

訳読	200, 201
訳読支持派	201
訳読の欠点	200

訳読否定派	201	【C】	
訳読をするメリット	200	CLL（Community Language Learning）	
			118, 127, 191
【よ】		Content-based Approach	233
拗音	171, 173		
「読み」の指導	173	【R】	
「読み」の指導	169	Reading for Information or Pleasure	227
4技能の統合	230, 231, 232, 233, 235	Reading for Language	227
【ら】		【T】	
ライティングの指導	166	TBLT（Task-based Language Teaching）	225

【り】

リーディング	200, 227
音読を伴うリーディングの指導	195
リーディング能力の向上	208
リーディングの指導	194
リーディング・チュウ太	228
リーディング能力	198, 208
力量	14
教師としての力量	34
リスニング	144, 146, 147
具体的なリスニング教材	149
リスニング活動	144, 145
リスニングが苦手な学習者	163
リスニング教材	146, 147, 148
リスニングの特徴	144, 145

【れ】

レッスン・プラン	64

【ろ】

ローマ字	168
ロールプレイ	
	98, 99, 119, 123, 125, 127, 128, 141
「コンテクストの中の練習」の後で行うロールプレイ	123
コンテクストの明確なロールプレイ	130
最後のまとめ的教室活動としてのロールプレイ	127

【わ】

和訳先渡し	202

[著者紹介]

川口義一（かわぐちよしかず）

2014年4月より早稲田大学名誉教授。1949年東京生まれ。早稲田大学政治経済学部経済学科卒業。早稲田大学大学院文学研究科より修士号（MA）取得（国語学）。専門は、日本語教育教授法。著書に、『日本語教授法ワークショップ増補版』（共編著・凡人社）、『敬語表現』（共著・大修館書店）、『もう教科書は怖くない！日本語教師のための初級文法・文型完全「文脈化」・「個人化」アイデアブック』第1巻（ココ出版）などがある。

横溝紳一郎（よこみぞしんいちろう）

西南学院大学外国語学部教授。ハワイ大学大学院より修士号（MA）および博士号（Ph.D.）取得（日本語学）。日本語教師養成に加え、国内外での日本語教育・教師教育に関する講演／研修を行う一方で、在住地の福岡でさまざまな教育活動に積極的に関わっている。主な著書に、『日本語教師教育学』（くろしお出版）、『日本語教師の7つ道具＋（プラス） 教案の作り方』（共監修著、アルク）、『日本語教師のためのアクション・リサーチ』（凡人社）等がある。

成長する教師のための
日本語教育ガイドブック（上）
Professional Development Guidebook
for Japanese Language Teachers: Volume One
KAWAGUCHI, Yoshikazu and YOKOMIZO, Shinichiro

発行	2005年5月21日　初版1刷
	2021年7月30日　　　7刷
定価	2800円＋税
著者	©川口義一・横溝紳一郎
発行者	松本 功
デザイン	成田英夫（ae）
デザイン協力	株式会社ティムロック
表紙イラスト	松崎 寛（Paul担当）
	横井和子（John担当）
本文イラスト	濱田明子
印刷所・製本所	三美印刷株式会社
発行所	株式会社 ひつじ書房

〒112-0011 東京都文京区千石2-1-2大和ビル2F
Tel. 03-5319-4916 Fax. 03-5319-4917
郵便振替00120-8-142852
toiawase@hituzi.co.jp　https://www.hituzi.co.jp/
ISBN978-4-89476-251-0 C3081

造本には充分注意しておりますが、落丁・乱丁などがございましたら、
小社かお買上げ書店にておとりかえいたします。
ご意見、ご感想など、小社までお寄せ下されば幸いです。

刊行書籍のご案内

ベーシック日本語教育
佐々木泰子 編
定価 1,900 円 + 税

自然な日本語を教えるために
認知言語学をふまえて
池上嘉彦・守屋三千代 編著
定価 2,500 円 + 税

OPI の考え方に基づいた日本語教授法
話す能力を高めるために
山内博之 著
定価 2,200 円 + 税